KB104402

파이썬

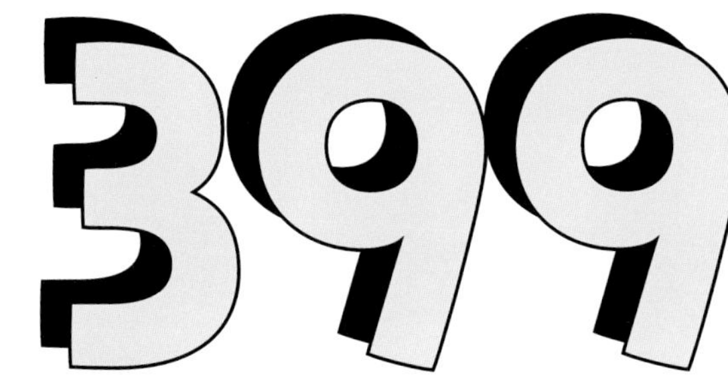

문혜영 지음

예제로 정복하는 코딩 챌린지

파이썬 399 Step

초판 1쇄 인쇄 2022년 3월 10일
초판 1쇄 발행 2022년 3월 15일

지은이 문혜영
펴낸이 한준희
펴낸곳 (주)아이콕스

디자인 프롬디자인
영업지원 김진아, 손옥희
영업 김남권, 조용훈, 문성빈

주소 (14556) 경기도 부천시 조마루로 385번길 122 삼보테크노타워 2002호
등록 2015년 7월 9일 제 386-251002015000034호
홈페이지 http://www.icoxpublish.com
이메일 icoxpub@naver.com
전화 032-674-5685
팩스 032-676-5685
ISBN 979-11-6426-198-7 (93000)

※ 정가는 뒤표지에 있습니다.
※ 잘못된 책은 구입하신 서점에서 교환해드립니다.

이 책은 저작권법에 따라 보호받는 저작물이므로 무단전제 및 복제를 금하며, 책의 내용을 이용하려면 반드시 저작권자와 ㈜아이콕스의 서면동의를 받아야 합니다. 내용에 대한 의견이 있는 경우 홈페이지에 내용을 기재해 주시면 감사하겠습니다.

P R O L O G U E

머리말

왜 많은 분들이 파이썬을 배우려고 할까요? 최근 실시한 '현재 가장 주목받고 있는 언어는 무엇일까요?'라는 설문조사에서 단연 "파이썬"이 우세하였습니다. 파이썬은 라이브러리가 매우 다양해서 프로그램 제작 속도가 매우 빠릅니다. 또한 정말 다양한 분야인 인공지능, 빅데이터 분석, 사물인터넷, 웹 크롤링 등에서 유용하게 활용되고 있습니다.

지금은 빅데이터 시대이고 데이터 혁명 시대라고 볼 수 있습니다. 빅데이터 플랫폼에서는 다양한 유형의 정보를 수집하고 통합하고 연계하여 다양한 분석을 지원하고 있습니다. 이러한 다양한 분석을 위한 최적의 프로그래밍 언어가 파이썬이라고 볼 수 있습니다.

사실 프로그래밍을 시작하는 것은 쉽지 않습니다. 하지만 파이썬은 재미있습니다. 여러분이 공부해 보면 알겠지만 재미있고 배우기 쉬우면서 빨리 개발할 수 있고 분석에 뛰어난 기능을 가지고 있습니다.

이 책은 프로그래밍을 처음 하는 분들을 위해서 프로그래밍의 기초를 차근차근 이해할 수 있도록 쉽게 구성되어 있습니다. 기초적인 프로그래밍 언어인 파이썬의 개념을 충분히 이해하고 빈틈없이 학습할 수 있도록 체계적으로 구성하였으며, 코딩의 기초를 익히고 데이터 분석과 함께 딥러닝까지 모두 체험할 수 있도록 구성하였습니다.

파이썬의 기본적인 이론 설명을 통해 기초를 탄탄히 하고, 실습예제를 통해 핵심적인 기본기를 한층 더 성장시킬 수 있도록 하였습니다. 여러분은 이 책과 함께 파이썬의 기초를 확실히 익히고, 매 단원마다 실습예제를 통해 직접 생각을 하면서 코딩을 해보며 빠르게 실력이 늘 것입니다.

우리에겐 무언가에 몰두하여 시간 가는 줄 모르고 집중력을 가지고 탐구할 수 있는 영역이 있습니다. 그러한 영역이 파이썬이길 바랍니다. 그럼 여러분! 우리 함께 파이썬을 위해서 떠나볼까요?

저자 문혜영

C O M P O S I T I O N

이 책의 구성

01 파이썬 기초 익히기

파이썬 학습 전 알아둘 내용, 파이썬 개념, 파이썬 다운로드와 설치법

02 자료형

자료형 개념과 숫자형, 문자열, 불형의 개념과 실습

07 기타 자료형

리스트와 조금 다른 튜플, 집합, 딕셔너리의 사용법과 실습

08 제어문

if문, elif문 while문, for문의 사용법과 실습

09 함수

함수의 개념과 함수 호출 시 값 전달하는 매개변수와 인수, 람다 함수의 사용법과 실습

10 모듈과 클래스

모듈의 개념과 사용법, 클래스 선언과 생성자 이해하기, 상속과 예외 처리 구문 실습

15 객체 탐지

인공지능 개념, 바운딩 박스, IOU, mAP 학습 후 객체 탐지 실험

16 종합문제

30개 종합문제로 앞에서 배운 내용을 복습해 완전학습에 도전!

03 문자열 연산

문자열에서 사용하는 연결 연산자, 반복 연산자의 개념과 실습, 문자열을 표현하는 print() 함수, len() 함수의 개념과 실습

04 수치 연산

효율적인 연산을 위한 변수의 개념 및 //, %, ** 등 사칙연산과 비교 연산의 개념과 실습

05 입력과 출력

input()과 print()로 입력과 출력 실습

06 리스트

리스트의 개념, 리스트 안의 연결자인 연결 연산자, 반복 연산자, 교환, 반복 및 리스트 조작 함수의 개념과 실습

11 정규 표현식

Raw String, re 모듈, search( ) 함수, start( ), end( ), group( ) 함수 사용법과 실습 및 정규식 관련 메소드 사용법과 실습

12 파일 입출력

파일을 열고 읽기와 줄 단위로 처리 방법 실습, CSV 파일 및 TSV 파일 읽기와 쓰기, with문 사용법

13 거북이 그래픽

터틀 그래픽으로 거북이의 등장, 이동 등으로 도형 그려 완성

14 워드클라우드

워드클라우드 기본 익히기, 마스크 이미지로 워드클라우드, 한글 워드클라우드 실습

P R E V I E W

이 책의 미리보기

이 책은 파이썬을 처음 공부하는 사람들이 부담 없이 접근하여 실력을 향상시킬 수 있도록 파이썬의 핵심 문법을 실습 위주로 구성하였습니다. 각 장마다 핵심 요약, 연습 문제를 수록하였고, 마지막 장에 종합문제를 실어 본인의 실력을 점검하며 복습할 수 있습니다.

실습과 결과

실습 : 설명한 개념을 이해할 수 있도록 소스코드를 통해 실습해 봅니다.

결과 : 실습한 예제의 실행결과를 보여줍니다. 결과가 다를 경우 다시 한 번 확인해 봅니다.

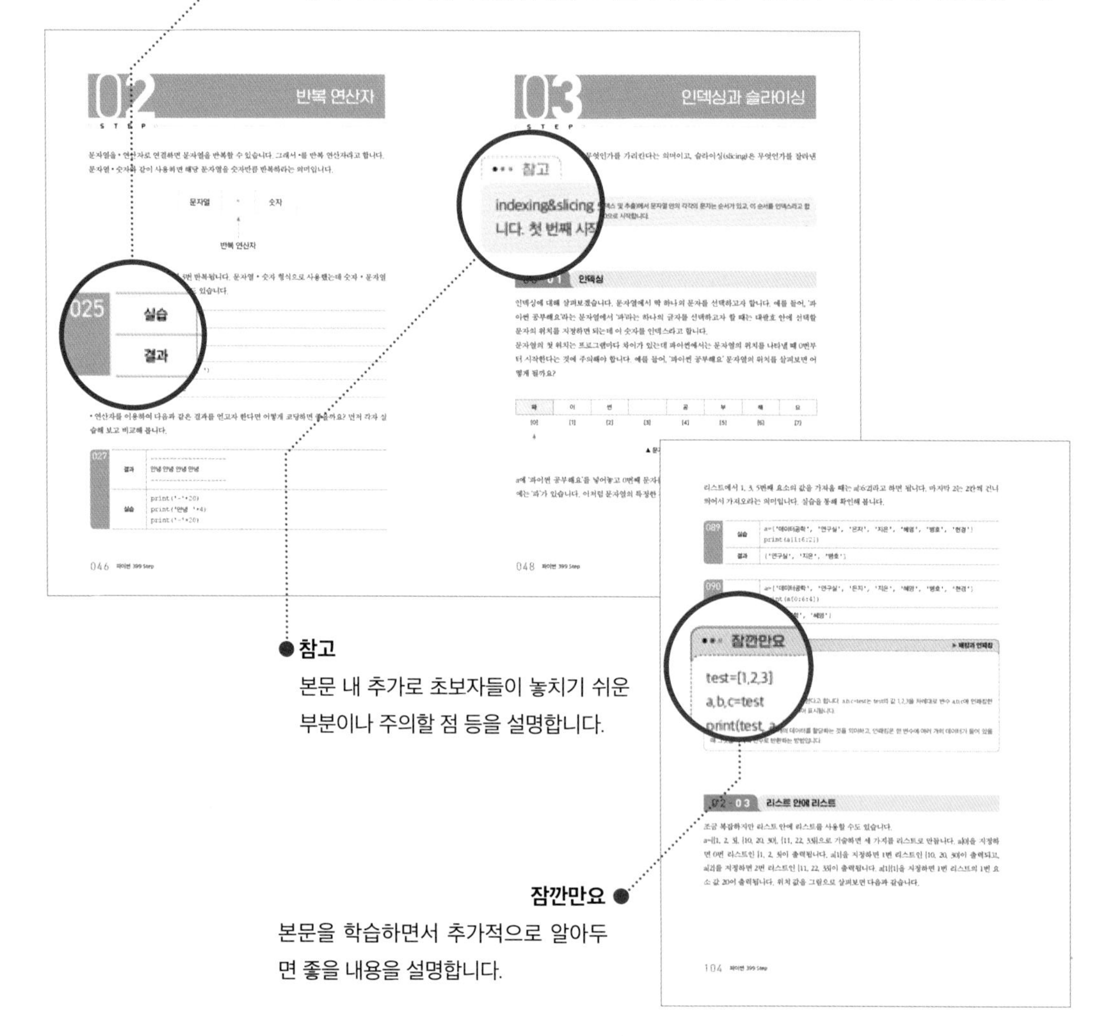

참고

본문 내 추가로 초보자들이 놓치기 쉬운 부분이나 주의할 점 등을 설명합니다.

잠깐만요

본문을 학습하면서 추가적으로 알아두면 좋을 내용을 설명합니다.

● **핵심 요약**
각 장에서 배운 내용을 정리하면서 반복 학습할 수 있습니다.

● **연습 문제**
배운 내용을 바탕으로 문제를 풀면서 모르는 부분을 체크하며 좀 더 심도 있게 학습해 봅니다.

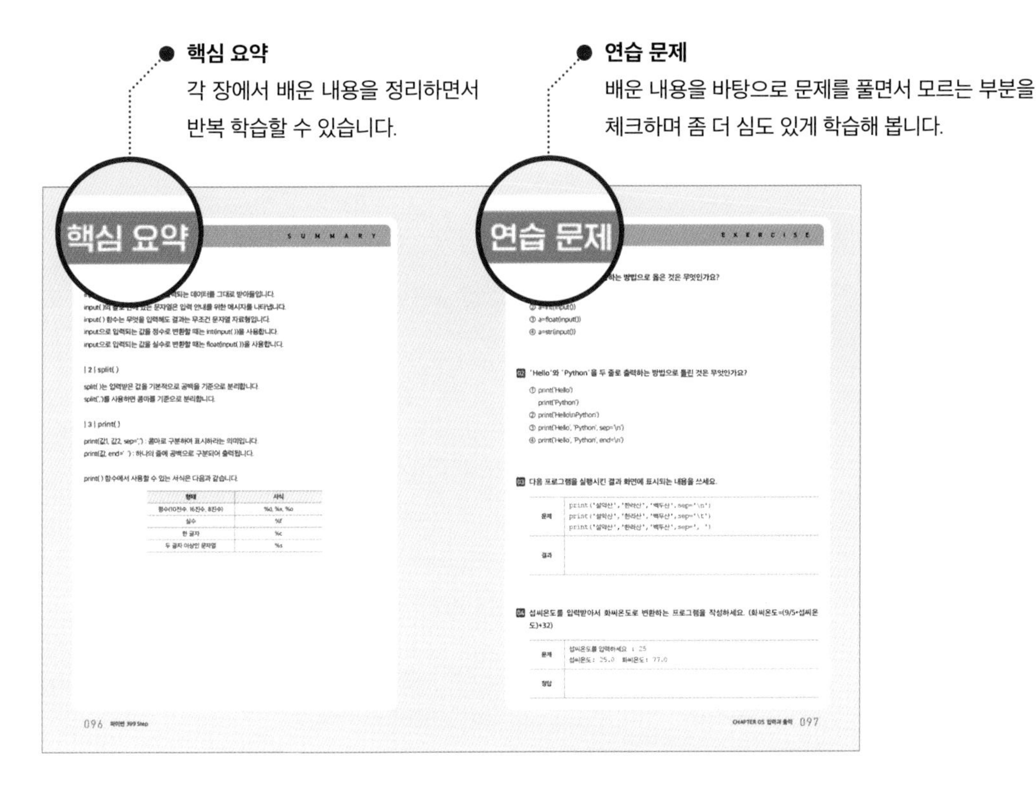

● **종합문제**
마지막 장의 30개의 종합문제를 통해 본문에서 배운 내용을 한 번 더 점검하며 파이썬 실력을 다져봅니다.

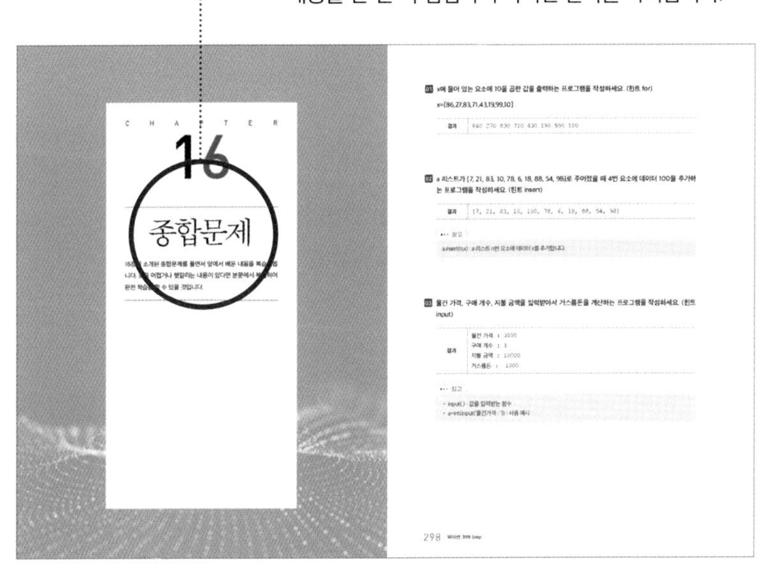

이 책에서 사용한 예제 소스 다운로드

이 책에 사용된 소스코드는 아이콕스 홈페이지(http://icoxpublish.com)에서 다운로드할 수 있습니다. [자료실]-[도서 부록소스]에서 『예제로 정복하는 코딩 챌린지 파이썬 399 Step』을 선택해 [부록소스 다운로드]한 후 사용합니다.

C O N T E N T S

차례

CHAPTER 04 수치 연산

CHAPTER 05 입력과 출력

CHAPTER 06 리스트

CHAPTER 07 기타 자료형

CHAPTER 08 제어문

CHAPTER 09 함수

CHAPTER 10 모듈과 클래스

CHAPTER 11 정규 표현식

CHAPTER

01

파이썬 기초 익히기

파이썬을 학습하기 전에 알아둘 내용을 살펴본 후에 파이썬의 개념과 파이썬을 다운로드하고 설치하는 방법을 알아봅니다.

파이썬 학습 전 알아둘 내용

STEP

01-01 코딩이란?

코딩이란 무엇일까요? 예를 들어 부모가 자녀에게 "우산 좀 가져다 줄래?"라고 말하는 것은 하나의 명령어입니다. 여러분이 컴퓨터에게 "a를 출력해 줘!"라고 하는 것도 하나의 명령어입니다. 어떠한 결과물을 만들어 내기 위해서는 많은 명령어들을 컴퓨터에게 말해줘야 합니다. 이처럼 많은 명령어들을 모아놓은 것을 프로그램이라고 하고, 프로그램을 만드는 것을 코딩이라고 합니다.

다시 말해, 코딩이란 컴퓨터가 어떠한 작업을 수행하게 하는 명령어를 한 줄씩 작성하는 것을 말하며 일상에서 많이 접하는 엘리베이터, 리모컨 등도 모두 코딩으로 동작합니다. 당연히 빅데이터를 분석하고 활용하는 단계에서도 코딩을 이용하며 코딩은 프로그래밍과 같은 말입니다.

그러면 명령어를 어떻게 작성할까요? 컴퓨터는 어떻게 말을 해야 이해하고 실천할까요? 한국어로 이야기하면 컴퓨터가 이해할까요? 그렇지 않습니다. 미국 사람에게는 영어로 말해야 하듯이 컴퓨터에게는 컴퓨터 언어를 사용해야 합니다. 인간이 이해하는 말을 '언어'라고 하는 것처럼 컴퓨터가 이해하는 말은 '프로그래밍 언어'라고 합니다. 스마트폰에서 동작하는 앱도 프로그래밍 언어로 만듭니다.

01-02 프로그래밍 언어

사람들이 대화할 때 사용하는 언어는 7천 개 정도가 있다고 합니다. 어마어마하지요? 이 중에서 우리가 많이 사용하는 언어는 한국어, 영어, 불어, 스페인어, 일어 등입니다.
프로그래밍 언어도 7백 개 정도가 있다고 하는데 실제로 많이 사용하는 언어는 몇십 개 정도에 불과합니다. 이 순간에도 수많은 언어가 탄생되고 있고 대중에게 채택받지 못해 안타깝게도 소멸되고 있는 언어도 있습니다.
프로그래밍 언어 중 많이 사용되는 것에는 HTML, JAVA, C, C++, VB, 파이썬 등이 있습니다. 그중 1990년대 개발된 파이썬은 현재 세계에서 가장 인기 있는 언어 중 하나이며 특히 빅데이터 분석에 탁월한 기능을 가지고 있습니다.

01-03 파이썬이란?

파이썬은 네덜란드 프로그래머인 귀도 반 로섬(Guido van Rossum)이 만든 프로그래밍 언어로 누구나 무료로 사용할 수 있습니다. 파이썬이라는 이름은 어떻게 탄생되었을까요? 귀도 반 로섬은 영국의 TV 코미디 프로그램인 몬티 파이썬 비행 서커스(Monty Python's Flying Circus)를 좋아했는데 파이썬은 거기서 따온 단어입니다.

파이썬 공식 홈페이지에 따르면 "귀도 반 로섬은 짧고, 특별하고, 미스터리한 느낌의 단어를 찾았다."라며 "그래서 파이썬이란 이름으로 결정했다."라고 설명되어 있습니다. '파이썬(Python)'이란 영어의 의미는 원래 그리스 신화에 나오는 뱀 이름으로 파이썬 로고에 두 개의 뱀이 서로 마주본 듯한 그림이 있는 이유도 이 때문입니다.

▲ 파이썬 로고(출처 : https://www.python.org)

파이썬이 대중에게 사랑받는 이유는 무엇일까요? 처음 파이썬의 기초 부분은 문법 구조가 간단하고 직관적이어서 초보자가 학습하는 데 어려움이 없습니다.

이러한 기초 부분을 시작으로 인공지능, 빅데이터 분석, 텍스트 분석, 딥러닝, 이미지 분석, 데이터 시각화 등 다양한 프로그램을 개발할 수 있도록 라이브러리를 활용하여 다양한 용도로 풍성하게 확장할 수 있습니다.

파이썬이 가지고 있는 가장 강력한 장점이 바로 라이브러리 활용입니다. 파이썬에서 제공하는 라이브러리뿐만 아니라 외부에서 제공하는 다양한 라이브러리까지 활용할 수 있고 장고(Django), 플래스크(Flask) 등을 이용하여 웹 환경을 빠르게 구축할 수 있습니다. 이러한 장점을 가지고 있는 파이썬은 현재 많은 사람들에게 환영을 받고 있습니다.

01-04 논리적으로 생각하기

파이썬을 시작하기 전에 알고리즘에 대해 살펴보도록 하겠습니다. 우리가 집을 지을 때 무작정 땅을 파고 집을 짓지는 않지요? 먼저 계획을 철저히 세우고 일을 시작해야 실패하지 않고 견고하게 집을 지을 수 있습니다. 우리가 어떠한 프로젝트를 진행할 때 무작정 코딩부터 하지는 않습니다. 먼저 사용자의 의견을 충분히 수렴하고 설계를 한 다음 일의 순서를 정하게 됩니다. 이처럼 일의 순서를 한마디로 알고리즘이라고 합니다. 좀 더 구체적으로 살펴보도록 하겠습니다.

여러분, 라면을 맛있게 끓이는 방법을 알고 있나요?
늘상 라면을 맛있게 먹고 있고 습관적으로 하는 일이지만 잠시 라면 끓이는 순서를 체계적으로 나열해 보겠습니다.

(물을 종이컵으로 3컵 정도 준비한다.) → (물을 끓인다.) → (스프를 넣는다.) → (면을 넣는다.) → (3분 동안 끓인다.) → (맛있게 먹는다.)

이러한 것을 어려운 말로 알고리즘(algorithm)이라고 합니다. 학문적으로 알고리즘은 주어진 문제를 논리적으로 해결하기 위해 필요한 절차, 방법, 명령어들을 모아놓은 것입니다. 컴퓨터는 창의적으로 생각하는 능력이 없습니다. 하나부터 열까지 하나하나 모두 알려주어야 합니다.
예를 들어, 부모가 자녀에게 "외출할 준비 다 되었니?"라고 물었을 때 우리는 그 말 속에는 세수하기, 외출복 입기, 준비물 챙기기 등등이 다 포함되어 있다는 것을 압니다. 하지만 컴퓨터에게 똑같이 "외출할 준비 다 되었니?"라고 한다면 컴퓨터는 어떻게 반응할까요? '뭐라는 거지?'라고 생각할 것입니다.
그러니 컴퓨터에게는 처리할 내용과 순서를 모두 구체적으로 알려주어야만 제대로 명령을 수행하게 됩니다. 그래서 프로그램에 알고리즘이 필요하고 알고리즘은 하나의 결과를 얻기 위해서 여러 가지 방법 중에서 가장 효율적인 방법을 찾아서 주어진 문제를 해결합니다. 컴퓨터가 어떻게 행동할지를 결정하고 알고리즘이라는 순서가 완성되면 그것을 프로그래밍 언어로 작성하여 소프트웨어를 완성하게 됩니다.

이제 파이썬을 시작해 보도록 하겠습니다. 직접 코딩하면서 실습해야겠지요? 그래서 먼저 여러분의 컴퓨터에 파이썬을 설치해 보겠습니다. 파이썬은 누구나 무료로 사용할 수 있습니다.

02 파이썬 설치& 주피터 노트북 시작하기

STEP

02-01 아나콘다 설치하기

이 책에서는 아나콘다(anaconda)라는 파이썬과 데이터 분석 라이브러리를 한데 모아놓은 패키지를 설치하여 실습을 진행하도록 하겠습니다. 아나콘다를 설치하면 아나콘다에 포함된 데이터 분석 라이브러리와 가장 잘 호환되는 파이썬도 함께 설치됩니다.

❶ 크롬에서 http://www.anaconda.com/download 주소에 접속하여 [Download] 버튼을 클릭합니다.

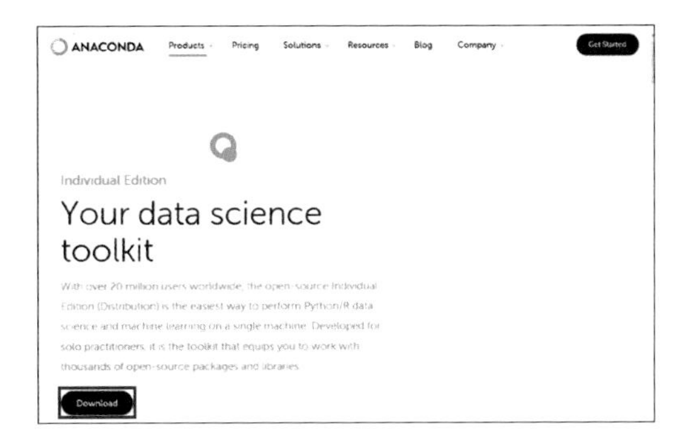

❷ 자신이 사용하고 있는 운영체제에 맞는 프로그램을 선택하면 다운로드가 진행됩니다.

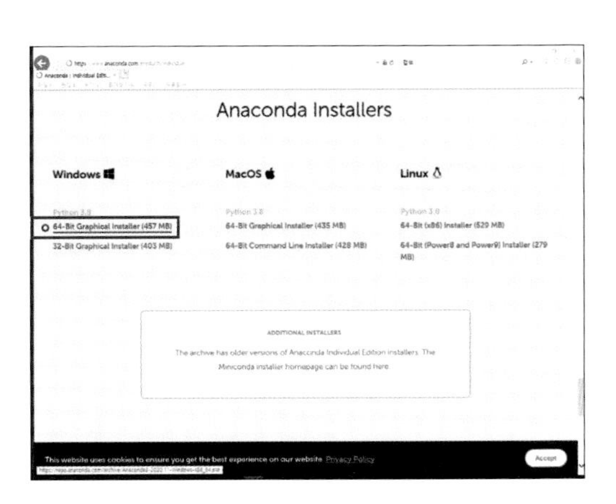

❸ 다운로드받은 아나콘다 설치 파일(Anaconda3-2020.11-Windows-x86_64)을 실행하면 아나콘다 설치 화면이 나타납니다. [Next]를 클릭해 설치를 진행합니다.

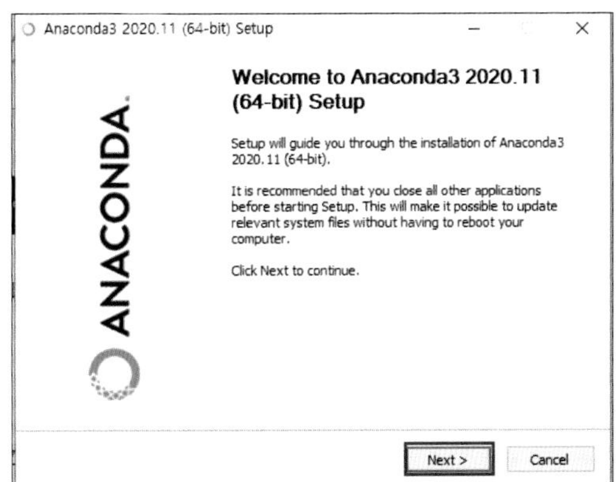

❹ 라이선스 동의 화면이 나타납니다. [I Agree]를 클릭합니다.

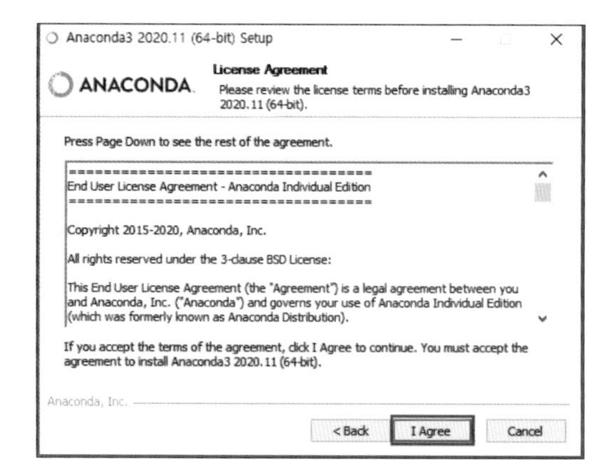

❺ 설치 권한 설정 화면이 나타납니다. "All Users"를 선택하고 [Next]를 클릭해 다음으로 넘어갑니다.

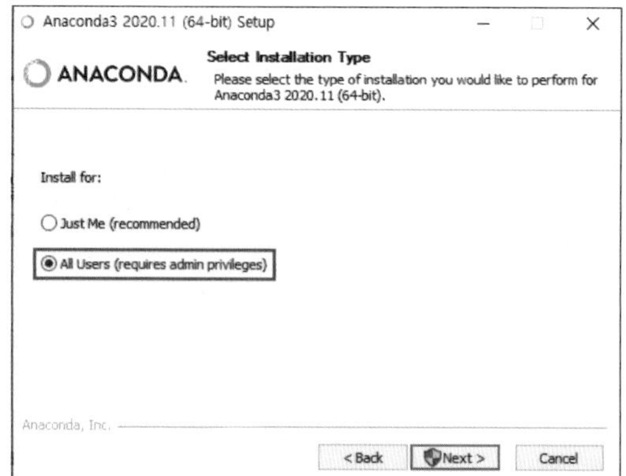

❻ 아나콘다를 설치할 경로를 지정할 수 있는 화면이 나타납니다. 기본 설정 그대로 두고 [Next]를 클릭해 다음으로 넘어갑니다.

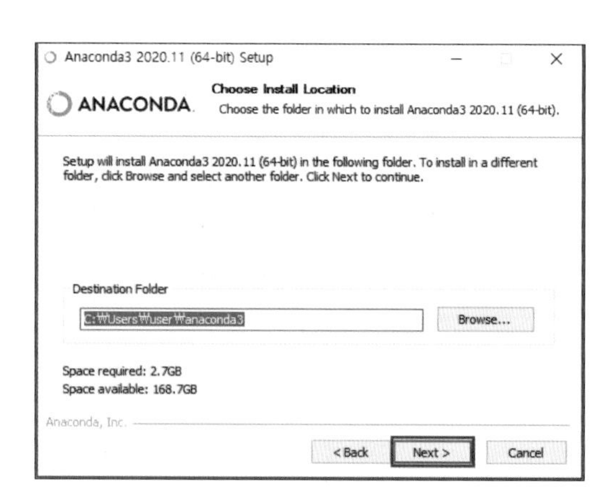

❼ 아나콘다의 세부 옵션을 지정하는 화면이 나타납니다. 첫 번째 옵션은 아나콘다를 환경 변수에 등록할지를 지정하는 것이고, 두 번째 옵션은 아나콘다의 파이썬을 사용하는 모든 프로그램의 기본 언어로 설정할지를 지정하는 것입니다. 옵션을 모두 선택하고 [Install]을 클릭해 설치를 진행합니다.

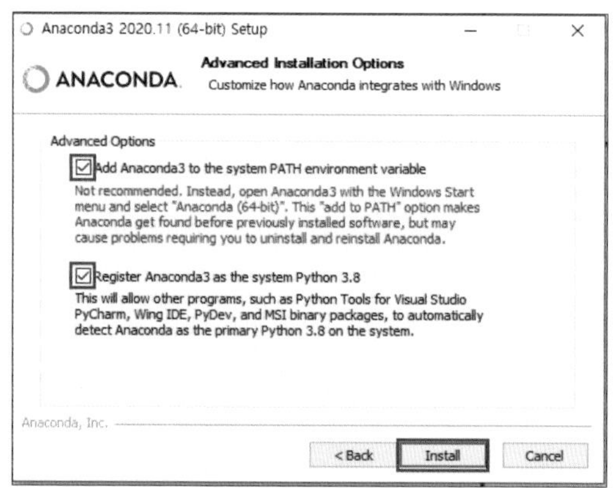

❽ 설치하는 데 5분 정도의 시간이 소요됩니다. 설치가 완료되고 나면 [Next]를 클릭해 다음으로 넘어갑니다.

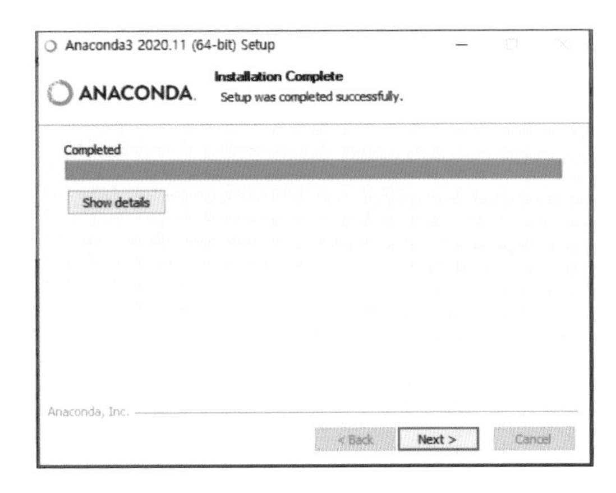

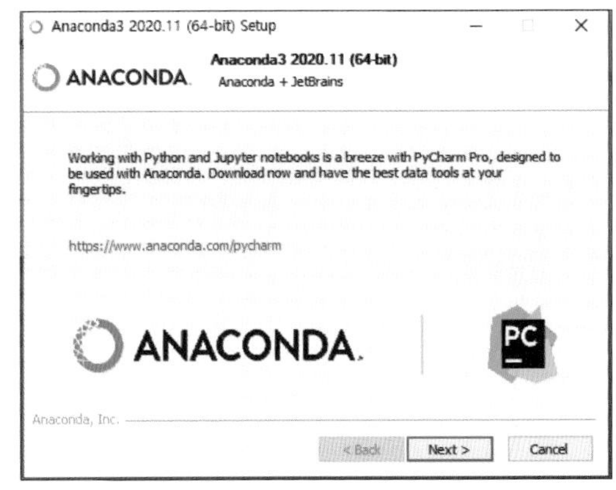

❾ 설치 완료 화면이 나타납니다. [Finish]를 클릭해 설치를 완전히 마무리합니다.

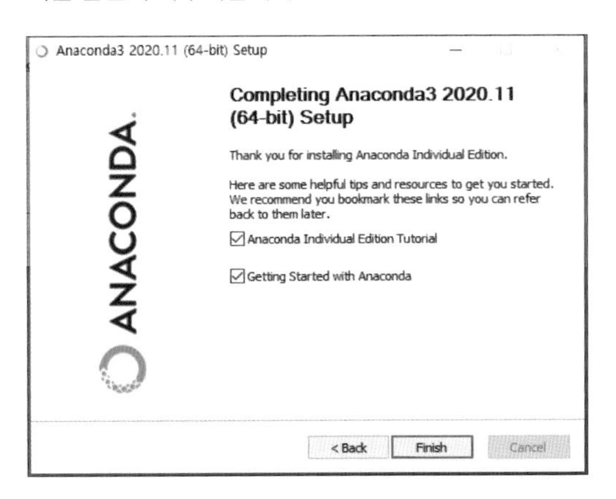

❿ 윈도우에서 시작 버튼을 클릭해 아나콘다가 잘 설치되었는지 확인하고 Jupyter Notebook을 실행합니다.

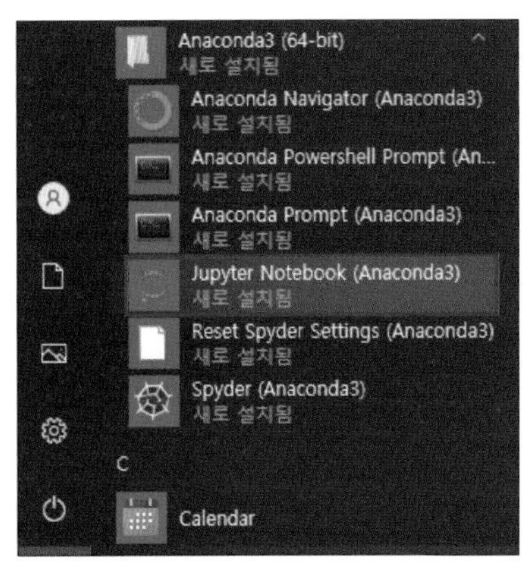

⓫ 파이썬이 실행되었으면 [New]-[Python3]을 클릭해 파이썬을 시작할 수 있습니다.

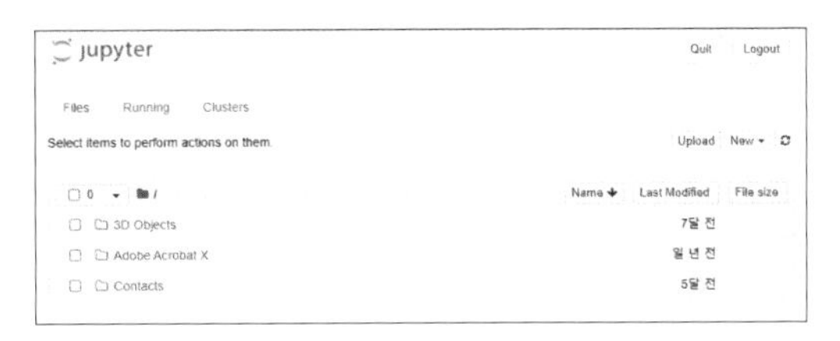

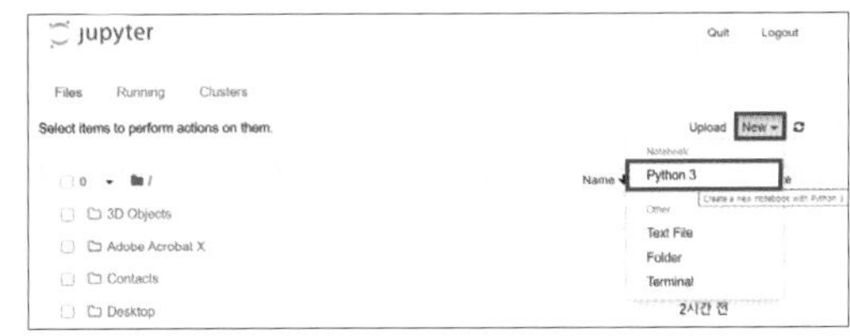

02-02 주피터 노트북 시작하기

주피터 노트북을 이용하여 파이썬을 진행하기 위한 가장 기본적인 내용을 살펴보겠습니다.

주피터 노트북으로 파이썬 실행하기

먼저 [New]-[Python3]을 클릭해 새로운 파이썬을 시작합니다.

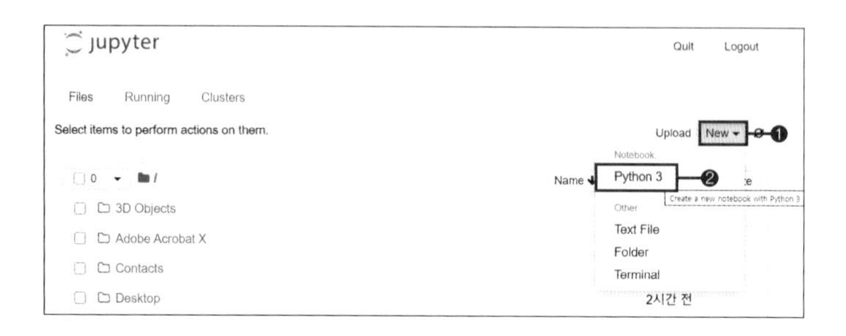

나타난 화면에 일단 print('hi')라고 입력하고 Shift+Enter를 누르면 바로 결과를 확인할 수 있고 새로운 코드박스가 생성됩니다. 주피터 노트북은 코드를 박스별로 관리합니다. 코드를 실행하면 코드박스 바로 아래에 실행결과가 표시됩니다.

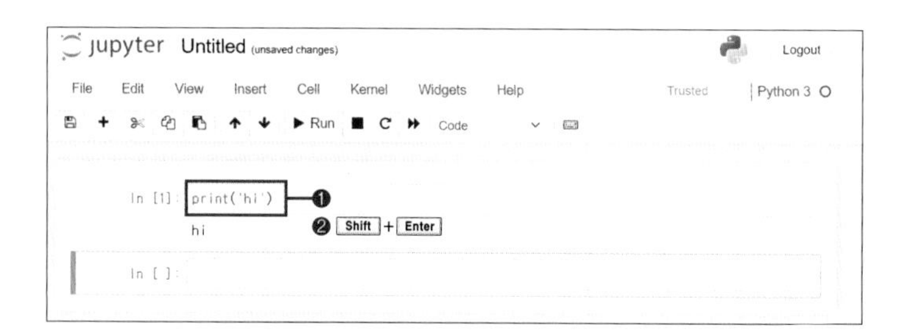

내용을 수정하려면 마우스로 코드박스를 클릭해 수정한 다음 다시 실행하면 됩니다. 이때 Ctrl+Enter를 누르면 새로운 코드박스를 생성하지 않고도 실행결과를 확인할 수 있습니다.

만약 코드박스를 삭제하고 싶다면 코드박스 왼쪽의 빈 공간을 누른 후 화면에서 가위 모양의 잘라내기를 클릭하면 됩니다. 또는 코드박스 왼쪽의 빈 공간을 누른 후 D를 빠르게 두 번 누르면 됩니다.

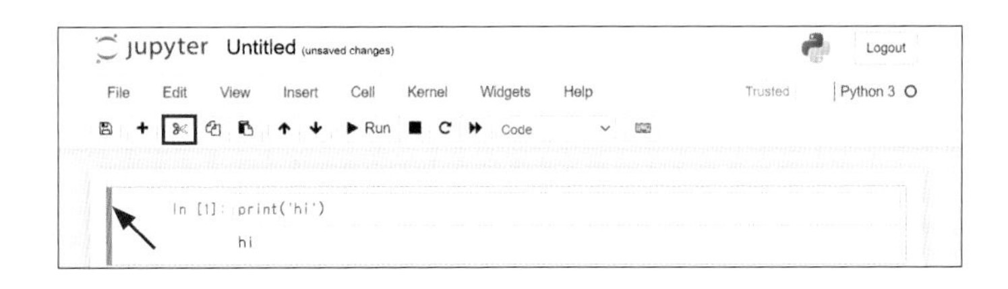

코드박스를 추가하고자 할 때는 화면에서 + 기호를 클릭합니다.

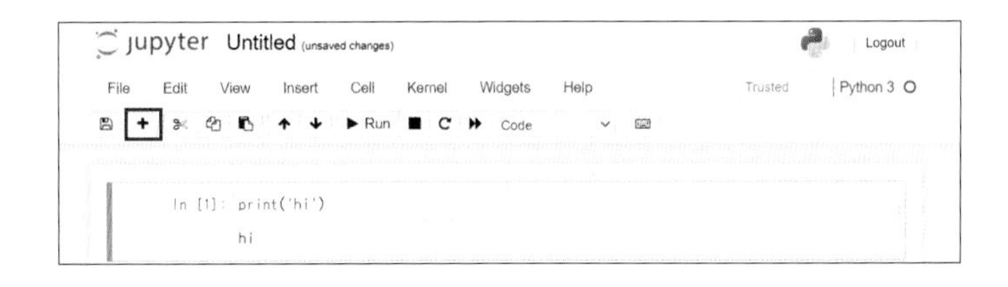

주피터 노트북은 자동으로 작업 내용을 저장합니다. 파일의 이름을 변경하고자 할 때는 화면 가장 위에 보이는 Untitled 부분을 클릭합니다.

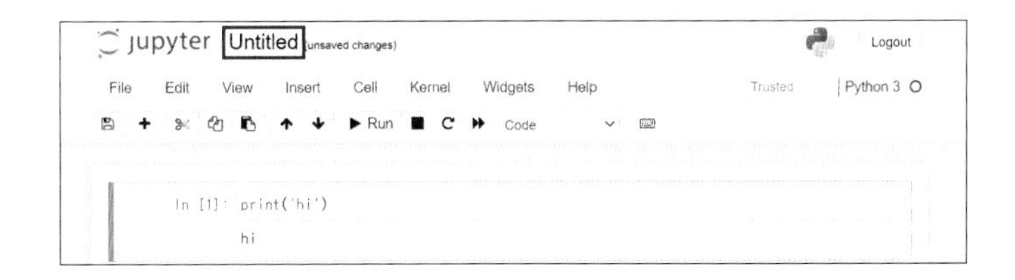

새로운 이름을 입력하고 Rename을 클릭합니다.

파일의 이름이 바뀐 것을 알 수 있습니다.

잠깐만요

주피터 노트북에서 사용되는 다양한 단축키입니다.

● 셀 선택 모드

내용	단축키
위에 셀 추가	A
아래에 셀 추가	B
셀 삭제	D D
잘라내기	X
복사하기	C
붙여넣기	P
아래 셀과 합치기	Shift + M
셀 타입 변경(마크다운)	M
셀 타입 변경(코드)	Y
파일 저장	Ctrl + S 또는 S
코드 편집 모드	Enter

● 코드 입력 모드

내용	단축키
셀 실행	Ctrl + Enter
실행 후 다음 셀로 이동	Shift + Enter
실행 취소	Ctrl + Z
셀 다시 실행	Ctrl + Y
커서에서 셀 나누기	Shift + Ctrl + -
셀 선택 모드로 가기	Esc 또는 Ctrl + M
주석 처리	Ctrl + /
셀 타입 변경(코드)	Y
파일 저장	Ctrl + S 또는 S
코드 편집 모드	Enter

파이썬 배우기 전에 기본 내용 알아두기

● **주석**

주석은 프로그램을 이해하는 데 도움이 되는 내용을 적어놓은 설명으로 # 기호를 적은 후 입력합니다. 주석은 메모지처럼 도움이 될 만한 설명을 적어두는 것으로 프로그램 안에 붙여놓은 포스트잇과 같은 역할을 수행한다고 보면 됩니다. # 기호는 주석문의 시작을 의미하고, # 다음에 오는 글자들은 프로그램 실행 시 무시되어 프로그램 실행결과에는 전혀 영향을 미치지 않습니다. 코딩하면서 궁금하거나 새로 알게 된 지식은 주석을 통해서 메모를 하면 됩니다. 이렇게 메모해 놓은 주석은 기초 지식을 차곡차곡 쌓아가는 데 도움이 될 것입니다.

••• 참고

주석(Comment)

- 코드에서 #으로 시작하는 뒷부분은 실행되지 않습니다.
- 파이썬이 소스코드를 실행하면서 #을 만나면 무시합니다.
- 인간이 보기 위한 용도로 사용합니다.

● **예제**

다음의 예제를 입력하고 Shift+Enter를 누르면 실행결과를 확인할 수 있습니다.

001		
	실습	`print('Hello')  #화면 표시`
	결과	`Hello`

주피터 노트북 화면으로 확인해 보면 다음과 같습니다.

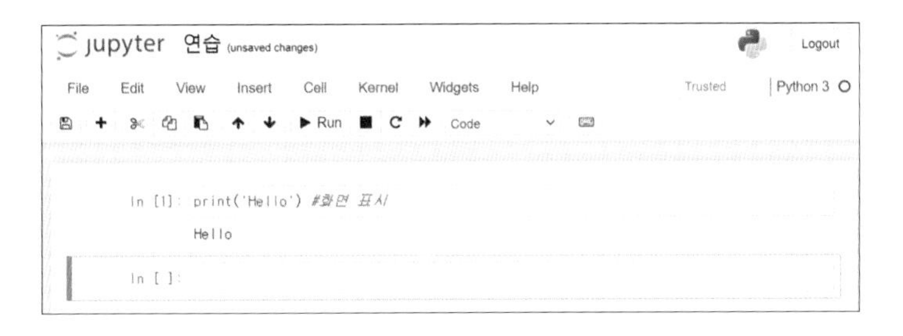

파이썬의 문법에서 가장 잘 알려진 특징은 들여쓰기를 이용한 블록 구조입니다. 두 줄 이상의 내용을 작성할 때 들여쓰기가 잘못된 경우 오류가 발생합니다. 파이썬을 처음 배우는 경우에 많이 경험하는 오류이니 주의하도록 합니다.

002

예시	`print('hi')` `print('hi')`
정상	`hi` `hi`

003

잘못된 예시	`print('hi')` ` print('hi')`

오류	`  File "<ipython-input-12-32f20eb62a1f>", line 2`
	`    print('hi')`
	`    ^`
	`IndentationError: unexpected indent`

프로그래밍 언어마다 독특한 특징이 있고 프로그래밍을 한다는 것은 해당 언어의 올바른 단어와 규칙을 학습하는 것입니다. 재미있게도 파이썬이 가지고 있는 철학이 있습니다. 코드 창에 'import this'를 입력하고 Shift+Enter를 눌러보세요. 그러면 파이썬의 철학을 볼 수 있습니다.

004

예시

```
import this
```

결과

```
The Zen of Python, by Tim Peters

Beautiful is better than ugly.
Explicit is better than implicit.
Simple is better than complex.
Complex is better than complicated.
Flat is better than nested.
Sparse is better than dense.
Readability counts.
Special cases aren't special enough to break the rules.
Although practicality beats purity.
Errors should never pass silently.
Unless explicitly silenced.
In the face of ambiguity, refuse the temptation to guess.
There should be one-- and preferably only one --obvious way
to do it.
Although that way may not be obvious at first unless you're
Dutch.
Now is better than never.
Although never is often better than *right* now.
```

```
If the implement ation is hard to explain, it's a bad idea.
If the implementation is easy to explain, it may be a good
idea.
Namespaces are one honking great idea -- let's do more of
those!
```

여기까지 잘 따라했다면 여러분은 이제 훌륭한 파이썬 능력을 갖춘 것입니다. 다음의 연습문제를 풀면서 기억을 되살려보고 2장부터는 파이썬의 기초적인 명령어를 하나씩 살펴보도록 하겠습니다. 그리고 걱정하지 마세요. 파이썬은 라면 끓이기만큼 쉽게 배울 수 있습니다.

••• 참고

셀 선택 모드에서 H를 누르면 단축키를 볼 수 있습니다.

핵심 요약 SUMMARY

주피터 노트북에서 실행에 사용되는 Ctrl+Enter, Shift+Enter는 꼭 기억합니다.

| 1 | 셀 선택 모드에서 사용되는 단축 명령

내용	단축키
위에 셀 추가	A
아래에 셀 추가	B
셀 삭제	D D
잘라내기	X
복사하기	C
붙여넣기	P
아래 셀과 합치기	Shift+M
셀 타입 변경(마크다운)	M
셀 타입 변경(코드)	Y
파일 저장	Ctrl+S 또는 S
코드 편집 모드	Enter

| 2 | 코드 입력 모드에서 사용되는 단축 명령

내용	단축키
셀 실행	Ctrl+Enter
실행 후 다음 셀로 이동	Shift+Enter
실행 취소	Ctrl+Z
셀 다시 실행	Ctrl+Y
커서에서 셀 나누기	Shift+Ctrl+-
셀 선택 모드로 가기	Esc 또는 Ctrl+M
주석 처리	Ctrl+/

연습 문제 EXERCISE

01 주피터 노트북에서 프로그램을 실행만 하는 단축키는 무엇인가요?

① Ctrl+Enter ② Shift+Enter ③ Ctrl+C ④ Delete

02 주피터 노트북에서 프로그램을 실행하고 다음 셀로 이동하는 단축키는 무엇인가요?

① Ctrl+Enter ② Shift+Enter ③ Ctrl+C ④ Delete

03 주피터 노트북에서 위에 셀을 추가하는 단축키는 무엇인가요?

① A ② B ③ C ④ D

04 주피터 노트북에서 아래에 셀을 추가하는 단축키는 무엇인가요?

① A ② B ③ C ④ D

05 주피터 노트북에서 실행 취소하는 단축키는 무엇인가요?

① Ctrl+C ② Ctrl+D ③ Ctrl+Z ④ Ctrl+V

힌트 ▸ 두 줄 이상의 프로그램을 작성할 때 들여쓰기에 주의합니다.

CHAPTER 02

자료형

파이썬의 자료형에 대해 알아봅니다. 파이썬의 자료형의 개념을 잡은 후에 숫자형, 문자열, 불형에 대해 알아봅니다.

01 자료형 개념 잡기

STEP

프로그램에서 처리하는 자료에는 어떠한 것들이 있을까요? 마트에 가면 여러 가지 제품들이 있는데 그 제품들은 그룹별로 나뉘어 체계적으로 관리됩니다. 예를 들어, 노트나 볼펜 등은 문구 코너에 있고 사이다나 콜라 등은 음료 코너에 있습니다. 새로운 색연필이 들어오면 문구 코너에 배치하여 체계적으로 관리를 하고 있습니다. 이렇게 배치를 해놓으면 볼펜을 구입하고자 할 때 문구 코너에 가서 원하는 제품을 빠르게 구입할 수 있습니다. 그런데 만약 이러한 분류 기준 없이 마구잡이로 섞여 있다면 물건 찾기가 너무 힘들 것입니다.
그러면 컴퓨터는 자료들을 어떻게 분류하고 처리할까요? 좀 어려운 이야기이지만 살펴보겠습니다.
컴퓨터 내부에서는 모든 정보를 2진수로 처리하고 있습니다. 2진수가 다소 생소한 개념일 수 있는데 우리 인간은 10진수를 사용하고 있습니다. 숫자들을 0부터 9를 사용하여 모두 나타내고 있는 것입니다. 평소에 늘 사용하던 것이니 곰곰이 생각해 보면 모든 숫자들이 0부터 9로 이루어져 있다는 것을 알 수 있을 것입니다. 그런데 컴퓨터는 단지 0과 1로만 모든 숫자를 나타내고 있습니다.

01-01 2진수

그러면 우리 인간이 나타내는 10진수 9를 컴퓨터는 2진수로 뭐라고 나타낼까요? 1001(2)로 나타냅니다. 컴퓨터를 이해하기 위해 2진수에 대해 잠깐 살펴보겠습니다. 8, 4, 2, 1카드가 있다고 가정합니다. 이 카드를 이용하여 9를 만들어 보세요. 8카드와 1카드를 가져오면 9가 됩니다. 가져온 것은 1이라고 표시하고, 안 가져온 것은 0이라고 표시해 봅니다. 1001이 될 것입니다. 8, 4, 2, 1카드는 2의 지수승이었던 것입니다. 그러면 10이라는 숫자를 2진수로 나타내면 어떻게 될까요? 8, 4, 2, 1카드에서 8과 2를 가져오면 10이 되므로 1010(2)로 표현할 수 있습니다.

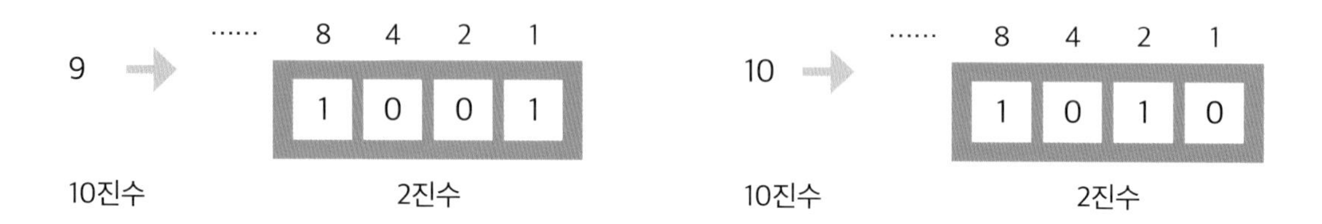

만약 여러분이 "9+10을 해주세요."라고 컴퓨터에 명령을 내리면 각각 2진수로 바꿔서 계산을 한 다음에 그 결과를 우리가 알아보기 쉽게 10진수로 바꿔서 보여줍니다. 숫자뿐 아니라 문자도 모두 2진수로 처리합니다.

컴퓨터에서 영어를 사용하기 위해서는 영어마다 숫자로 번호를 매겨서 처리합니다. 처리하는 방식에는 몇 가지가 있습니다. 예를 들어, ASCII 방식은 알파벳 대문자 A를 10진수 65로 표현하고, 그 65를 2진수 1000001로 바꿔서 처리합니다.

A → (10진수) 65 → (2진수) 1000001

그런데 컴퓨터 입장에서는 숫자 65, 문자 A 등을 구분하는 데 혼돈이 있을 수 있습니다. 그래서 문자에는 따옴표(' ')를 붙여주자고 약속을 했습니다. 그러면 서로 쉽게 문자인지, 숫자인지 구분할 수 있습니다.

자! 이제 파이썬에서 제공하는 자료형에는 어떠한 것들이 있는지 살펴보겠습니다. 바로 type( ) 함수를 이용하여 자료형을 쉽게 확인할 수 있는데 자료형 중에서 대표적인 정수형, 실수형, 문자열, 불형에 대해서 살펴보도록 하겠습니다.

01-02 자료형

숫자 74의 자료형은 무엇일까요? 파이썬에게 물어보기 위해 type(74)라고 하면 int라고 표시합니다. int는 정수형을 의미합니다.

005		
	실습	type(74)
	결과	int

숫자 3.141592의 자료형은 type(3.141592)라고 하면 float라고 표시합니다. float는 실수형을 의미합니다.

006		
	실습	`type(3.141592)`
	결과	`float`

문자열인 'A'의 자료형은 type('A')라고 하면 str이라고 표시합니다. str은 문자열을 의미합니다.

007		
	실습	`type('A')`
	결과	`str`

True는 참, False는 거짓을 의미하는 불형입니다. type(True)라고 하면 bool이라고 표시합니다. 주의할 점은 True, False는 첫 글자를 반드시 대문자로 입력해야 합니다.

008		
	실습	`type(True)`
	결과	`bool`

실습결과에서 보여주는 int는 정수형, float는 실수형, str은 문자열, bool은 불형임을 나타냅니다. 추가적으로 리스트, 튜플, 딕셔너리, 집합 등의 자료형도 제공하고 있는데 정리하면 파이썬에서 지원하는 데이터 형에는 기본형인 정수형, 실수형, 문자열, 불형과 확장형인 리스트, 튜플, 딕셔너리, 집합 등이 있습니다. 우리는 가장 기본적인 숫자형(정수형, 실수형), 문자열 그리고 불형에 대해서 자세히 살펴보도록 하겠습니다.

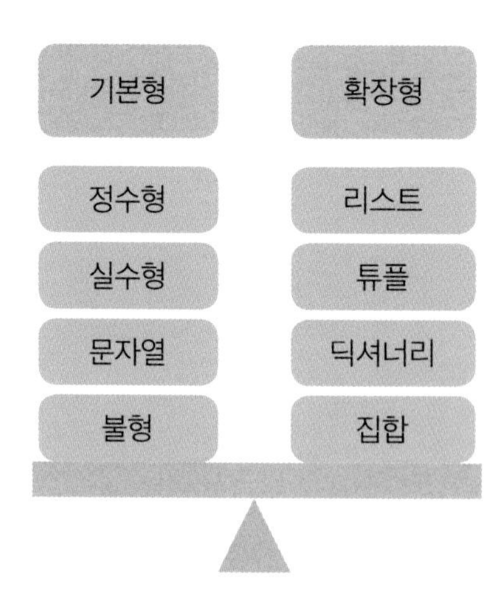

••• 참고

- type() 함수는 값의 타입(type)을 알고자 할 때 사용합니다.
- int는 정수형, float는 실수형, str은 문자열, bool은 불형입니다.

숫자형

숫자형 데이터는 소수점 여부에 따라 정수형과 실수형으로 구분합니다. 정수형은 소수점이 없는 수로 721이나 -234 등이 있습니다. 파이썬은 별도의 변수 선언 없이 사용할 수 있는데 변수에 값을 넣는 순간에 변수의 데이터 형이 결정됩니다. 또한 int의 크기에 제한이 없다는 것이 다른 언어와의 차이점입니다.

예를 들어, 빵 바구니, 과일 바구니에 미리 이름표를 붙여놓고 물건을 해당 바구니에만 꼭 넣어야 하는 것이 아니라 비어 있는 아무 바구니에 내용물을 넣으면 그때 빵 바구니 또는 과일 바구니가 된다는 것입니다.

다음 실습코드를 살펴볼까요?

009

실습	`a=1024*1024*1024*1024` `type(a)`
결과	`int`

a 변수에 1024*1024*1024*1024의 결괏값을 대입하는 코드입니다. 소수점이 없으니 정수에요. 이렇게 정수를 넣는 순간 a는 정수형 변수가 되는 것입니다. type(a)로서 a 변수의 자료형을 컴퓨터에게 물어보았더니 int라고 대답합니다. 이것은 정수형이라는 의미입니다.

010

실습	`a=1024*1024*1024*1024` `a`
결과	`1099511627776`

a 변수에 1024*1024*1024*1024의 계산을 부탁했더니 1099511627776의 계산 결과를 알려줍니다. 이 숫자는 매우 큰 수입니다. 이처럼 아주 큰 수도 정수형 변수에 잘 들어간 것을 확인해 볼 수 있습니다.

02-01 정수형

정수형에는 16진수, 8진수, 2진수도 사용할 수 있습니다. 그런데 이러한 숫자와 우리가 평상시에 사용하는 10진수는 구분하는 무엇인가가 있어야 합니다. 그래서 16진수는 0x, 8진수는 0o, 2진수는 0b를 해당 숫자 앞에 붙여줍니다. 16진수는 hexadecimal, 8진수는 octal, 2진수는 binary의 영어와 연계해서 생각하면 됩니다. 어렵다고요? 괜찮습니다.
이러한 표현법도 있구나 하고 가볍게 넘어가도 됩니다. 그래도 한 번 실습을 통해 살펴볼까요?

011

실습	a=0xFF b=0o75 c=0b1010 print(a, b, c)
결과	255 61 10

16진수 0xFF, 8진수 0o75, 2진수 0b1010을 a, b, c 변수에 대입하고 출력해 보았더니 10진수로는 255, 61, 10이라고 아주 빠르게 알려줍니다. 여기서 첫 글자는 숫자 0을 나타내는 것이므로 영어 o와 구분하여 잘 입력해야 합니다.

02-02 실수형

실수형은 3.14, 6.1, -3.14처럼 소수점이 있는 데이터입니다. 3.14e12처럼 표현할 수도 있는데 3.14e12는 3.14×10^{12}을 의미하고, 3.14e-12는 3.14×10^{-12}을 의미합니다.

문자열

STEP

문자열은 '안녕', 'korea'처럼 따옴표로 둘러싸여 있습니다. 따옴표는 '안녕하세요?' 또는 "안녕하세요?"처럼 큰따옴표(" ") 또는 작은따옴표(' ')로 감싸서 만들 수 있습니다. 둘 중 아무거나 사용할 수 있는데 약간의 규칙이 있습니다. 살펴볼까요?

다음과 같이 작은따옴표(' ')로 감싸서 사용할 수 있습니다.

012

실습	`print('안녕하세요?')`
결과	안녕하세요?

또는 다음과 같이 큰따옴표(" ")로 감싸서 사용할 수 있습니다.

013

실습	`print("안녕하세요?")`
결과	안녕하세요?

그런데 문자열 내부에 따옴표를 넣어서 표시하고자 할 때는 어떻게 하면 좋을까요? 그것은 바로 서로 짝을 맞추어주면 됩니다.

014

실습	`print('철수가 "안녕하세요?"라고 말했습니다.')`
결과	철수가 "안녕하세요?"라고 말했습니다.

015

실습	`print("이곳은 '대한민국'입니다.")`
결과	이곳은 '대한민국'입니다.

••• 참고

따옴표는 서로 짝을 맞추어야 합니다.

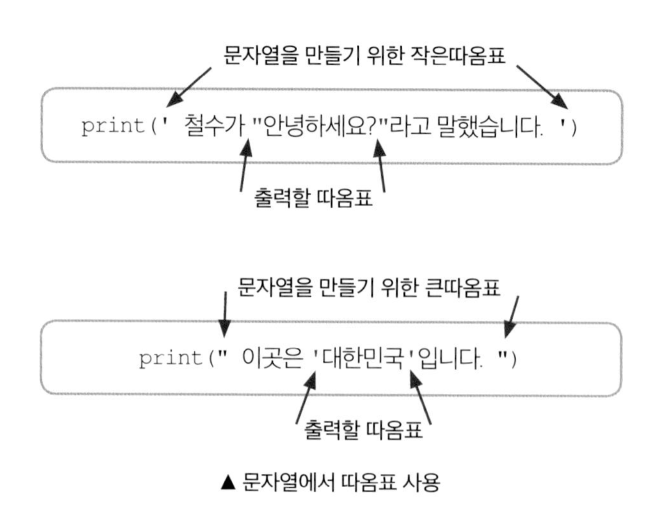

▲ 문자열에서 따옴표 사용

하지만 작은따옴표 안에 작은따옴표, 큰따옴표 안에 큰따옴표를 넣을 수는 없습니다. 그렇게 되면 오류가 발생합니다.

016

실습	`print("철수가 "안녕하세요"라고 말했습니다.")`

결과	`File "<ipython-input-1-981645e687dd>", line 1`
	`print("철수가 "안녕하세요"라고 말했습니다.")`
	`^`
	`SyntaxError: invalid syntax`

여러 줄로 된 문자열을 표시하고자 할 때는 큰따옴표 또는 작은따옴표를 세 번 반복한 기호를 사용하여 나타낼 수 있습니다. 여러 줄로 된 문자열은 작은따옴표와 큰따옴표를 모두 따옴표 안에 자유롭게 넣을 수 있습니다.

017

실습

```
print('''비밀을 가르쳐줄게
아주 간단한 거야
오직
'마음'으로 보아야
잘 보인다는 거야
가장 중요한 건
"눈"에 보이지 않아''')
```

	결과	비밀을 가르쳐줄게 아주 간단한 거야 오직 '마음'으로 보아야 잘 보인다는 거야 가장 중요한 건 "눈"에 보이지 않아

추가적으로 문자열을 여러 줄로 출력하고자 할 때는 중간에 \n을 넣어서 표시할 수도 있습니다.

018	실습	`print('안녕하세요?\n반갑습니다.')`
	결과	안녕하세요? 반갑습니다.

숫자형과 문자열에 대해 살펴보았는데 그러면 print(a)와 print('a')의 차이는 무엇일까요? print(a)는 a 변수의 값을 표시하라는 의미이고, print('a')는 'a' 자체를 표시하라는 의미입니다.
다음과 같이 코드를 입력하여 결과를 비교해 보세요.

019	실습	`a=123`
		`print(a)`
		`print('a')`

	결과	123 a

••• 잠깐만요

a='12.3'은 문자열을 의미합니다. b=100은 정수를 의미합니다. 따라서 print(a+b)를 하게 되면 문자열과 숫자의 덧셈이 되어 오류가 발생합니다. 이럴 경우 서로 자료형을 맞추어서 처리할 수 있습니다.

a=float(a)
b=100

print(a+b)로 해결할 수 있습니다. 이처럼 문자형으로 선언된 값도 정수형이나 실수형으로 변환할 수 있습니다.

불형

불형(bool)은 참(True) 또는 거짓(False)을 나타내는데 논리형이라고 합니다.

여러분! 100과 100이 같나요? 네, 같습니다. 이렇게 '네'라고 답할 수 있는 것은 참(True)이라고 합니다. 그러면 100과 90이 같나요? 아니요, 같지 않습니다. 이렇게 '아니요'라고 답할 수 있는 것은 거짓(False)이라고 합니다.

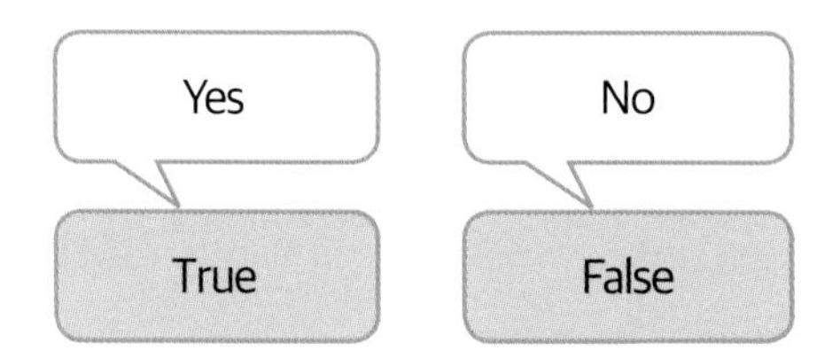

••• 참고

True나 False의 첫 글자는 대문자입니다. 처음 공부하는 경우에 오류가 많은 부분이니 실습할 때 꼼꼼하게 입력하기 바랍니다.

다음과 같이 코드를 입력하여 불형을 확인해 봅니다.

020

실습	a=100 b=100 c=90 print(a==b) print(a==c)
결과	True False

여기서 ==은 같다를 표시하는 연산자입니다. 연산자에 대해서는 이후 장에서 아주 자세히 살펴보겠습니다.

핵심 요약 SUMMARY

1. type( ) 함수를 이용하여 자료의 유형을 알 수 있습니다.

2. int는 정수형, float는 실수형, str은 문자열, bool은 불형입니다.

3. True나 False의 첫 글자는 대문자입니다.

4. 문자열에서 따옴표 사용하기

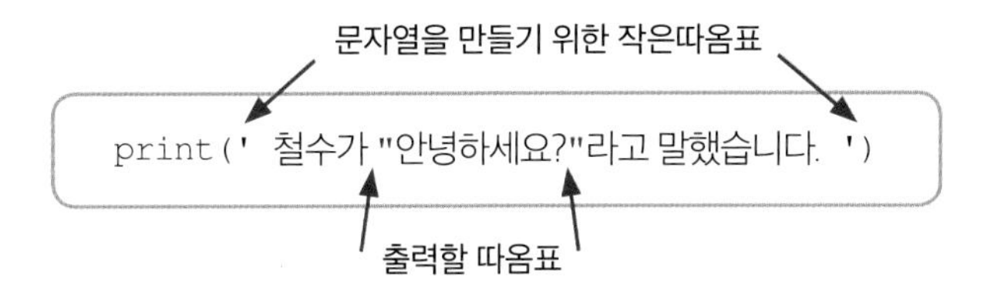

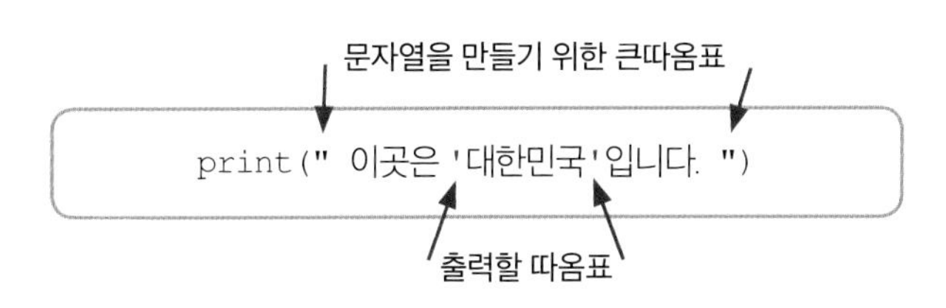

연습 문제 EXERCISE

01 m="delab"의 뜻은 무엇인가요?

① m 변수의 이름은 delab이다.
② m 변수에 delab값을 대입하세요.
③ m 변수의 값과 delab은 같다.
④ delab 변수는 m이다.

02 변수에 데이터 값을 저장하기 위해 사용되는 기호는 무엇인가요?

① == ② = ③ : ④ ->

03 다음 중 문자열이 아닌 것은?

① 'hi' ② "korea" ③ '010-2233-2523' ④ 12.36

04 다음 변수 a의 자료형은 무엇인가요?

```
a="True"
```

① 문자열 ② 정수형 ③ 실수형 ④ 불형

05 다음 중 데이터 형이 다른 것은 무엇인가요?

① 12.5 ② 1.3889 ③ 12e+10 ④ 10

06 '1', 1, 1.0의 차이에 대해 설명하세요.

____

____

____

____

____

07 'Hello, world'를 출력하는 방법으로 옳은 것은 무엇인가요?

① print "Hello, world"
② print 'Hello, world'
③ print ('Hello, world')
④ print ['Hello, world']

08 다음 프로그램의 실행결과를 쓰세요.

문제	a=4.5 b=int(4.5) print(a**((a//b)*2)) print((a-b)*a)
결과	

••• 참고

**는 거듭제곱, //는 몫을 구하는 연산자입니다.

09 다음 프로그램의 실행결과를 쓰세요.

문제	a='3' b=float(a) print(b**int(a))
결과	

힌트 ▸ float는 실수형으로의 변환, int는 정수형으로의 변환을 의미합니다.
**는 거듭제곱을 나타내는 연산자입니다.
print( ) 함수는 괄호 안의 내용을 화면에 표시하라는 의미입니다.

CHAPTER

03

문자열 연산

자료의 여러 형태 중에서 문자열에 대해서 배웠습니다. 문자열(string)은 문자들의 집합이고 따옴표로 둘러싸여 있습니다. 이 문자열에서 사용하는 연산에는 어떠한 것이 있을까요? 흥미롭게도 이러한 문자열을 파이썬에서는 더하거나 곱할 수 있습니다. 문자열은 리스트와 함께 폭넓게 사용되는데 리스트는 추후에 살펴보고, 3장에서는 문자열의 기초적인 개념을 살펴보겠습니다.

01 STEP 연결 연산자

지금까지 여러분은 숫자들을 가지고 사칙연산을 주로 했을 것입니다. 파이썬을 처음 배우는 경우에 문자열을 가지고 연산을 한다고 하면 의아하게 생각할 수 있습니다. 그런데 파이썬에서는 신기하게도 문자열을 가지고 +, * 연산을 할 수 있습니다.

문자열에서 + 기호를 사용하면 연결해서 표시하라는 뜻입니다. 그래서 문자열에서 +를 연결 연산자라고 합니다. + 기호는 숫자에서는 더하기를 하지만 문자열에서는 연결하는 역할을 합니다. 같은 + 기호이지만 내부적으로는 완전히 다른 수행을 하고 있습니다.

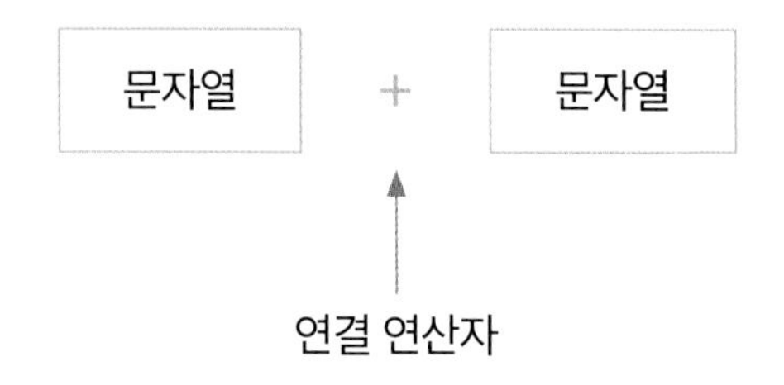

'안녕하세요?' 문자열과 '파이썬입니다.' 문자열을 연결 연산자를 이용하여 '안녕하세요? 파이썬입니다.'처럼 표시해 볼까요? 바로 다음과 같이 하면 됩니다.

021		
	실습	`print('안녕하세요?'+ ' 파이썬입니다.')`
	결과	안녕하세요? 파이썬입니다.

01-01 변수 사용

이번에는 변수를 사용하여 진행해 보겠습니다.
a 변수에 'python'을 넣고, b 변수에 ' is fun'을 넣은 다음 + 연산자로 연결해 표시하여 응용해 보면 다음과 같습니다.

022

실습	a='python' b=' is fun' print(a+b)
결과	python is fun

그런데 print('안녕하세요'+1)과 같이 하면 어떻게 될까요? 에러 메시지가 표시됩니다. 문자열은 문자열끼리 + 기호를 사용해서 연결해야 합니다. 그래서 '안녕하세요1'과 같은 출력을 의도하고자 한다면 print('안녕하세요'+'1')과 같이 모두 문자열로 인식시켜야 오류 없이 결과를 얻을 수 있습니다.

023

실습	print('안녕하세요'+1)
결과	TypeError: can only concatenate str (not "int") to str

024

실습	print('안녕하세요'+'1')
결과	안녕하세요1

반복 연산자

STEP

문자열을 * 연산자로 연결하면 문자열을 반복할 수 있습니다. 그래서 *를 반복 연산자라고 합니다. 문자열 * 숫자와 같이 사용하면 해당 문자열을 숫자만큼 반복하라는 의미입니다.

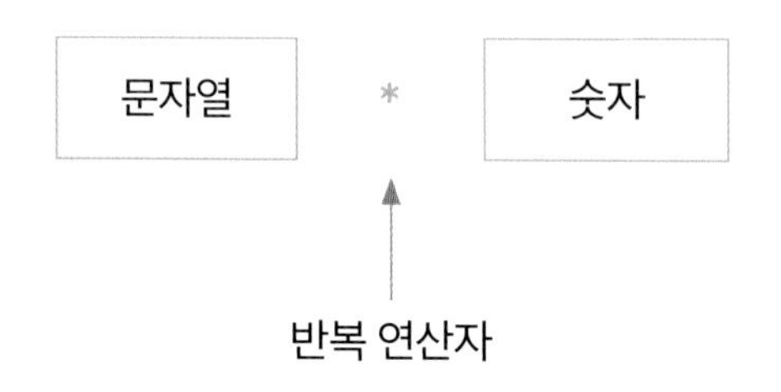

만약 '안녕 '*3을 하면 '안녕 '이 3번 반복됩니다.
문자열 * 숫자 형식으로 사용했는데 숫자 * 문자열과 같이 순서를 바꿔서 입력할 수도 있습니다.

025		
	실습	`print('안녕 '*3)`
	결과	안녕 안녕 안녕

026		
	실습	`print(3* '국민 ')`
	결과	국민 국민 국민

* 연산자를 이용하여 다음과 같은 결과를 얻고자 한다면 어떻게 코딩하면 좋을까요?
먼저 각자 실습해 보고 비교해 봅니다. 027번과 같이 안녕이 4번 반복되는 결과를 얻기 위해 print 함수로 반복 연산자 *를 이용하여 예제를 만들어 보고, 028번도 파이썬을 3번 반복되는 결과를 얻기 위해 print 함수로 *를 이용하여 예제를 만들어 봅니다.

027

결과	-------------------- 안녕 안녕 안녕 안녕 --------------------
실습	print('-'*20) print('안녕 '*4) print('-'*20)

028

결과	--- 파이썬 파이썬 파이썬 ---
실습	print('-'*3, '파이썬 ' *3, '-' *3)

위의 실습 결과를 살펴보면, 027번 하단에 '-' * 20 은 '-'를 20번 반복하여 표시하라는 의미이고 '안녕' * 4 는 '안녕'을 4번 반복하여 표시하라는 의미입니다.
28번 하단에 '-'*3은 '-' 를 3번 반복하여 표시하라는 의미이고 '파이썬 '*3은 '파이썬'을 3번 반복하여 표시하라는 의미입니다.

인덱싱과 슬라이싱

STEP

인덱싱(indexing)이란 무엇인가를 가리킨다는 의미이고, 슬라이싱(slicing)은 무엇인가를 잘라낸다는 의미입니다.

••• 참고

indexing&slicing string(문자열 인덱스 및 추출)에서 문자열 안의 각각의 문자는 순서가 있고, 이 순서를 인덱스라고 합니다. 첫 번째 시작 문자의 순서는 0으로 시작합니다.

03-01 인덱싱

인덱싱에 대해 살펴보겠습니다. 문자열에서 딱 하나의 문자를 선택하고자 합니다. 예를 들어, '파이썬 공부해요'라는 문자열에서 '파'라는 하나의 글자를 선택하고자 할 때는 대괄호 안에 선택할 문자의 위치를 지정하면 되는데 이 숫자를 인덱스라고 합니다.
문자열의 첫 위치는 프로그램마다 차이가 있는데 파이썬에서는 문자열의 위치를 나타낼 때 0번부터 시작한다는 것에 주의해야 합니다. 예를 들어, '파이썬 공부해요' 문자열의 위치를 살펴보면 어떻게 될까요?

파	이	썬		공	부	해	요
[0]	[1]	[2]	[3]	[4]	[5]	[6]	[7]

▲ 문자열의 위치

a에 '파이썬 공부해요'를 넣어놓고 0번째 문자를 나타내고자 할 때는 a[0]이라고 표현합니다. a[0]에는 '파'가 있습니다. 이처럼 문자열의 특정한 값을 뽑아내는 것을 인덱싱이라고 합니다.

029		
	실습	a='파이썬 공부해요' print(a[0])
	결과	파

a에서 0번에는 '파'가 있고 1번에는 '이', 2번에는 '썬'이 있으므로 이것을 +(연결 연산자)로 표시하면 '파이썬'이 표시됩니다.

030		
	실습	a='파이썬 공부해요' print(a[0]+a[1]+a[2])
	결과	파이썬

주의할 것은 인덱싱 범위가 벗어난 것을 지정할 경우에는 에러가 표시됩니다. 만약 a[8]이 존재하지 않는데 지정하게 되면 에러가 표시됩니다.

031		
	실습	a='파이썬 공부해요' print(a[8])
	결과	IndexError: string index out of range

이번에는 좀 긴 문장을 가지고 해보겠습니다.

032		
	실습	b='Data Engineering Lab' print(b[0]+b[5]+b[17]+b[18]+b[19])
	결과	DELab

문자열의 위치를 세는데 뒤에 위치한 것은 좀 힘듭니다. 그래서 이런 방법도 있어요. 문자열의 맨 마지막을 -1번째로 나타냅니다. 대괄호 안의 숫자를 음수로 입력하면 뒤에서부터 선택할 수 있습니다. a[-1]은 -1번째의 문자를 의미하므로 '요'가 표시됩니다.

파	이	썬		공	부	해	요
[-8]	[-7]	[-6]	[-5]	[-4]	[-3]	[-2]	[-1]

▲ 문자열의 위치

033		
실습	a='파이썬 공부해요' print(a[-1])
결과	요

a[-4], a[-3], a[-2], a[-1]의 문자를 표시하면 '공부해요'가 됩니다. a[-1]은 맨 뒤의 문자, a[-2]는 뒤에서 두 번째 문자를 가리킵니다.

034		
실습	a='파이썬 공부해요' print(a[-4]+a[-3]+a[-2]+a[-1])
결과	공부해요

특히 긴 문장인 경우 뒤쪽에 위치한 문자열을 나타낼 때 활용하면 도움이 됩니다.

035		
실습	b='Data Engineering Lab' print(b[0]+b[5]+b[-3]+b[-2]+b[-1])
결과	DELab

••• 참고

다른 언어와는 다르게 파이썬은 음수 인덱스(-1 인덱스)를 지원합니다. -1은 가장 마지막 인덱스를 의미하고, -2는 마지막에서 두 번째 인덱스를 의미합니다.

인덱싱을 이용하여 '안녕하세요'를 '요세하녕안'처럼 뒤집어서 표시해 보겠습니다.

036		
실습	a='안녕하세요' print(a[-1]) print(a[-2]) print(a[-3]) print(a[-4]) print(a[-5])
결과	요 세 하 녕 안

03-02 슬라이싱

슬라이싱에 대해 살펴보도록 하겠습니다. 슬라이싱이란 무엇일까요? 문자열에서 특정한 범위를 선택하는 것을 슬라이싱이라고 합니다. 슬라이싱을 표현할 때는 대괄호 안에 콜론(:)으로 구분해서 지정합니다. 예를 들어, '파이썬 공부해요' 문장에서 '파이썬'의 문자열은 0번부터 2번에 위치하므로 [0:3]이라고 표현합니다.

주의할 점은 [0:2]라고 하면 안 된다는 것입니다. [0:2]의 의미는 0번, 1번만 의미합니다. 그래서 [0:3]이라고 해야 하는데 [0:3]의 의미는 0번부터 2번까지의 문자를 나타냅니다. 만약 [2:5]라고 하면 2~4번까지의 문자를 나타내게 됩니다. 많이 실수하는 부분이니 꼭 기억하도록 합니다.

파	이	썬		공	부	해	요
[0]	[1]	[2]	[3]	[4]	[5]	[6]	[7]

[0:3]

▲ 문자열 슬라이싱

037

실습	a='파이썬 공부해요' print(a[0:3])
결과	파이썬

만약 '공부해요'를 나타내고자 할 때는 어떻게 하면 될까요? a[4:8]이라고 하면 됩니다.

038

실습	a='파이썬 공부해요' print(a[4:8])
결과	공부해요

대괄호 안에 넣는 숫자 둘 중 하나를 생략하여 [:3], [4:]으로 나타내기도 합니다. 앞의 값을 생략할 때는 처음부터라는 것을 의미합니다. 즉, [:3]은 처음부터 3번 전까지를 나타냅니다. 뒤의 값을 생략할 때는 마지막 글자까지를 나타냅니다. 따라서 [4:]은 4번부터 마지막 글자까지를 의미합니다. 실습을 통해 이해해 볼까요?

039		
	실습	a='파이썬 공부해요' print(a[:3]) print(a[4:])
	결과	파이썬 공부해요

••• 참고

문자열 slicing에서 slicing은 부분 문자열을 추출한다고 볼 수 있습니다.

다음과 같이 다양하게 실습해 볼 수 있습니다.

040		
	실습	str = 'Python is interesting' print(str[0:5]) print(str[:5]) print(str[7:]) print(str[-3:]) print(str[:])
	결과	Pytho Pytho is interesting ing Python is interesting

다시 한 번 용어를 정리해 보면 [ ] 기호를 사용하여 문자열의 특정한 위치를 참조하는 것을 인덱싱이라 하고, [:]를 사용하여 문자열의 일부를 추출하는 것을 슬라이싱이라고 합니다.

문자열 표현

STEP

04-01 print() 함수

파이썬에서 처리한 결과를 화면에 출력해 보지 않으면 내부에서 프로그램이 어떠한 일을 했는지 전혀 알 수가 없습니다. print( ) 함수는 무엇인가를 출력한 후 줄바꿈을 하라는 의미입니다. 몇 가지 실습을 하면서 문자열을 표현하는 다양한 방법에 대해 살펴보겠습니다.

041

실습

```
a = 'Python'
b = 'is'
c = 'easy"
print(a)
print(b)
print(c)
```

결과

```
Python
is
easy
```

그런데 하나의 줄에 표시하고 싶을 때는 어떻게 해야 할까요? print(a, end=' ')는 출력한 후 줄바꿈 대신 공백 문자를 출력합니다.

042

실습

```
a = 'Python'
b = 'is'
c = 'easy"

print(a, end=' ')
print(b, end=' ')
print(c)
```

결과

```
Python is easy
```

••• 참고

end는 출력되는 내용의 마지막에 들어갈 문자열을 정의합니다.

그러면 이렇게도 해볼까요? print(a, end='/')는 출력한 후 줄바꿈 대신 '/' 문자를 출력합니다.

043

실습

```
a = 'Python'
b = 'is'
c = 'easy"

print(a, end='/')
print(b, end='/')
print(c)
```

결과

```
Python/is/easy
```

하나의 print( ) 함수를 사용하여 여러 줄로 출력할 수도 있습니다. 특별한 역할을 하는 \n을 사용하여 구현합니다.

044

실습

```
print(' 내용질문  \n 상상질문 \n 적용질문')
```

결과

```
내용질문
상상질문
적용질문
```

이처럼 특별한 역할을 하는 것을 이스케이프(Escape) 문자 또는 서식 문자라고 하는데 이스케이프 문자는 \(역슬래시) 기호와 함께 조합해서 사용하는 특수한 문자를 의미합니다.

••• 참고

이스케이프 문자는 문자열 내에서 특정한 효과를 줍니다.

이스케이프 문자	설명
\n	줄바꿈
\t	탭(tab) 역할
\b	백스페이스(backspace) 역할
\\	\ 표시
\'	작은따옴표 표시
\"	큰따옴표 표시

04-02 len() 함수

len( ) 함수에 대해 살펴보도록 하겠습니다.

len( ) 함수는 문자열의 길이를 구하는 함수입니다. 문자열 '안녕하세요'는 5글자이므로 len(a)에는 5가 표시됩니다. 괄호 내부에 문자열을 넣으면 문자열에 들어 있는 문자의 개수를 세어줍니다.

045

실습	a='안녕하세요' print(len(a))
결과	5

'텍스트 분석 기반 질문 자동 생성 프레임워크'는 공백을 포함하여 몇 글자일까요? len( ) 함수를 이용하여 바로 알아낼 수 있습니다.

046

실습	a='텍스트 분석 기반 질문 자동 생성 프레임워크' print(len(a))
결과	24

••• 참고

len( ) 함수는 공백도 글자로 취급합니다.

••• 잠깐만요 ▶ 문자열 함수

함수	기능
split()	문자열을 나누어서 리스트로 반환
len()	문자열의 길이
strip()	좌우 공백 제거
rstrip()	오른쪽 공백 제거
lstrip()	왼쪽 공백 제거
upper()	대문자로 변환
lower()	소문자로 변환
title()	단어의 앞 글자만 대문자로 변환
isdigit()	숫자인지 판단
islower()	소문자인지 판단
isupper()	대문자인지 판단
capitalize()	첫 문자를 대문자로 변환
count(문자열)	문자열의 개수
find(문자열)	문자열이 왼쪽부터 몇 번째에 있는지 반환
rfind(문자열)	문자열이 오른쪽부터 몇 번째에 있는지 반환
startswith(문자열)	문자열로 시작하는지 반환
endswith(문자열)	문자열로 끝나는지 반환

핵심 요약 SUMMARY

1. 문자열 연산자

+는 연결 연산자, *는 반복 연산자입니다.

2. 인덱싱과 슬라이싱

인덱싱은 하나의 문자를 선택하는 것이고, 슬라이싱은 문자열에서 특정한 범위를 선택하는 것입니다.

▲ 문자열 슬라이싱

3. 문자열의 위치

파	이	썬		공	부	해	요
[0]	[1]	[2]	[3]	[4]	[5]	[6]	[7]

파	이	썬		공	부	해	**요**
[-8]	[-7]	[-6]	[-5]	[-4]	[-3]	[-2]	[-1]

4. 이스케이프 문자는 문자열 내에서 특정한 효과를 주는 것입니다.

이스케이프 문자	설명
\n	줄바꿈
\t	탭(tab) 역할
\b	백스페이스(backspace) 역할
\\	\ 표시
\‘	작은따옴표 표시
\“	큰따옴표 표시

5. len( ) 함수는 문자열의 길이를 구하는 함수입니다.

연습 문제 EXERCISE

01 문자열을 연결하거나 반복하는 방법으로 잘못된 것은 무엇인가요?

① 'Hello'+'Python'

② 'Hello'+3

③ 'Python'*3

④ 'Hello'+'3'

02 다음과 같이 코드를 작성했을 때 실행결과로 옳은 것은 무엇인가요?

```
a=7.21
b=2
print(a*b)
```

① 7.21 7.21　　② error　　③ a*b　　④ 14.42

03 문자열의 길이를 구하는 함수는 무엇인가요?

① print( )　　② int( )　　③ len( )　　④ length( )

04 a에 '안녕하세요', b에 '반갑습니다'를 대입한 후 결과와 같이 표시되는 프로그램을 작성하세요.

문제	
결과	안녕하세요. 반갑습니다. 안녕하세요. 반갑습니다.

05 다음 프로그램의 실행결과를 쓰세요.

문제	a='안녕하세요?' b='delab입니다.' c=a+b d=c[6:] print(d)
결과	

06 다음 프로그램의 실행결과를 쓰세요.

문제	a='#'*20 b='='*30 c=len(a)+len(b) print(c)
결과	

07 영희의 주민번호는 '001629-2369631'입니다. 주민번호 앞자리와 주민번호 뒷자리 첫 글자를 다음과 같이 표시하는 코드를 작성하세요.

문제	
결과	주민번호 앞자리 : 001629 주민번호 뒷자리 첫 글자 : 2

08 text의 문장을 모두 대문자로 바꾸고 'HABRUTA'의 문자열이 몇 번 표시되었는지 개수를 구하세요. (upper( ), count( ) 함수 이용)

<table>
<tr><td>문제</td><td><pre>text='Habruta learning is conducted in a paired conversation \
and debate.\
The quality of the question in Habruta learning is so important \
that it influences the effectiveness of the entire process, \
so the instructor should consider in advance about the expected \
various questions of the given contents.'</pre>
프로그램을 추가해 주세요.</td></tr>
<tr><td>결과</td><td>2</td></tr>
</table>

••• 참고

upper( )는 대문자로 변환하는 함수이고, \는 줄이음 표시입니다.

09 다음 프로그램의 실행결과를 쓰세요.

<table>
<tr><td>문제</td><td><pre>a='100'
b='100-9'.split('-')[1]
print(a*3+b)</pre></td></tr>
<tr><td>결과</td><td></td></tr>
</table>

••• 참고

split( ) 함수는 문자열을 나누는 함수로 split('-')[0]은 '-'을 기준으로 문자열을 나누어서 0번 부분을 추출하는 것이고, split('-')[1]은 '-'을 기준으로 문자열을 나누어서 1번 부분을 추출하는 것입니다.

10 다음 프로그램의 실행결과를 쓰세요.

<table>
<tr><td>문제</td><td>

```
text='moon'
a=text.find('o')
b=text.count('o')*5
c=len(text)
print(a)
print(b)
print(c)
```

</td></tr>
<tr><td>결과</td><td></td></tr>
</table>

힌트 ▸ a[3:7]은 문자열 a에서 3번째부터 7번째 전까지의 문자를 선택합니다.

CHAPTER

04

수치 연산

우리는 컴퓨터를 이용하여 많은 작업을 하는데 컴퓨터는 '계산하다'라는 뜻을 가진 compute에서 나온 단어입니다. 무엇인가를 계산하고 그 결과를 저장했다가 필요할 때 다시 사용할 수 있도록 하는 것이 컴퓨터의 기본 연산입니다. 연산을 좀 더 효율적으로 하려면 변수가 필요하므로 변수에 대해서도 살펴보도록 하겠습니다.

변수

변수가 무엇일까요? 변수란 프로그램에서 문자나 숫자 같은 값을 저장하는 공간입니다. 그리고 변수의 값은 다른 값으로 얼마든지 변경할 수 있습니다. 다소 어렵게 생각된다면 우리가 무엇인가를 담아두는 상자나 그릇 또는 바구니로 생각하면 됩니다. 즉, 변수는 값을 저장하는 공간이고, 그 안에 저장되는 값은 계속 변할 수 있습니다.

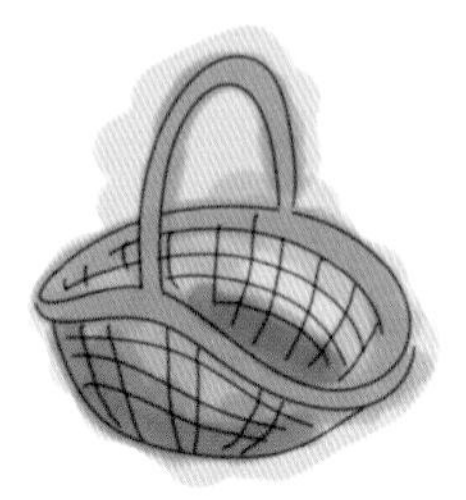

변수는 그릇에 음식을 담듯이 값을 대입하면 바로 사용할 수 있습니다. a 변수에 200을 저장할 때는 a=200이라고 합니다. b 변수에 문자열을 저장할 때는 b='홍길동'처럼 하면 됩니다. 문자열은 ' ' 또는 " "로 묶어 표현한다는 것을 알고 있지요? 또한 여기서 = 기호는 같다는 의미가 아니라 오른쪽의 것을 왼쪽에 넣으라는 의미로 대입 연산자입니다.

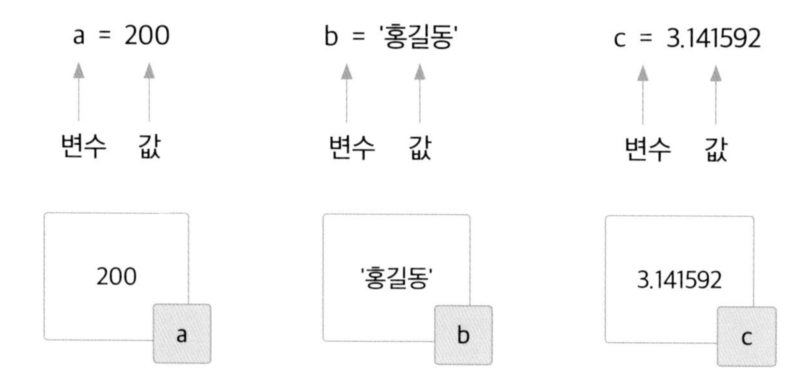

a=200, b=300, a=100, c=a+b라고 하면 c 변수에 기억되는 값은 무엇일까요?

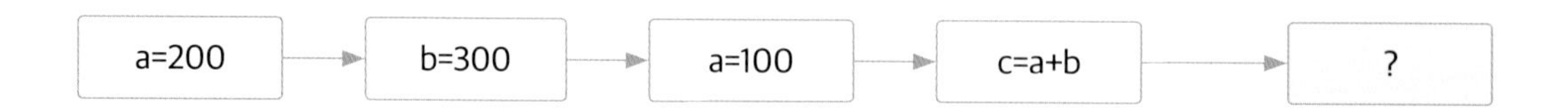

a=200이 저장되고, b=300이 저장되고, 다시 a에 100이 저장되었으므로 최종적으로 a에는 100이 저장되었습니다. 그리고 a+b를 하면 100+300을 해서 400이 되고, 결과적으로 c 변수에는 400이 저장되게 됩니다.

실습을 통해 살펴보면 다음과 같습니다.

047		
	실습	a=200 b=300 a=100 c=a+b print(c)
	결과	400

01-01 변수명

변수는 문자나 숫자 같은 값을 담는 그릇이고, 안에 담긴 값은 얼마든지 다른 값으로 바꿀 수 있습니다. 변수는 프로그램에서 값을 저장하여 사용하거나 계산한 결과를 다시 보관하는 정보의 저장 공간입니다. 프로그래밍을 처음 배울 때 변수명을 어떻게 선언할까 고민되는 부분이 있는데 변수명은 다른 사람이 읽어도 이해할 수 있는 이름으로 선언하는 것이 좋습니다.

••• 참고

프로그램은 혼자서 작성하는 것이 아니라 여러 사람이 팀으로 작성하게 되므로 변수명은 다른 팀원이 읽어도 알 수 있도록 작성하는 것이 좋습니다.

짧은 프로그램은 a, b, c... 형태로 선언해도 되지만 프로그램이 길어지고 여러 사람이 함께 작업하는 경우가 많고 사람들 간에 의사소통이 필요한 경우에는 의미 있는 이름으로 작성하는 것이 좋습니다. 예를 들어, 이름을 나타내는 변수는 name, 국어 성적을 나타내는 변수는 kor 등으로 설정하면 다른 사람이 프로그램을 분석할 때도 이해하기 쉬울 것입니다.
또한 주의할 것은 파이썬에서 변수명은 대소문자가 구분됩니다. 즉, name 변수와 NAME 변수는 다른 변수이니 주의하도록 합니다.

변수명은 영어, _, 숫자를 이용하여 작성할 수 있으나 숫자로 시작할 수는 없습니다. 예를 들어, a=100, A=200, a123=300, _abc=400은 가능하나 7abc=100은 오류가 발생합니다.

••• 잠깐만요 ▶ **variable naming(변수명 규칙)**

- 영어, _, 숫자로 구성 가능합니다.
- 변수명을 숫자로 시작하면 안 됩니다.
- 대소문자가 구분됩니다.

또한 변수명으로 예약어는 사용할 수 없습니다. 예약어란 파이썬에서 이미 사용 중인 키워드로 class, if, for, try 등은 변수명으로 사용할 수 없으며 이러한 것들을 변수명으로 사용하면 오류가 발생합니다.

••• 참고

예약어는 파이썬에서 이미 사용 중인 키워드입니다.

01-02 변수 타입

파이썬은 변수의 선언 없이 사용해도 되며 한 번 선언된 변수에 다른 타입을 넣어도 됩니다. 다른 프로그래밍 언어를 사용해 본 사용자라면 이것이 얼마나 편리한지 느낄 수 있을 것입니다. 예를 들어, a를 정수형 변수라고 선언하면 a에는 반드시 정수 값을 대입해야 하는 프로그래밍 언어들이 있습니다.

하지만 파이썬은 변수에 데이터를 넣는 순간 그 데이터에 따라 변수의 형이 자동으로 변경됩니다. 쉽게 설명한다면 그릇에 밥을 넣으면 밥그릇이 되고, 그 그릇에 국을 넣으면 국그릇이 되고, 다시 그 그릇에 반찬을 넣으면 반찬 그릇이 됩니다.

즉, 파이썬에서 변수의 데이터 형식은 값을 넣을 때마다 변경될 수 있는 유연한 구조입니다. a에 정수 123을 넣으면 자동으로 정수형 변수가 되고, 3.141592 같은 실수를 넣으면 실수형 변수가 되고, 'moon'과 같은 문자열을 넣으면 자동으로 문자열 변수가 됩니다. 다음의 실습결과를 확인해 봅니다.

048 실습

```
a=123
print(type(a))

a='moon'
print(type(a))

a=3.141592
print(type(a))
```

결과

```
<class 'int'>
<class 'str'>
<class 'float'>
```

int는 정수형, str은 문자열, float는 실수형을 의미합니다.

••• 참고

- print(a+b)와 print('a+b')는 다릅니다. print(a+b)는 a 변수 값과 b 변수 값을 더한 결과가 표시되고, print('a+b')는 'a+b' 자체가 표시됩니다.
- a=10이면 a 변수는 정수형 변수입니다. 필요한 경우 a 변수형을 실수형으로 변경하려면 a=float(10)으로 지정하면 됩니다. print(a)를 하게 되면 10.0이 표시됩니다.

사칙연산

STEP

가장 기본적인 사칙연산은 학교 다닐 때 많이 사용해 보았을 것입니다. 다시 한 번 정리하면 숫자 데이터를 사용하는 사칙연산에는 덧셈(+), 뺄셈(-), 곱셈(*), 나눗셈(/)이 있습니다.

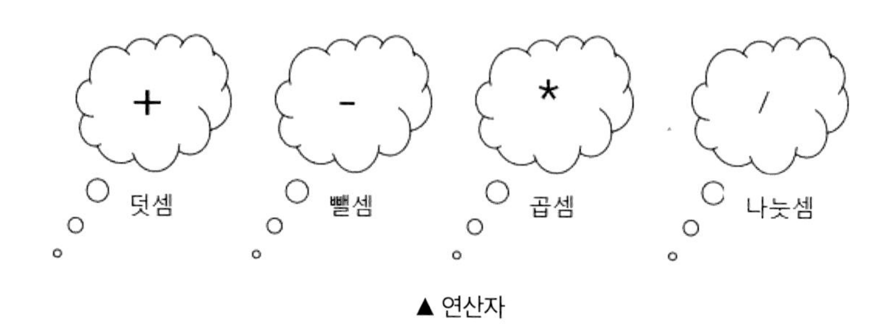

▲ 연산자

7과 5를 이용하여 사칙연산을 해보면 다음과 같습니다.

049

실습

```
print('7 + 5 =',7+5)
print('7 - 5 =',7-5)
print('7 * 5 =',7*5)
print('7 / 5 =',7/5)
```

결과

```
7 + 5 = 12
7 - 5 = 2
7 * 5 = 35
7 / 5 = 1.4
```

추가적으로 다른 연산자에는 어떠한 것들이 있는지 살펴보겠습니다.

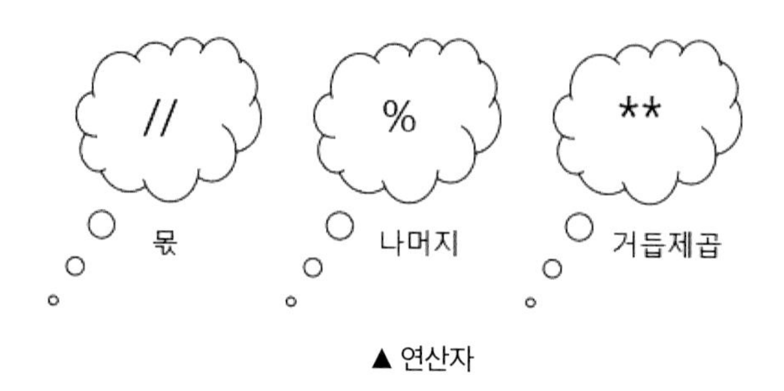

▲ 연산자

02-01 // 연산

파이썬에서는 '//' 연산자가 있습니다. 이것은 숫자를 나눈 후에 소수점 이하를 버립니다. 즉, 몫을 구하는 연산자입니다. '/' 연산자와 비교해 볼까요? 7/5는 1.4가 되지만 7//5를 하면 몫만 표시하기 때문에 1이 됩니다.

050

실습	`print('7 / 5 =', 7/5)` `print('7 // 5 =', 7//5)`
결과	`7 / 5 = 1.4` `7 // 5 = 1`

02-02 % 연산

'%' 연산자는 나머지를 구하는 연산자입니다. 나머지 연산자는 A를 B로 나누었을 때 남은 나머지를 구합니다. 예를 들어, 7 나누기 5를 하면 몫은 1이 되고 나머지는 2가 됩니다. 따라서 7%5는 결과 2가 표시됩니다.

```
    1 → 몫
5 ) 7
    5
    2 → 나머지
```

051

실습	`print('7 // 5 =', 7//5)` `print('7 % 5 =', 7%5)`
결과	`7 // 5 = 1` `7 % 5 = 2`

••• 참고

7//5는 몫 1이 표시되고, 7%5는 나머지 2가 표시됩니다.

02-03 ** 연산

'**' 연산자는 거듭제곱 연산자입니다. 2^4은 2**4로 나타냅니다. 2^1, 2^2, 2^3, 2^4, 2^5을 구하는 프로그램은 다음과 같습니다.

052

실습	print(2**1) print(2**2) print(2**3) print(2**4) print(2**5)
결과	2 4 8 16 32

7의 5승은 7을 5번 곱한 것으로 7*7*7*7*7이며 이것을 거듭제곱으로 나타내면 7**5로 표시할 수 있습니다.

053

실습	print(7*7*7*7*7) print(7**5)
결과	16807 16807

연산의 기본은 우리가 알고 있는 계산법과 비슷하지만 곱셈 기호(×) 대신에 별표(*)를 사용하고, 나눗셈 기호(÷) 대신에 슬래시(/)를 사용하고, 나머지 계산 기호로 퍼센트(%)를 사용합니다.

변수를 이용하여 연산을 진행해 보겠습니다. 변수는 '정보를 저장하는 공간'이라고 합니다. 변수를 사용하지 않는 프로그램은 없으므로 예제를 실습하다 보면 자연스럽게 변수의 사용법을 익힐 수 있습니다. 2개의 수를 이용하여 사칙연산을 하는 프로그램을 실습하면서 익혀봅니다.

054	
실습	a=13 b=3 print('덧셈', a+b) print('빼셈', a-b) print('곱셈', a*b) print('나눗셈', a/b) print('몫', a//b) print('나머지', a%b) print('거듭제곱', a**b)
결과	덧셈 16 빼셈 10 곱셈 39 나눗셈 4.333333333333333 몫 4 나머지 1 거듭제곱 2197

02-04 우선순위

여러 연산자가 함께 있을 때는 어떤 연산자를 먼저 처리해야 할까요? 수식에는 연산자 우선순위가 존재합니다. 사칙연산에서는 곱셈이나 나눗셈을 처리한 후 덧셈과 빼셈을 처리합니다.

••• 잠깐만요 ▶ **연산자 우선순위**

기본적인 수학의 연산자의 우선순위와 동일합니다. 우선순위를 강제하고자 할 때는 괄호를 사용하면 됩니다.

5+3*2의 수행 순서는 먼저 3*2를 처리하고 5를 더하여 연산 결과 11이 됩니다. 10+6*3-10/2의 연산의 수행 순서는 먼저 6*3을 처리하고 두 번째로 10/2를 처리하고 더하기 10을 하고 마지막으로 빼셈을 합니다.

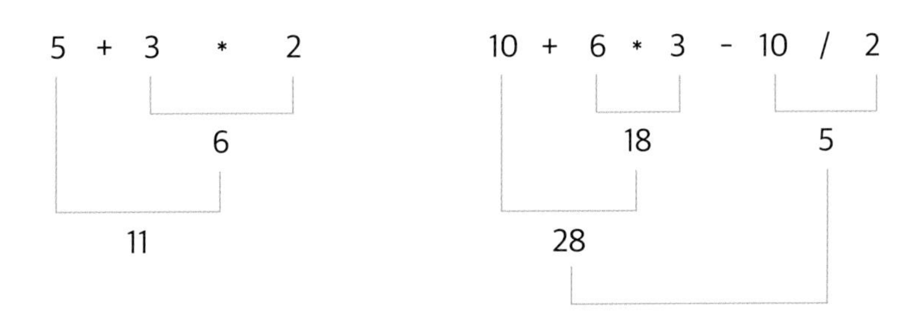

055

실습	`print('5 + 3 * 2 =', 5+3*2)` `print('10 + 6 * 3 - 10 / 2 =', 10+6*3-10/2)`
결과	`5 + 3 * 2 = 11` `10 + 6 * 3 - 10 / 2 = 23.0`

만약 연산자 우선순위를 잊어버리고 코드를 보는 경우도 있으므로 이럴 때에는 확실하게 괄호로 감싸주는 것이 좋습니다. 5+3*2 수식은 5+(3*2)처럼 괄호로 묶고, 10+6*3-10/2는 (10+(6*3)-(10/2)) 처럼 괄호로 묶어주면 연산의 우선순위를 모르는 사람들의 이해를 도울 수 있습니다. 괄호는 최우선이고 곱셈과 나눗셈이 덧셈과 뺄셈보다 우선하며, 대입 연산자는 늦게 처리된다는 정도는 꼭 기억해야 합니다.

02-05 복합 대입연산

복합 대입 연산자는 기본 연산자와 = 연산자를 함께 사용하여 구성하는 연산자입니다. 살펴보면 a+=3은 a=a+3과 동일한 표현입니다. 이것은 현재 변수 a값에 3을 더한 다음 그 값을 다시 변수 a에 저장하게 됩니다. 주로 사용되는 복합 대입 연산자를 표로 정리하면 다음과 같습니다.

연산자	사용 예시	설명
+=	a+=3	a=a+3
-=	a-=3	a=a-3
*=	a*=3	a=a*3
/=	a/=3	a=a/3
%=	a%=3	a=a%3
**=	a**=3	a=a**3

다음 실습을 통해 a값을 예상해 봅니다. a+=20은 a=a+20의 의미로 결과 30이 표시됩니다.

056

실습	`a=10`
	`a+=20`
	`print(a)`

결과	`30`

응용해서 동전교환 프로그램을 구현해 보겠습니다. 1,500원이 있는데 이 금액을 500원짜리 동전으로만 교환한다면 몇 개로 교환될까요? 연산자를 잘 선택해서 구현해 봅니다. 여기서 // 연산자는 몫을 나타내는 연산자입니다. 즉, 1500 나누기 500을 하여 몫인 3이 표시됩니다.

057

실습

```
money=1500
result=money//500
print(result, '개')
```

결과

```
3 개
```

비교연산

STEP

프로그래밍을 하다 보면 참과 거짓을 판별해야 할 때가 있습니다. 참은 무엇이 맞다이고, 거짓은 무엇이 틀리다입니다. 이러한 참과 거짓을 나타내는 것에 불(boolean)이 있습니다. 불은 참은 True, 거짓은 False로 나타냅니다. 그리고 두 값의 관계를 나타내는 비교 연산자가 있습니다.
비교 연산자에는 > (크다, 초과), < (작다, 미만), > = (크거나 같다, 이상), < = (작거나 같다, 이하), = = (같다), ! = (같지 않다)이 있습니다.

두 숫자에 대한 비교연산을 사용해 보겠습니다. 10이 5보다 크다의 표현은 10>5로 나타내며 맞기 때문에 결과는 참(True)입니다.

058

실습

```
a=10
b=5
print(a>b)
```

결과

```
True
```

••• 참고

비교연산은 어떤 것이 큰지, 작은지, 같은지를 비교하는 것으로 결과는 True(참), 거짓(False)이 됩니다.

다른 비교연산에 대해서도 살펴보면 다음의 표와 같습니다.

의미	표현	결과
10이 5보다 크다	10>5	True
10이 5보다 작다	10<5	False
10이 5보다 크거나 같다	10>=5	True
10이 5보다 작거나 같다	10<=5	False
10과 5는 같다	10==5	False
10과 5는 같지 않다	10!=5	True

주의할 것은 두 값이 같은지 비교할 때는 =이 아닌 ==을 사용합니다. 또한 True와 False를 나타낼 때는 첫 글자가 대문자인 것을 꼭~ 주의해야 합니다. True는 '네'라고 생각하면 되고, False는 '아니요'라고 생각하면 됩니다.
쉽게 생각한다면 '영희는 아빠를 닮았나요?'라는 질문에 네라면 True가 표시되고, 아니라면 False가 표시됩니다.

••• 참고

==은 같다는 의미입니다.

논리연산

STEP

논리 연산자는 여러 조건을 복합해서 사용하는데 and(그리고), or(또는), not(부정)이 있습니다. 예를 들어, 점수가 90점보다 높고 결석 횟수가 4보다 작을 때 과목 수료라는 조건이 있다면 과목 수료 조건은 점수>90 그리고 결석 횟수<4라고 표현할 수 있습니다.

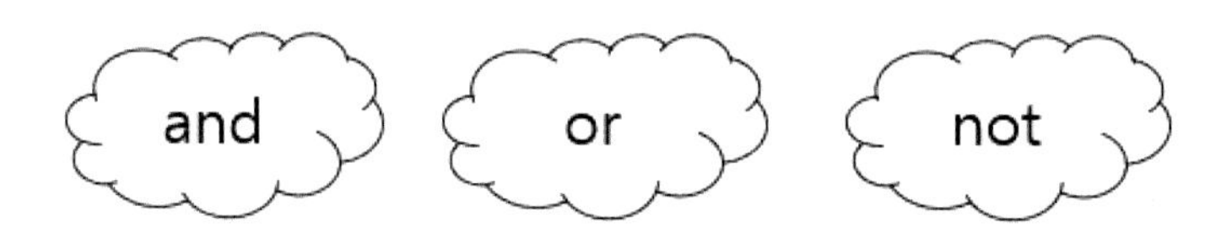

04-01 and

and에 대해 자세히 살펴보면 and는 두 값이 모두 True여야 결과가 True입니다. 예를 들어, a=15, b=20이 있고 a>=10 and b>=10의 결과는 True일까요? False일까요? a>=10가 True이고, b>=10가 True이므로 결과는 True입니다.

그러면 a>=10 and b<=10의 결과는 무엇일까요? a>=10가 True이고, b<=10가 False이므로 결과는 False입니다. 다음과 같은 경우에 and 연산의 결괏값을 예측하여 맞는지 확인해 봅니다.

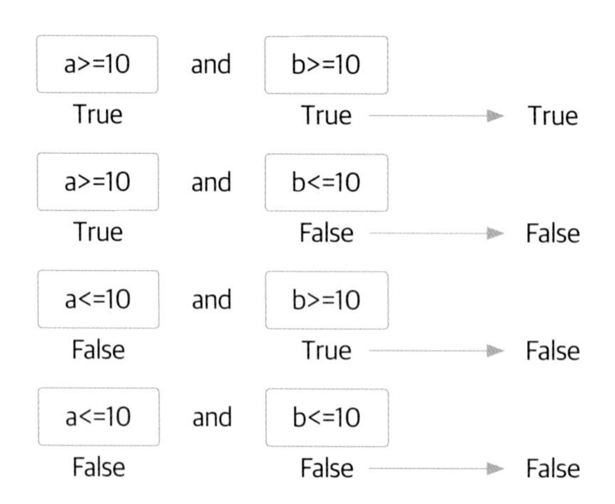

••• 참고

and 연산은 둘 다 True여야 결과가 True입니다.

다음 코드로 실행해 보면서 결과를 확인해 봅니다. and 연산은 둘 다 True일 경우에만 실습결과가 True로 표시됩니다.

059

실습	a=15 b=20 print(a>=10 and b>=10) print(a>=10 and b<=10) print(a<=10 and b>=10) print(a<=10 and b<=10)
결과	True False False False

04-02 or

or에 대해 자세히 살펴보겠습니다. or는 두 값 중 하나라도 True이면 True입니다.
예를 들어, a>=10 or b<=10의 결과는 True일까요? False일까요? a>=10가 True이고, b<=10가 False이므로 결과는 True입니다.

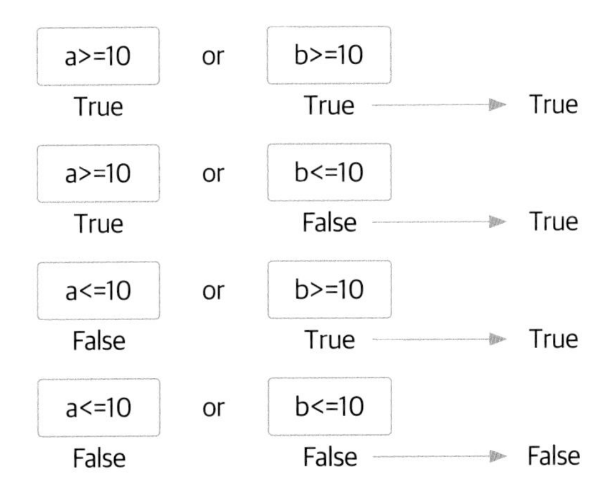

••• 참고

or 연산은 둘 중 하나라도 True이면 결과가 True입니다.

or 연산이 둘 중 하나라도 True이면 결과가 True가 되는 것을 다음 실습을 통해 살펴봅니다.

060

실습

```
a=15
b=20
print(a>=10 or b>=10)
print(a>=10 or b<=10)
print(a<=10 or b>=10)
print(a<=10 or b<=10)
```

결과

```
True
True
True
False
```

04-03 not

not 연산은 논리 값을 뒤집습니다. not True이면 False가 되고, not False이면 True가 됩니다.

위 내용들을 표로 정리해 보면 다음과 같습니다.

연산자	의미	설명	사용 예시
and(논리곱)	~이고, 그리고	둘 다 참이어야 참	(a>10) and (a<100)
or(논리합)	~이거나, 또는	하나만 참이어도 참	(a<10) or (a>100)
not(논리 부정)	~아니다, 부정	참이면 거짓, 거짓이면 참	not(a<10)

••• 잠깐만요

논리 연산자는 not, and, or를 이용하여 조건을 확장할 수 있습니다.

자료형	예시	선언 형태
정수형	1, 2, 3, -10, -99	test=1
실수형	3.141592, -98.456	test=3.141592
문자열	korea	test='korea'
불형	True, False	test=True

핵심 요약 SUMMARY

1. 변수는 프로그램에서 문자나 숫자 같은 값을 저장하는 공간입니다.

2. 연산에는 덧셈(+), 뺄셈(-), 곱셈(*), 나눗셈(/), 몫(//), 나머지(%) 등이 있습니다.

3. 비교 연산자에는 >(크다, 초과), <(작다, 미만), >=(크거나 같다, 이상), <=(작거나 같다, 이하), ==(같다), !=(같지 않다)이 있습니다.

4. 논리 연산자는 여러 조건을 복합해서 사용하는데 and(그리고), or(또는), not(부정)이 있습니다.

연산자	의미	설명	사용 예시
and(논리곱)	~이고, 그리고	둘 다 참이어야 참	(a>10) and (a<100)
or(논리합)	~이거나, 또는	하나만 참이어도 참	(a<10) or (a>100)
not(논리 부정)	~아니다, 부정	참이면 거짓, 거짓이면 참	not(a<10)

5. 복합 대입 연산자에는 다음과 같은 종류가 있습니다.

연산자	사용 예시	설명
+=	a+=3	a=a+3
-=	a-=3	a=a-3
*=	a*=3	a=a*3
/=	a/=3	a=a/3
%=	a%=3	a=a%3
**=	a**=3	a=a**3

6. 변수명을 작성하는 규칙은 다음과 같습니다.

· 영어, _, 숫자로 구성 가능합니다.
· 변수명을 숫자로 시작하면 안 됩니다.
· 대소문자가 구분됩니다.

연습 문제 EXERCISE

01 다음 프로그램의 출력결과를 쓰세요.

문제	`print(5+20//5)`
	`print(10-6/2)`
	`print(20-10/5+3*2)`

결과	

02 다음 사칙연산을 통한 출력결과를 쓰세요.

문제	`a=5`
	`b=2`
	`print(a/b)`
	`print(a//b)`
	`print(a%b)`
	`print(a**b)`

결과	

03 다음 프로그램의 실행결과를 쓰세요.

문제	`print(3+3-2*2/2*2)`
결과	

04 다음 프로그램의 실행결과를 쓰세요.

<table>
<tr><td>문제</td><td>

```
a=17
b=3

print('몫',a//b)          # 몫
print('나머지',a%b)       # 나머지
```

</td></tr>
<tr><td>결과</td><td></td></tr>
</table>

05 다음 프로그램의 실행결과를 쓰세요.

<table>
<tr><td>문제</td><td>

```
a=30
b=40
c=100-20*3
c+=1              # c+=1은  c=c+1과 같은 의미입니다.
d=a+b+c
print(d)
```

</td></tr>
<tr><td>결과</td><td></td></tr>
</table>

06 숫자 256을 2진수, 8진수, 16진수로 표시하는 프로그램을 작성하세요. 참고로 2진수로의 변환은 bin( ), 8진수로의 변환은 oct( ), 16진수로의 변환은 hex( ) 함수를 이용할 수 있습니다.

<table>
<tr><td>문제</td><td><pre>a=256
print("256의 2진수 : ", bin(a))
print("256의 8진수 : ", oct(a))
print("256의 16진수 : ", hex(a))</pre></td></tr>
<tr><td>결과</td><td></td></tr>
</table>

힌트 ▸ True, False는 첫 글자만 대문자입니다. 자료형을 확인하는 명령은 type() 함수입니다.

CHAPTER

05

입력과 출력

블로그나 카페 등 게시판에 글을 입력하고 엔터를 누르면 입력된 내용이 그대로 등록됩니다. 이처럼 사용자들이 직접 입력한 내용을 화면에 그대로 표시하기도 하고 또는 다양한 방법으로 처리하여 여러 형태로 표시하기도 합니다. 파이썬에서는 이러한 것들을 어떻게 표현하는지 살펴보겠습니다.

입력

STEP

사용자로부터 직접 값을 실시간으로 입력받아서 처리할 수 있는데 데이터를 입력받을 때 input( ) 함수를 사용합니다. input( )을 입력한 후 엔터를 누르면 커서가 깜박이고 이 상태에서 내용을 입력하고 엔터를 누르면 입력한 내용이 그대로 출력됩니다. 커서 자리에 hi를 입력하면 'hi'가 그대로 출력되는 예를 살펴보면 다음과 같습니다.

061		
	실습	`input()`
	결과	hi 'hi'

이처럼 input( ) 함수는 키보드로부터 입력되는 데이터를 그대로 받아들입니다.

input( ) 함수의 결과를 a 변수에 할당하려면 a=input( )이라고 합니다. 내용을 입력받아서 a 변수에 대입한 후 a 변수의 내용을 출력하는 예제입니다.

062		
	실습	a=input() print(a)
	결과	hi hi

input( ) 함수가 실행되면 사용자가 입력할 수 있도록 대기 상태가 되고 사용자가 입력한 내용을 그대로 다시 표시해 줍니다.
이것은 산속에서 '야호'라로 외치면 '야호'라고 되돌려주는 메아리와 같습니다. 같은 말을 따라서 하는 앵무새 같기도 합니다.

••• 참고

데이터를 입력받기 위한 표준 입력 함수는 input() 함수입니다.

01-01 input 안내문

input( ) 함수가 실행된 다음에 아무 내용 없이 커서만 깜박이니 사용자 입장에서는 좀 답답합니다. 도대체 뭘 하라는 거지?라고 당황해 할 수 있습니다. 그래서 input( )의 괄호 안에 내용을 지정해 줄 수 있는데 input('문자열을 입력하세요 : ')처럼 input( )의 괄호 안에 내용을 적어놓으면 사용자 입장에서는 무엇을 하라는 것인지 쉽게 이해할 수 있습니다.
다음 코드를 실행해 보면 '문자열을 입력하세요 : '처럼 안내 문구가 나옵니다. 그러면 여기에 사용자들이 안내 문구에 따라 문자열을 입력하게 됩니다.

063

실습	`x=input('문자열을 입력하세요 : ')`
결과	문자열을 입력하세요 : hi

input( )의 괄호 안에 있는 문자열은 입력 안내를 위한 메시지를 나타냅니다. 즉, input( ) 함수는 input('설명')의 형태로 사용할 수 있습니다.

그러면 여러분이 이름을 입력받아서 그대로 출력하는 프로그램을 작성할 수 있겠지요? 사용자의 입장에서 알아보기 쉽게 프로그램을 잘 작성해 봅니다.

064

실습

```
name=input('이름을 입력하세요 : ')
print(name)
```

결과

```
이름을 입력하세요 : 문혜영
문혜영
```

이렇게 프로그램을 작성하면 사용자의 입장에서 이름을 입력하라는 것을 쉽게 이해할 수 있고 실제 이름을 입력하게 됩니다. 항상 우리는 프로그램을 작성할 때 사용자의 입장에서 쉽게 접근할 수 있도록 배려해야 합니다.

01-02 input 자료형

input 자료형을 확인해 보도록 하겠습니다. input( ) 함수의 결과를 name에 대입했는데 name의 자료형은 과연 무엇일까요? 자료형을 확인하기 위해 type( ) 함수를 사용하니 결과가 str로 표시되었습니다. str은 문자열을 의미합니다.

065

실습

```
name=input('이름을 입력하세요 : ')
print(name+'교수님 안녕하세요?')
print(type(name))
```

결과

```
이름을 입력하세요 : 김남규
김남규교수님 안녕하세요?
<class 'str'>
```

이번에는 숫자를 입력하면서 자료형을 살펴볼까요? 살펴보았더니 str로 나옵니다. 분명히 10을 입력했는데 자료형이 문자열로 나옵니다.

066

실습

```
a=input('입력 : ')
print(a)
print(type(a))
```

결과

```
입력 : 10
10
<class 'str'>
```

여러분 놀라셨죠? 이처럼 input( ) 함수는 무엇을 입력해도 결과는 무조건 문자열 자료형입니다.

01-03 자료형 변환

input( ) 함수를 이용하여 10과 20을 입력하고 그것의 덧셈한 결과를 얻고자 할 때는 자료형 변환 과정을 거쳐야 하는데 만약 다음과 같이 숫자 변환 과정을 거치지 않고 진행하면 어떻게 될까요?

067

실습

```
a=input('입력1 : ')
b=input('입력2 : ')
print(a+b)
```

결과	입력1 : 10 입력2 : 20 1020

여러분은 a+b의 결과로 30을 기대했을 것입니다. 그런데 1020이 나왔군요. 이처럼 input( ) 함수는 입력된 것을 문자로 취급한다는 것에 주의해야 합니다.

••• 참고

input( ) 함수는 무엇을 입력해도 결과는 무조건 문자열 자료형입니다.

그러면 2개의 정수를 입력받아서 숫자의 합을 구하고자 한다면 어떻게 하면 좋을까요? input( ) 함수로 입력받은 내용은 무조건 문자열이므로 연산을 하기 위해서는 숫자로 바꾸어주어야 합니다. 입력값을 정수로 변환할 때는 int를 이용하여 a=int(input( ))처럼 하면 되고, 실수로 하려면 float를 사용합니다.

••• 참고

- int( ) : 문자열을 int 자료형으로 변환합니다. int는 정수를 의미합니다.
- float( ) : 문자열을 float 자료형으로 변환합니다. float는 실수를 의미합니다.

2개의 정수를 입력받아서 덧셈한 결과를 출력하는 프로그램을 작성해 보겠습니다.

068

실습	a=int(input('첫 번째 숫자를 입력하세요 : ')) b=int(input('두 번째 숫자를 입력하세요 : ')) c=a+b print(c)
결과	첫 번째 숫자를 입력하세요 : 10 두 번째 숫자를 입력하세요 : 20 30

결국 a에는 숫자 10, b에는 숫자 20이 들어가서 잘 처리되었습니다.

이것은 다음과 같이 구현할 수도 있습니다. 즉, 입력받은 문자열을 정수로 변환하여 연산에 참여시키는 것입니다.

069

실습	`a=input('첫 번째 숫자를 입력하세요 : ')`
	`b=input('두 번째 숫자를 입력하세요 : ')`
	`c=int(a)+int(b)`
	`print(c)`

결과	첫 번째 숫자를 입력하세요 : 10 두 번째 숫자를 입력하세요 : 20 30

숫자를 입력받아서 2를 곱한 결과를 표시하는 것은 다음과 같이 구현할 수 있습니다.

070

실습	`a = input("임의의 수를 입력하세요: ")`
	`num = int(a) * 2`
	`print(num)`

결과	임의의 수를 입력하세요: 10 20

이번에는 2개의 정수를 입력받아서 몫과 나머지를 구하는 프로그램을 작성해 보겠습니다.

071

실습	`a=int(input('숫자1 : '))`
	`b=int(input('숫자2 : '))`
	`print('a//b= ', a//b)`
	`print('a%b= ', a%b)`

결과	숫자1 : 33 숫자2 : 2 a//b= 16 a%b= 1

01-04 여러 데이터 입력

좀 더 나아가서 input( )에 한번에 여러 개의 값을 입력받을 때는 어떻게 해야 할까요? 이때는 input( )에서 split( )를 사용할 수 있습니다. split( )는 입력받은 값을 공백을 기준으로 분리합니다. 만약 input( ) 화면에 10 20을 입력했다면 첫 번째 입력한 10은 a 변수에 들어가고, 두 번째 입력한 20은 b 변수에 들어가게 됩니다.

072

실습	`a,b=input('숫자2개를 입력하세요 : ').split()`
	`a=int(a)`
	`b=int(b)`
	`print(a+b)`

결과	`숫자2개를 입력하세요 : 10 20` `30`

split( )에 기준 문자열을 지정하여 공백이 아닌 다른 문자로 분리할 수 있습니다. split(',')를 사용하면 콤마를 기준으로 분리합니다.

073

실습	`a,b=input('실수2개를 입력하세요 : ').split(',')`
	`a=float(a)`
	`b=float(b)`
	`print(a/b)`

결과	`실수2개를 입력하세요 : 2.5, 3.5` `0.7142857142857143`

02 출력

STEP

print( ) 함수를 이용하여 화면에 데이터를 출력할 수 있습니다. print( ) 함수 하나로 여러 개의 값을 출력하는 방법과 다양한 출력 형태를 설정하는 방법을 알아보겠습니다.

print( ) 함수에는 변수나 값 여러 개를 ,(콤마)로 구분하여 넣을 수 있습니다. print( ) 함수에 변수나 값을 콤마로 구분해서 넣으면 각 값이 공백으로 띄워져서 한 줄로 출력됩니다.

```
print(값1, 값2, 값3)
print(변수1, 변수2, 변수3)
```

074

실습	`print(1, 2, 3)` `print('안녕하세요?','반갑습니다')`
결과	1 2 3 안녕하세요? 반갑습니다

••• 참고

print( ) 함수에는 변수나 값 여러 개를 콤마로 구분하여 넣을 수 있습니다.

02-01 sep

값과 값 사이에 공백이 아닌 다른 문자를 넣을 때는 어떻게 해야 할까요? 이때는 sep를 사용하는데 sep는 separator로 구분자라는 의미입니다.

```
print(값1, 값2, sep='구분자')
```

sep=','는 콤마로 구분하여 표시하라는 의미입니다. sep=', '처럼 콤마와 공백을 넣어주면 1, 2, 3 같은 형태로 출력됩니다.

075

실습	`print(1,2,3,sep=', ')` `print('안녕하세요?','반갑습니다',sep=', ')`
결과	`1, 2, 3` `안녕하세요?, 반갑습니다`

print의 sep에 개행 문자(\n)라는 특별한 문자를 지정하면 한 줄에 하나씩 출력됩니다. \n은 값을 다음 줄에 출력하게 만드는 제어 문자입니다. 제어 문자는 화면에는 출력되지 않지만 출력결과를 제어하며 \로 시작합니다. \t는 키보드의 Tab 키와 같으며 여러 칸을 띄웁니다. 이 부분은 앞부분에서 다루었습니다. 혹시나 생각이 안나면 살짝 앞부분을 다시 살펴봅니다.

```
\n : 다음 줄로 이동
\t : 여러 칸 띄우기
```

••• 참고

sep는 구분자로 출력할 변수 사이에서 구분하는 역할을 합니다.

sep( )에 \n을 적용해 보겠습니다.

076

실습	`print(1,2,3, sep='\n')` `print('안녕하세요?','반갑습니다', sep='\n')`

결과	`1`
	`2`
	`3`
	`안녕하세요?`
	`반갑습니다`

02-02 end

print( ) 함수에는 기본적으로 출력하는 값 끝에 \n이 붙습니다. 그래서 print( )를 여러 번 사용하면 값이 여러 줄에 출력됩니다. print( )를 여러 번 사용해서 한 줄에 출력하고자 할 때는 어떻게 해야 할까요? 다음 표시 형식처럼 end를 이용합니다.

```
print(값, end='구분자')
```

end=' '와 같이 end에 공백을 지정하면 하나의 줄에 공백으로 구분되어 출력됩니다.

077

실습	`print('안녕하세요?', end=' ')` `print('반갑습니다' )`
결과	안녕하세요? 반갑습니다

••• 참고

end는 마지막에 출력할 문자열을 나타냅니다.

print( ) 함수에서 sep, end에 제어 문자, 공백 문자 등을 조합하면 다양한 형태로 값을 출력할 수 있습니다.
sep와 end를 같이 사용하여 출력결과를 확인해 봅니다.

078

실습	`a=10`
	`b=3.141592`
	`print(a, b, 10, 999, sep="*", end="??")`

결과	10*3.141592*10*999??

다양한 출력

STEP

print( ) 함수를 이용하여 좀 더 예쁘게 출력하는 방법을 살펴보겠습니다. 일단 기본적으로 a=100이고 print('%d' %a)처럼 사용해 볼까요? 여기서 %d는 정수(decimal)를 의미합니다. 그러면 다음과 같이 100이 출력됩니다.

079

실습	`a=100` `print('%d' %a)`
결과	`100`

a=100/3이면 33.333333이 저장되는데 이것을 %d, 즉 정수 형태로 출력하면 33이 됩니다.

080

실습	`a=100/3` `print('%d' %a)`
결과	`33`

실수로 출력하려면 %f를 사용하면 됩니다.

081

실습	`a=100/3` `print('%f' %a)`
결과	`33.333333`

소수점 이하 숫자가 너무 많습니다. 소수점 이하 2자리까지만 표시하려면 어떻게 해야 할까요? 바로 %5.2f처럼 표시 형식을 지정하면 됩니다. 여기서 5는 전체 자릿수이고, 2는 소수점 이하 자릿수를 의미합니다.

082

실습	`a=100/3` `print('%5.2f' %a)`
결과	`33.33`

그러면 %10.2f처럼 사용하면 어떻게 될까요? 총 10자리를 마련하고 소수점 이하 2자리를 표시합니다. 숫자는 오른쪽으로 붙어서 표시됩니다.

083		
	실습	a=100/3 print('%10.2f' %a)
	결과	33.33

또한 %010.2f처럼 사용하면 어떻게 될까요? 총 10자리를 마련하고 소수점 이하 2자리를 표시합니다. 숫자는 오른쪽으로 붙어서 표시되고 남은 자리는 0으로 채워집니다.

084		
	실습	a=100/3 print('%010.2f' %a)
	결과	0000033.33

굉장히 다양한 형식이 있습니다. 좀 머리가 아파지죠? 너무 한꺼번에 외우려 하지 말고 실습하면서 하나씩 자연스럽게 습득되도록 하면 좋을 듯합니다.

먼저 숫자의 다양한 표시 형태를 실습하면서 익혀봅니다.

085

실습

```
a=3.1415926535

print('%d' %a)          # 정수로 표시
print('%5d' %a)         # 5자리를 마련한 후 정수 표시
print('%05d' %a)        # 5자리를 마련한 후 정수 표시, 남은 자리는 0으로 채움
print('-----')
print('%f' %a)          # 실수로 표시
print('%7.2f' %a)       # 7자리를 마련한 후 소수점 이하 2자리 표시
print('-----')
```

결과

```
3
    3
00003
-----
3.141593
   3.14
-----
```

이번에는 문자에 대해서도 익혀봅니다.

086

실습

```
b='python'

print('%s' %b)          # 문자열로 표시
print('%10s' %b)        # 10자리를 마련한 후 문자열 표시, 오른쪽에 붙어서 정렬
print('%5.2s' %b)       # 5자리를 마련한 후 2글자만 표시, 오른쪽에 붙어서 정렬
```

결과

```
python
    python
    py
```

다음과 같이 하나의 줄에 같이 표시할 수도 있습니다.

087

실습

```
a=3.1415926535
b='python'
print('%f %s' %(a, b))
```

결과

```
3.141593 python
```

추가적으로 print( ) 함수에서 사용할 수 있는 다양한 서식은 다음과 같습니다.

형태	서식
정수(10진수, 16진수, 8진수)	%d, %x, %o
실수	%f
한 글자	%c
두 글자 이상인 문자열	%s

핵심 요약 SUMMARY

| 1 | input( )

input( ) 함수는 키보드로부터 입력되는 데이터를 그대로 받아들입니다.
input( )의 괄호 안에 있는 문자열은 입력 안내를 위한 메시지를 나타냅니다.
input( ) 함수는 무엇을 입력해도 결과는 무조건 문자열 자료형입니다.
input으로 입력되는 값을 정수로 변환할 때는 int(input( ))을 사용합니다.
input으로 입력되는 값을 실수로 변환할 때는 float(input( ))을 사용합니다.

| 2 | split( )

split( )는 입력받은 값을 기본적으로 공백을 기준으로 분리합니다.
split(',')를 사용하면 콤마를 기준으로 분리합니다.

| 3 | print( )

print(값1, 값2, sep=',') : 콤마로 구분하여 표시하라는 의미입니다.
print(값, end=' ') : 하나의 줄에 공백으로 구분되어 출력됩니다.

print( ) 함수에서 사용할 수 있는 서식은 다음과 같습니다.

형태	서식
정수(10진수, 16진수, 8진수)	%d, %x, %o
실수	%f
한 글자	%c
두 글자 이상인 문자열	%s

연습 문제 EXERCISE

01 입력받은 값을 실수로 저장하는 방법으로 옳은 것은 무엇인가요?

① a=input()
② a=int(input())
③ a=float(input())
④ a=str(input())

02 'Hello'와 'Python'을 두 줄로 출력하는 방법으로 틀린 것은 무엇인가요?

① print('Hello')
print('Python')
② print('Hello\nPython')
③ print('Hello', 'Python', sep='\n')
④ print('Hello', 'Python', end=\n')

03 다음 프로그램을 실행시킨 결과 화면에 표시되는 내용을 쓰세요.

문제	print('설악산','한라산','백두산',sep='\n') print('설악산','한라산','백두산',sep='\t') print('설악산','한라산','백두산',sep=', ')
결과	

04 섭씨온도를 입력받아서 화씨온도로 변환하는 프로그램을 작성하세요. (화씨온도=(9/5*섭씨온도)+32)

문제	섭씨온도를 입력하세요 : 25 섭씨온도: 25.0 화씨온도: 77.0
정답	

05 평행사변형의 밑변의 길이와 높이를 키보드로 입력받아 면적을 구하는 프로그램을 작성하세요.

문제	평행사변형의 밑변의 길이를 입력하세요 : 10 평행사변형의 높이를 입력하세요 : 20 평행사변형의 면적 : 200
정답	

06 text=' Therefore, this study proposes a method to generate a rich pool of questions by automatically generating questions about a large amount of content using text analytics technology.'로 주어졌을 때 단어 단위로 자르고 모두 소문자로 나타내는 프로그램을 작성하세요.

문제	
결과	['therefore,', 'this', 'study', 'proposes', 'a', 'method', 'to', 'generatea', 'rich', 'pool', 'of', 'questions', 'by', 'automatically', 'generating', 'questions', 'about', 'a', 'large', 'amount', 'of', 'content', 'using', 'text', 'analytics', 'technology.']

힌트 ▸ input( ) 함수는 무엇을 입력해도 결과는 무조건 문자열 자료형입니다.

C H A P T E R

06

리스트

리스트가 무엇인지 살펴보고, 리스트 접근을 위한 기본 개념을 배우고, 리스트 안의 연결자인 연결 연산자, 반복 연산자, 교환, 복사 등을 알아본 후 리스트 조작 함수에 대해 학습합니다.

리스트의 개념

지금까지 살펴본 문자열, 숫자, 불(boolean) 등은 어떤 하나의 값을 나타내는 자료형이었습니다. 하지만 개수가 많은 자료나 정보를 관리할 때는 파이썬의 리스트 기능을 사용하면 좋습니다. 예를 들어, 우리 반 30명의 정보를 저장하고자 할 때 변수 30개 이상을 사용하여 관리한다는 것은 매우 혼잡합니다.

이럴 때 리스트를 이용하면 여러 정보를 하나로 묶어서 저장하고 관리할 수 있습니다. 리스트는 연속적인 데이터 집합이라고 말할 수 있습니다. 다시 말해, 한 칸 한 칸 연결된 기차라고 생각하면 이해가 쉬울 듯합니다. 이 기차의 한 칸 한 칸에는 여러 자료형이 있을 수 있습니다. 리스트에 대한 개념이 조금은 어려울 수 있지만 추후 응용 부분에서 많이 사용되는 중요한 부분이니 천천히 이해하면서 학습하면 좋겠습니다.

예를 들어, 2, 4, 6, 8, 10 숫자 모음이 있을 때 a=2, b=4, c=6, d=8, e=10처럼 각각의 변수로 나타내면 혼잡합니다. 100개의 변수가 필요할 때는 더욱 힘들어집니다. 이때 리스트를 사용하여 even=[2, 4, 6, 8, 10]처럼 간단하게 표현할 수 있습니다. 리스트를 만들 때는 대괄호로 감싸주고 각 요소들의 값은 쉼표(,)로 구분해 줍니다.

```
리스트명 = [요소1, 요소2, 요소3,…]
```

리스트는 한 가지 자료형만으로 구성할 수도 있고, 여러 종류의 자료형으로도 구성할 수 있습니다. 다음과 같은 다양한 리스트 형태를 볼 수 있습니다.

```
a = [ ]
b = [1, 2, 3]
c = ['수민', '연호', '건민', '무성', '의석']
d = [1, 2, 'Life', 'is', True, False]
```

a는 아무것도 포함하지 않는 비어 있는 리스트입니다. 이것은 마트에서 비어 있는 쇼핑카트를 준비하는 것과 같습니다. 이 비어 있는 쇼핑카트에 물건들을 넣을 수 있도록 준비하는 것입니다.
b는 숫자만으로 구성되어 있고, c는 문자열만으로 구성되어 있고, d는 여러 요소들로 구성되어 있습니다. 이처럼 파이썬에서 리스트는 다양한 자료형을 포함시킬 수 있습니다.

••• 참고

- 리스트는 복수 개를 담을 수 있는 데이터 구조입니다.
- 리스트 초기화 : [ ] 안에 값을 담아서 생성합니다.

STEP 02 리스트 접근

리스트도 문자열처럼 인덱싱과 슬라이싱이 가능합니다. 앞부분에서 인덱싱은 하나의 항목을 추출하는 것을 말하고, 슬라이싱은 한번에 여러 개의 항목을 추출하는 것을 말한다고 언급했습니다. 처음 듣는 내용이라고 생각된다면 앞부분의 문자열 부분을 다시 한 번 읽고 진행하기 바랍니다.

••• 참고

리스트에서 인덱싱과 슬라이싱에 대한 개념은 반드시 이해해야 합니다.

02-01 인덱싱

리스트에서의 인덱싱에 대해 살펴볼까요? 리스트 안에 있는 요소를 각각 사용하려면 리스트명 바로 뒤에 대괄호를 입력하고 자료의 위치를 나타내는 숫자를 입력합니다.
자세히 살펴보겠습니다.
먼저 다음과 같이 리스트를 준비하겠습니다.

a = [55, 66, 77, 88, 99]

그러면 각각의 요소는 다음과 같은 형태로 저장되는데 위치는 0번부터 시작됩니다.
a[0]은 0번째 요소를 의미하는데 대괄호 안에 들어간 숫자를 인덱스라고 부릅니다.
리스트의 첫 번째 요소는 a[0]이라는 사실을 꼭 기억하도록 합니다.

a	**55**	66	77	88	99
	[0]	[1]	[2]	[3]	[4]

대괄호 안에 음수를 넣어 뒤에서부터 요소를 선택할 수 있습니다. a[-1]의 요소는 마지막 요소를 의미하므로 99가 됩니다.

a	55	66	77	88	**99**
	[-5]	[-4]	[-3]	[-2]	[-1]

••• 참고

리스트 indexing : 문자열의 인덱싱과 동일하게 동작합니다.

02-02 슬라이싱

문자열과 마찬가지로 리스트에도 슬라이싱 기법을 적용할 수 있습니다. 슬라이싱은 '나눈다'는 의미입니다.

a[1:4]는 a[1]부터 a[3]까지를 의미합니다. 결과는 [66, 77, 88]이 됩니다.

a	55	**66**	**77**	**88**	99
	[0]	[1]	[2]	[3]	[4]

a[:3]은 처음 요소부터 a[2]까지 의미하므로 결과는 [55, 66, 77]이 됩니다.
a[3:]은 a[3]부터 마지막 요소까지 의미하므로 결과는 [88, 99]가 됩니다.

a	55	66	77	**88**	**99**
	[0]	[1]	[2]	[3]	[4]

다음 실습예제의 출력결과를 살펴보면서 인덱싱과 슬라이싱에 대해 다시 한 번 이해해 보기 바랍니다.

088

실습

```
a = [55, 66, 77, 88, 99]
print(a[0])
print(a[-1])
print(a[1:4])
print()
print(a[:3])
print(a[3:])
```

결과

```
55
99
[66, 77, 88]

[55, 66, 77]
[88, 99]
```

리스트에서 1, 3, 5번째 요소의 값을 가져올 때는 a[:6:2]라고 하면 됩니다. 마지막 2는 2칸씩 건너 띄어서 가져오라는 의미입니다. 실습을 통해 확인해 봅니다.

089

실습	`a=['데이터공학', '연구실', '은지', '지은', '혜영', '병호', '현경']` `print(a[1:6:2])`
결과	`['연구실', '지은', '병호']`

090

실습	`a=['데이터공학', '연구실', '은지', '지은', '혜영', '병호', '현경']` `print(a[0:6:4])`
결과	`['데이터공학', '혜영']`

••• 잠깐만요 ▶ **패킹과 언패킹**

```
test=[1,2,3]
a,b,c=test
print(test, a, b, c)
```

test=[1,2,3]은 1,2,3을 변수 test에 패킹한다고 합니다. a,b,c=test는 test의 값 1,2,3을 차례대로 변수 a,b,c에 언패킹한다고 합니다. 출력을 하면 [1,2,3] 1 2 3이 표시됩니다.

패킹은 하나의 변수에 여러 개의 데이터를 할당하는 것을 의미하고, 언패킹은 한 변수에 여러 개의 데이터가 들어 있을 때 그것을 각각의 변수로 반환하는 방법입니다.

02-03 리스트 안에 리스트

조금 복잡하지만 리스트 안에 리스트를 사용할 수도 있습니다.
a=[[1, 2, 3], [10, 20, 30], [11, 22, 33]]으로 기술하면 세 가지를 리스트로 만듭니다. a[0]을 지정하면 0번 리스트인 [1, 2, 3]이 출력됩니다. a[1]을 지정하면 1번 리스트인 [10, 20, 30]이 출력되고, a[2]를 지정하면 2번 리스트인 [11, 22, 33]이 출력됩니다. a[1][1]을 지정하면 1번 리스트의 1번 요소 값 20이 출력됩니다. 위치 값을 그림으로 살펴보면 다음과 같습니다.

a[0]	a[0][0] 1	a[0][1] 2	a[0][2] 3
a[1]	a[1][0] 10	a[1][1] 20	a[1][2] 30
a[2]	a[2][0] 11	a[2][1] 22	a[2][2] 33

실습을 통해 다시 한 번 이해해 볼까요?

091

실습

```
a=[[1, 2, 3], [10, 20, 30], [11, 22, 33]]
print(a[0])
print(a[1])
print(a[2])
print( )
print(a[1][1])
```

결과

```
[1, 2, 3]
[10, 20, 30]
[11, 22, 33]

20
```

리스트의 특정 요소를 변경할 수도 있습니다. a = [55, 66, 77, 88, 99]로 선언한 후에 a[0]의 값을 '준우'로 변경해 볼까요? a[1]의 값도 '서빈'으로 변경해 보겠습니다. 다음 실습예제를 실행하여 결과를 확인해 봅니다.

092

실습

```
a = [55, 66, 77, 88, 99]
a[0]='준우'
a[1]='서빈'
print(a)
```

결과

```
['준우', '서빈', 77, 88, 99]
```

리스트는 반복문과 제어문을 이용하여 더 다양하게 활용되고 있습니다.

리스트 연산

리스트에서 사용할 수 있는 연산에는 어떠한 것들이 있는지 살펴보겠습니다.

03-01 연결 연산자

연결 연산자 '+'를 이용하여 리스트의 자료를 연결할 수 있습니다.

093

실습	a=[1, 2, 3] b=[10, 20, 30] print(a+b)
결과	[1, 2, 3, 10, 20, 30]

a 리스트가 [1, 2, 3]이고 b 리스트가 [10, 20, 30]일 때 a+b는 a 리스트와 b 리스트를 연결하여 표시하라는 의미이므로 [1, 2, 3, 10, 20, 30]이 됩니다.

••• 참고

+ : 연결 연산자, * : 반복 연산자

03-02 반복 연산자

반복 연산자 '*'를 이용하여 리스트를 반복하여 표시할 수 있습니다.

094

실습	a=[1, 2, 3] print(a*3)
결과	[1, 2, 3, 1, 2, 3, 1, 2, 3]

a 리스트에 1, 2, 3이 있으니 이것을 3번 반복하여 표시하면 1, 2, 3, 1, 2, 3, 1, 2, 3이 됩니다.

03-03 교환

a=[1, 2, 3]이 있고 b=[4, 5, 6]이 있을 때 두 리스트의 값을 서로 바꾸고자 할 때는 아주 간단히 a, b = b, a라고 하면 됩니다. 참으로 간단하고 흥미롭습니다.

095

실습	`a=[1, 2, 3]`
	`b=[4, 5, 6]`
	`a, b = b, a`
	`print(a)`
	`print(b)`

결과	`[4, 5, 6]` `[1, 2, 3]`

03-04 복사

리스트의 복사는 어떻게 진행될까요? a=[11, 22, 33]으로 선언하고 b=a라고 하면 a를 b에 대입하겠다는 의미입니다. a와 b값은 동일하게 됩니다.

096

실습	`a=[11, 22, 33]`
	`b=a`
	`print('a=', a)`
	`print('b=', b)`

결과	`a= [11, 22, 33]` `b= [11, 22, 33]`

그런데 a를 변화시키면 b는 어떻게 될까요? a[0]=999로 변화시켰더니 b도 같이 변화되는 것을 볼 수 있습니다. a와 b는 완전히 동일하다는 것을 알 수 있고 또한 조심스러운 부분입니다.

097

실습	`a=[11, 22, 33]`
	`b=a`
	`a[0]=999          # 값 변화`
	`print('a=', a)`
	`print('b=', b)`

결과	`a= [999, 22, 33]` `b= [999, 22, 33]`

a와 b는 기억 장소의 어느 부분에 저장되어 있고 우리는 그곳을 찾아가서 저장된 데이터를 가져와서 사용하고 있는데 a와 b가 어느 부분에 저장되어 있는지 알아볼까요? 저장된 주소를 알아보는 함수에는 id( ) 함수가 있습니다. 예를 들어, 홍길동이 몇 호에 살고 있는지를 알아낼 때 사용하는 함수입니다.

id(a)와 id(b)를 이용하여 a와 b의 주소를 살펴보았더니 완전히 동일합니다. 이것의 의미는 같은 장소에 저장된 데이터를 단지 a라는 이름과 b라는 이름으로 사용하고 있다는 것을 알 수 있습니다.

098

실습	`print('a의 주소', id(a))` `print('b의 주소', id(b))`
결과	a의 주소 139684482545480 b의 주소 139684482545480

기억 장소의 주소가 생소할 수 있는데 id( ) 함수는 객체의 고유한 주소 값을 알려주는 함수입니다. 주소라는 것은 변수를 저장하는 물리적 장소가 컴퓨터 어딘가에 있어야 하는데 이 장소를 기억 장소(메모리)라고 하고, 메모리의 저장 위치를 메모리 주소라고 합니다. 즉, 아파트의 호수라고 보면 되겠습니다.

b=a라고 하는 순간 b 리스트도 a 리스트의 메모리 주소와 같이 연결되어 두 변수가 같은 메모리 주소와 연결되어 있으니 하나의 변수 값만 바뀌더라도 둘 다 영향을 받게 됩니다.

••• 잠깐만요

```
a=300
b=300
print(a==b)
print(a is b)
```

print(a==b)의 결과는 True입니다. 이것은 값을 비교하는 연산입니다.
print(a is b)의 결과는 False입니다. 이것은 메모리의 주소를 비교하는 연산입니다.

==은 값을 비교하는 연산이고, is는 메모리의 주소를 비교하는 연산입니다.

03-05 내용만 복사

a의 내용만 복사하려면 어떻게 해야 할까요? 바로 b=a[:]처럼 하면 a의 값들만 b로 복사됩니다. 그리고 a의 값을 변화시키면 b는 영향을 받지 않는다는 것을 다음 실습예제를 통해 살펴볼 수 있습니다.

b=a[:] 내용만 복사

099

실습	`a=[11, 22, 33]`
	`b=a[:]`
	`a[0]=999`
	`print('a=', a)`
	`print('b=', b)`

결과	`a= [999, 22, 33]` `b= [11, 22, 33]`

이때 a와 b의 주소를 표시해 보면 서로 다른 것을 알 수 있습니다.

100

실습	`print('a의 주소', id(a))` `print('b의 주소', id(b))`
결과	`a의 주소 139684482211464` `b의 주소 139684482056520`

04 STEP 리스트 조작 함수

리스트에서 사용할 수 있는 함수 몇 가지에 대해 살펴보겠습니다. 먼저 len( ) 함수는 리스트 요소의 개수를 구합니다. a=[1, 2, 3]일 때 요소의 수가 3개이므로 len(a)는 3이 출력됩니다.

101

실습	`a=[1, 2, 3]` `print( len(a) )`
결과	`3`

04-01 append / extend / in

리스트의 마지막 위치에 요소를 추가할 때는 append( ) 함수를 사용합니다. 사용하는 방법은 '리스트명.append(요소)'입니다. 예를 들어, a 리스트의 마지막에 100을 추가하고자 할 때는 a.append(100)이라고 하면 됩니다. 무조건 마지막 위치에 추가됩니다.

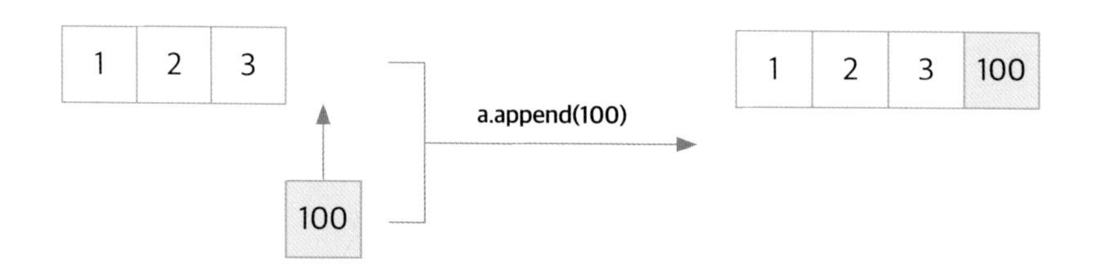

102

실습	`a=[1, 2, 3]`
	`a.append(100)`
	`print(a)`

결과	`[1, 2, 3, 100]`

하나의 리스트에 다른 리스트를 추가하고자 합니다. 예를 들어, a=[1,2,3]이 있고 b=[4,5,6]이 있을 때 a.append(b)라고 생각할 수 있지만 이렇게 하면 [1,2,3[4,5,6]]으로 되어 리스트 안에 리스트로 추가가 됩니다. 따라서 리스트를 연장하고자 할 경우에는 별도로 extend( ) 함수를 사용합니다. a.extend(b)를 하게 되면 [1,2,3,4,5,6]이 출력됩니다. 또는 a+=b로도 가능합니다.
다음 실습을 통해 확인해 봅니다.

103

실습	학생=['은지','지은','병호','현경'] 신입생=['아영','지수'] 학생.append(신입생) print(학생)
결과	['은지', '지은', '병호', '현경', ['아영', '지수']]

104

실습	학생=['은지','지은','병호','현경'] 신입생=['아영','지수'] 학생.extend(신입생) print(학생)
결과	['은지', '지은', '병호', '현경', '아영', '지수']

105

실습	학생=['은지','지은','병호','현경'] 신입생=['아영','지수'] 학생+=신입생 print(학생)
결과	['은지', '지은', '병호', '현경', '아영', '지수']

••• 참고

하나의 리스트에 다른 리스트를 추가할 경우에는 extend( ) 함수를 사용합니다.

04-02 in

in을 사용하여 해당 값이 리스트에 존재하는지 확인할 수 있습니다. 존재하는 경우는 True, 존재하지 않은 경우는 False가 반환됩니다. 다음 실습을 통해 확인해 봅니다.

106

실습	졸업생=['은지','지은','혜영','병호','현경'] 학생= '혜영' result=학생 in 졸업생 print(result)
결과	True

04-03 insert / del / remove / pop

리스트의 특정한 위치에 요소를 삽입할 때는 insert( ) 함수를 사용합니다. 사용하는 방법은 '리스트명.insert(위치, 요소)'입니다. a=['수현', '민기', '해용', '국민']으로 설정되어 있을 경우 a 리스트의 2번에 999를 삽입하고자 할 때는 a.insert(2, 999)라고 하면 됩니다. 그러면 2번 자리에 999가 삽입되고 원래 2번, 3번 자리에 있던 '해용'과 '국민'은 뒤로 하나씩 밀려나게 됩니다.

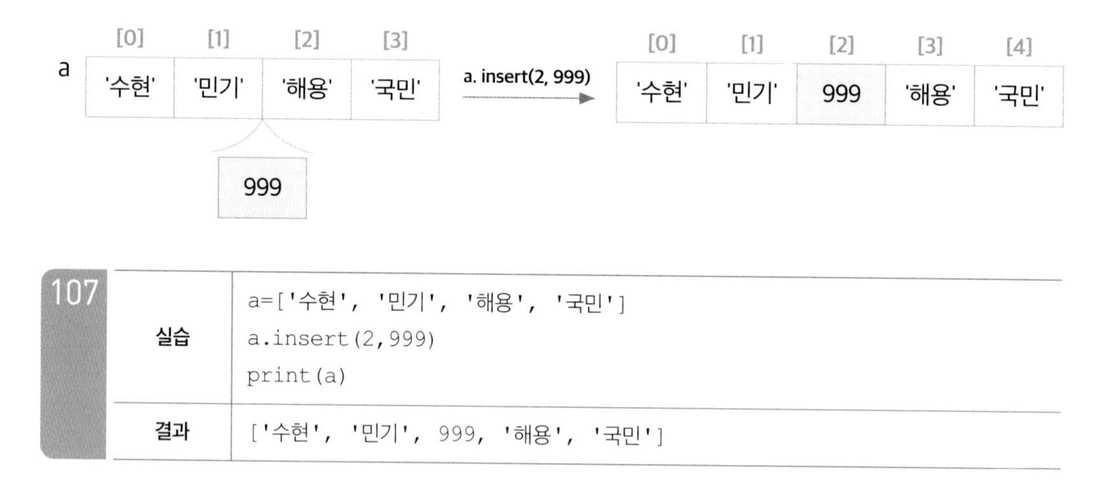

107

실습	a=['수현', '민기', '해용', '국민'] a.insert(2,999) print(a)
결과	['수현', '민기', 999, '해용', '국민']

del을 사용하여 리스트 요소를 삭제할 수 있습니다.

사용하는 방법은 'del 리스트명[인덱스]'입니다. 만약 a 리스트의 2번 요소를 삭제하고자 할 때는 del a[2]라고 하고, 2번 요소부터 3번 요소를 삭제하고자 할 때는 del a[2:4]라고 하면 됩니다.

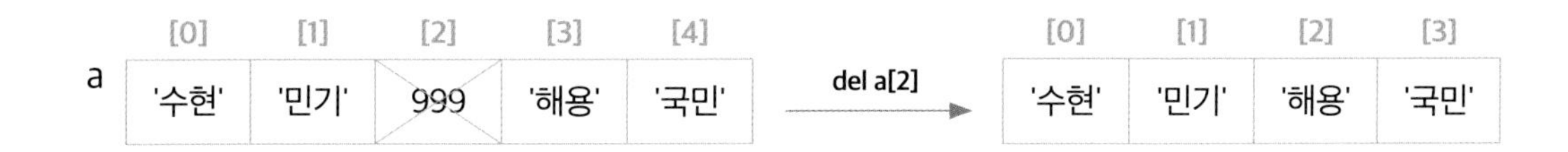

108

실습

```
a=['수현', '민기', 999, '해용', '국민']
print(a)

del a[2]
print(a)
```

결과

```
['수현', '민기', 999, '해용', '국민']
['수현', '민기', '해용', '국민']
```

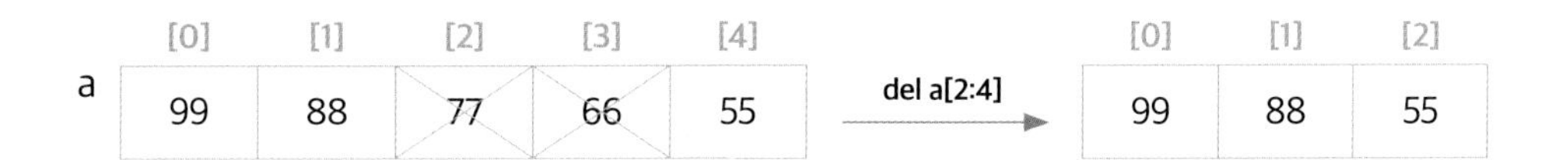

109

실습

```
a=[99, 88, 77, 66, 55]
del a[2:4]
print(a)
```

결과

```
[99, 88, 55]
```

remove( ) 함수는 값을 삭제할 때 사용합니다. a=['수현', '민기', 999, '해용', '국민']으로 설정되어 있을 경우 a 리스트에서 999를 삭제하고자 할 때는 a.remove(999)하면 됩니다. 같은 값이 여러 개인 경우에는 가장 먼저 나온 값만 삭제됩니다.

110

실습

```
a=['수현', '민기', 999, '해용', '국민']
a.remove(999)
print(a)
```

결과

```
['수현', '민기', '해용', '국민']
```

pop( ) 함수를 사용하여 리스트의 맨 마지막 데이터를 꺼내 그 데이터를 삭제할 수 있습니다.

a
[0] [1] [2] [3] [4]
11 22 33 44 55
a.pop( )
[0] [1] [2] [3]
11 22 33 44

111

실습	a=[11, 22, 33, 44, 55] a.pop() print(a)
결과	[11, 22, 33, 44]

pop( ) 함수로 특정한 위치의 값도 지우기가 가능합니다. a.pop(1)하면 1번 요소를 꺼내 삭제합니다. 다음 실습을 통해 확인해 봅니다.

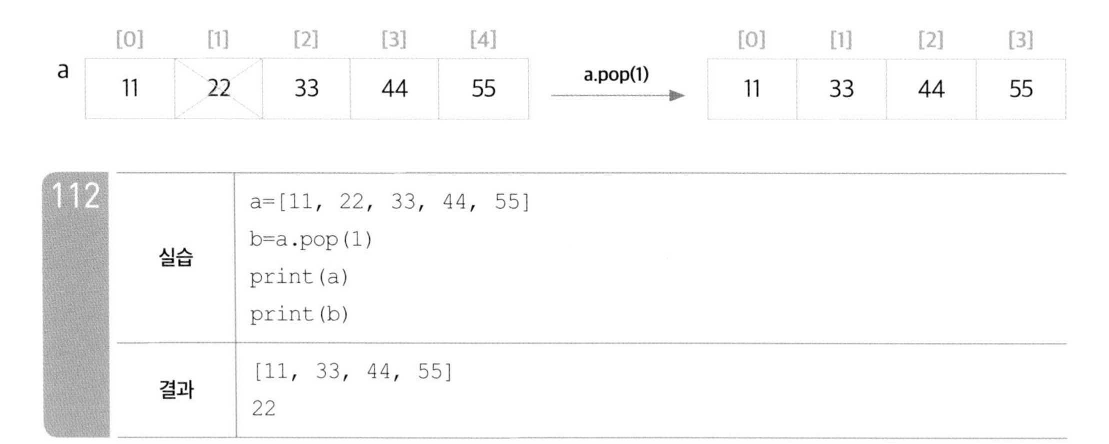

112

실습	a=[11, 22, 33, 44, 55] b=a.pop(1) print(a) print(b)
결과	[11, 33, 44, 55] 22

04-04 sort / reverse

정렬하는 함수에는 sort( )가 있습니다. a=[11, 22, 3, 4, 5]가 있을 때 a.sort( ) 명령을 내리면 오름차순으로 정렬됩니다. 문자도 역시 알파벳 순서로 정렬됩니다.

113

실습	a=[11, 22, 3, 4, 5] a.sort( ) a
결과	[3, 4, 5, 11, 22]

리스트를 뒤집어서 보여주는 함수에는 reverse( )가 있습니다. 현재의 리스트를 거꾸로 보여줍니다.

114		
	실습	a=[5, 8, 3, 4, 2, 1] a.reverse( ) a
	결과	[1, 2, 4, 3, 8, 5]

그러면 내림차순으로 정렬하고자 할 때는 어떻게 해야 할까요? sort( )와 reverse( )를 혼합하여 사용하면 됩니다.

115		
	실습	a=[5,8,3,4,2,1] a.sort( ) a.reverse( ) a
	결과	[8, 5, 4, 3, 2, 1]

••• 참고

a.sort( )와 a.reverse( ) 문장은 a.sort(reverse=True)라는 하나의 문장으로 표현할 수 있습니다.

04-05 split / upper / replace / list

split( ) 함수를 사용하여 문자열을 공백을 기준으로 분리해 리스트로 만들 수 있습니다.

116		
	실습	text='A Framework for Text Analytics-based Automatic Question Generation for Supporting Learner-centered Learning and Teaching' words=text.split() print(words)
	결과	['A', 'Framework', 'for', 'Text', 'Analytics-based', 'Automatic', 'Question', 'Generation', 'for', 'Supporting', 'Learner-centered', 'Learning', 'and', 'Teaching']

117		
	실습	text='학습자 중심 교수학습 지원을 위한 텍스트 분석 기반 질문 자동 생성 프레임워크' words=text.split() print(words)
	결과	['학습자', '중심', '교수학습', '지원을', '위한', '텍스트', '분석', '기반', '질문', '자동', '생성', '프레임워크']

upper( ) 함수를 사용하여 해당 문자열을 모두 대문자로 변경할 수 있습니다.

118		
	실습	text='Deep Learning-based Person Analysis in Oriental Painting for Supporting Famous Painting Habruta' words=text.upper() print(words)
	결과	DEEP LEARNING-BASED PERSON ANALYSIS IN ORIENTAL PAINTING FOR SUPPORTING FAMOUS PAINTING HABRUTA

replace( ) 함수를 사용하여 특정한 문자열을 치환할 수 있습니다. 다음과 같이 공백을 '*'로 치환하는 내용을 실습을 통해 확인해 봅니다.

119		
	실습	text='명화 하브루타 지원을 위한 딥러닝 기반 동양화 인물 분석' words=text.replace(' ', ' * ') print(words)
	결과	명화 * 하브루타 * 지원을 * 위한 * 딥러닝 * 기반 * 동양화 * 인물 * 분석

list( ) 함수를 사용하여 다른 데이터 타입을 리스트로 변환할 수 있습니다.

120		
	실습	a=(1,2,3) b=list(a) print(b)
	결과	[1, 2, 3]

121		
	실습	lab='데이터공학연구실' bit=list(lab) print(bit)
	결과	['데', '이', '터', '공', '학', '연', '구', '실']

핵심 요약 SUMMARY

1. 리스트는 복수 개를 담을 수 있는 데이터 구조입니다.

```
리스트명 = [요소1, 요소2, 요소3,...]
```

2. 연결 연산자 '+'를 이용하여 리스트의 자료를 연결할 수 있습니다.

3. 반복 연산자 '*'를 이용하여 리스트를 반복해 표시할 수 있습니다.

4. len( ) 함수는 리스트 요소의 개수를 구합니다.

5. 리스트의 마지막 위치에 요소를 추가할 때는 append( ) 함수를 사용합니다.

6. 하나의 리스트에 다른 리스트를 추가할 경우에는 extend( ) 함수를 사용합니다.

7. in을 사용하여 해당 값이 리스트에 존재하는지 확인할 수 있습니다.

8. 리스트의 특정한 위치에 요소를 삽입할 때는 insert( ) 함수를 사용합니다.

9. del을 사용하여 리스트 요소를 삭제할 수 있습니다.

10. remove( )는 값을 지우는 함수입니다.

11. pop( ) 함수는 리스트의 맨 마지막 데이터를 꺼내 그 데이터를 삭제할 수 있습니다.

12. 정렬하는 함수에는 sort( )가 있습니다.

13. 리스트를 뒤집어서 보여주는 함수에는 reverse( )가 있습니다.

14. split( ) 함수를 사용하여 문자열을 공백을 기준으로 분리해 리스트로 만들 수 있습니다.

15. upper( ) 함수는 해당 문자열을 모두 대문자로 변경할 수 있습니다.

연습 문제 EXERCISE

01 다음 프로그램의 실행결과를 쓰세요.

문제	a=['강남','강북','종로','성동','마포'] print(a[1]) print(a[-1]) print(a[2:4])
결과	

02 다음 프로그램의 실행결과를 쓰세요.

문제	a=['강남','강북','종로'] b=['마포','성동','성북'] a[1]='송파' print(a) print(a*2) print(a+b) a,b=b,a print(a)
결과	

03 다음 프로그램의 실행결과를 쓰세요.

문제	a=[5,7,9] b=[3,9,2] c=a+b c.sort( ) c
결과	

04 다음과 같이 코드를 작성했을 때 실행결과로 옳은 것은 무엇인가요?

```
a=[0,1,2,3,4]
print(a[:3],a[:-3])
```

① [0,1,2,3,4]

② [0,1,2,3] [0,1,2]

③ [0, 1, 2] [0, 1]

④ [0, 1, 2, 0, 1]

05 다음과 같이 코드를 작성했을 때 실행결과로 옳은 것은 무엇인가요?

```
n=[1,2,3,4]
print(n*2)
```

① [1,2,3,4] [1,2,3,4]

② [1,1,2,2,3,3,4,4]

③ [1, 2, 3, 4, 1, 2, 3, 4]

④ [1,2,3,4]

06 다음 프로그램의 실행결과를 쓰세요.

문제	a=[3, 'banana', 2021, 4] b=a.pop(0) c=a.pop(1) print(b+c)
결과	

07 키보드로 5가지의 과일을 입력받아서 입력된 과일에 '사과'가 있는지 판별하는 프로그램을 작성하세요.

문제	과일 5가지를 입력하세요 : 사과 바나나 포도 배 키위 ['사과', '바나나', '포도', '배', '키위'] 입력받은 과일에 사과가 있나요? True
정답	

08 다음 프로그램의 실행결과를 쓰세요.

문제	a=['person','bicycle','car','motorcycle','airplane'] b=['bus','train','truck','boat','traffic light'] c=['fire hydrant','stop sign','parking meter','bench'] join=[a,b,c] result=[join[0][:-2]] print(result)
결과	

09 다음 프로그램의 실행결과를 쓰세요.

문제	`object=['person','bicycle','car','motorcycle','airplane']` `print(object[-3:])`
결과	

10 다음 프로그램의 실행결과를 쓰세요.

문제	`object1=['person','bicycle','car','motorcycle','airplane']`
	`object2=[1,2,3,4,5]`
	`object1.append('yolo')`
	`object2.append('v5')`
	`print('yolo' in object1)`
	`print(len(object2))`

결과	

11 다음 프로그램의 실행결과를 표시하기 위해 object3에 알맞은 내용을 기입하세요.

문제	`object1=['person','bicycle','car','motorcycle','airplane']`
	`object2=['bus','train','truck','boat','traffic light']`
	`object3= ?`
	`print(object2[:len(object3)])`

결과	`['bus', 'train']`

12 다음 프로그램의 실행결과를 쓰세요.

<table>
<tr><td>문제</td><td>

```
a=300
b=300
print(a==b)
print(a is b)
```

</td></tr>
<tr><td>결과</td><td></td></tr>
</table>

••• 참고

==은 값을 비교하는 연산이고, is는 메모리의 주소를 비교하는 연산입니다.

13 다음 프로그램의 실행결과를 쓰세요.

<table>
<tr><td>문제</td><td>

```
a=[500,400,300,200,100]
b=a
c=[500,400,300,200,100]
print(a is b)
print(a is c)
```

</td></tr>
<tr><td>결과</td><td></td></tr>
</table>

힌트 ▸ 리스트의 요소의 위치는 0번부터 시작됩니다.
내림차순으로 정렬하고자 할 때는 sort( )와 reverse( )를 혼합하여 사용하면 됩니다.
replace( ) 함수를 사용하여 특정한 문자열을 치환할 수 있습니다.
list( ) 함수를 사용하여 다른 데이터 타입을 리스트로 변환할 수 있습니다.

CHAPTER

07

기타 자료형

파이썬에서 지원하는 데이터 형에는 기본형인 정수형, 실수형, 불형, 문자열과 확장형인 리스트, 튜플, 딕셔너리, 집합 등이 있습니다. 기본형과 리스트에 대해서는 앞부분에서 살펴보았으므로 리스트와 비슷하지만 조금은 다른 형태인 튜플(tuple), 집합(set), 딕셔너리(dictionary)에 대해 살펴보겠습니다.

튜플(tuple)

STEP

튜플(tuple)은 리스트와 거의 비슷합니다. 차이점은 리스트는 [ ]로 둘러싸고 값의 수정이 가능하지만 튜플은 ( )로 둘러싸고 값을 바꿀 수 없습니다.

••• 참고

튜플은 요소를 변경할 수 없기 때문에 보안을 요구하는 데이터를 보호할 수 있습니다.

01-01 튜플의 구조

튜플의 여러 가지 모습을 살펴보면 다음과 같습니다.

```
a1=( )
a2=(1,)
a3=(1, 2, 3)
a4=1, 2, 3
a5=('x', 'y', ('hi', 'hello'))
```

a1은 비어 있는 튜플입니다.
a2=(1,)처럼 1개의 요소만을 가질 때는 요소 뒤에 콤마(,)를 반드시 붙여야 합니다.
a4=1, 2, 3처럼 괄호를 생략해도 됩니다. 튜플과 리스트의 가장 큰 차이는 값을 변화시킬 수 있는가의 여부입니다. 리스트는 항목값의 변화가 가능하고, 튜플은 항목값의 변화가 불가능합니다. 프로그램이 진행되는 동안 값이 변하지 않기를 바란다면 튜플을 사용하고 수시로 값을 변화시켜야 할 경우에는 리스트를 사용하면 됩니다. 보통 프로그램에서 값이 변경되는 상황이 더 많기 때문에 튜플보다는 리스트를 더 많이 사용하는 경향이 있습니다.

••• 참고

- list : 생성된 후에 값을 변경할 수 있습니다(mutable).
- tuple : 생성된 후에 값을 변경할 수 없습니다(immutable).

01-02 튜플의 사용

튜플의 요소를 리스트처럼 del로 지우려고 하면 지원되지 않는다는 메시지를 확인할 수 있습니다.

122

실습	`a=(1, 2, 'hi', 'hello')` `del a[0]        # 튜플의 요소를 삭제하려고 함`

결과

```
---------------------------------------------------------------------------
TypeError                          Traceback (most recent call last)
<ipython-input-3-5fb7cb50d393> in <module>
      1 a=(1, 2, 'hi', 'hello')
----> 2 del a[0]

TypeError: 'tuple' object doesn't support item deletion
```

마찬가지로 튜플의 요소를 변경하려고 할 때도 오류가 발생하는 것을 확인할 수 있습니다.

123

실습	`a=(1, 2, 'hi', 'hello')` `a[1]='korea'        # 튜플의 요소를 변경하려고 함`

결과

```
---------------------------------------------------------------------------
TypeError                          Traceback (most recent call last)
<ipython-input-4-b78800b38cea> in <module>
      1 a=(1, 2, 'hi', 'hello')
----> 2 a[1]='korea'

TypeError: 'tuple' object does not support item assignment
```

튜플은 리스트와 마찬가지로 인덱싱, 슬라이싱, 더하기, 곱하기를 할 수 있습니다. 먼저 인덱싱에 대해 살펴보겠습니다. a=(1, 2, 'hi', 'hello') 튜플에서 0번째 요소를 추출하고자 할 때는 a[0]이라고 하면 됩니다.

	[0]	[1]	[2]	[3]
a	1	2	'hi'	'hello'

124

실습	`a=(1, 2, 'hi', 'hello')` `a[0]`
결과	`(1)`

a=(1, 2, 'hi', 'hello') 튜플에서 2번 요소부터 끝까지 추출하고자 할 때는 a[2:]이라고 하면 됩니다.

125		
	실습	a=(1, 2, 'hi', 'hello') a[2:]
	결과	('hi', 'hello')

튜플과 튜플을 더하여 표시할 수 있습니다. a=(1, 2, 'hi', 'hello') 튜플이 있고, b=(10, 20) 튜플이 있을 때 더하여 표시하면 (1, 2, 'hi', 'hello', 10, 20)이 됩니다.

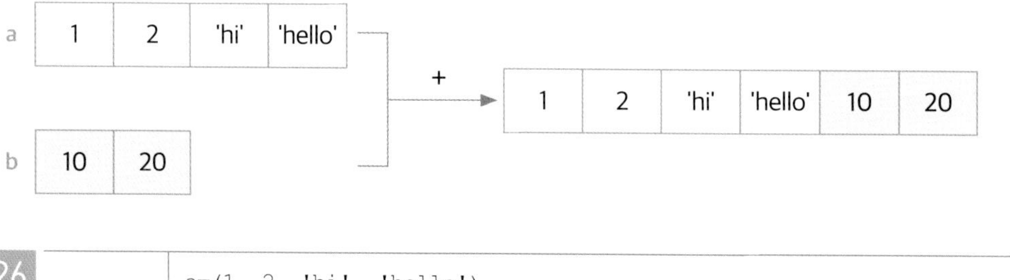

126		
	실습	a=(1, 2, 'hi', 'hello') b=(10, 20) a+b
	결과	(1, 2, 'hi', 'hello', 10, 20)

튜플에 대해 곱하기를 해보면 a 튜플이 (1, 2, 'hi', 'hello')로 이루어져 있을 때 a*3은 a 튜플을 3번 반복하여 나타내게 됩니다. 리스트와 동일한 방식입니다.

127		
	실습	a=(1, 2, 'hi', 'hello') a*3
	결과	(1, 2, 'hi', 'hello', 1, 2, 'hi', 'hello', 1, 2, 'hi', 'hello')

집합(set)

STEP

집합(set)은 집합에 관련된 것을 쉽게 처리하기 위해 만든 자료형으로 set 키워드를 사용해서 만들 수 있습니다.

••• 참고

집합의 자료형 이름은 set입니다.

집합 자료형은 set( ) 괄호 안에 리스트를 입력하여 만들 수 있습니다.

128

실습	`a=set([1, 2, 3])` `print(a)`
결과	`{1, 2, 3}`

다음과 같이 문자열을 입력하여 만들 수 있습니다.

129

실습	`b=set('data analysis')` `print(b)`
결과	`{'t', 'n', 's', 'y', 'a', 'd', ' ', 'l', 'i'}`

••• 참고

비어 있는 집합 자료형은 s=set( )로 만들 수 있습니다.

그런데 출력결과를 보니 순서가 뒤죽박죽입니다. 이처럼 set은 순서가 없습니다. 또한 중복을 허용하지 않습니다. set은 중복을 허용하지 않는 특징이 있어서 종종 자료형의 중복을 제거하기 위한 필터로 사용하기도 합니다.

••• 참고

set은 순서가 없고, 중복을 허용하지 않습니다.

set은 교집합, 합집합, 차집합을 구할 때 유용하게 사용됩니다. a에 11, 22, 33, 44, 55, 66의 데이터가 있고, b에 11, 22, 33, 400, 500, 600의 데이터가 있을 때 각각 교집합, 합집합, 차집합을 구해보겠습니다.

02-01 교집합

'&' 기호를 사용하면 교집합을 구할 수 있습니다.

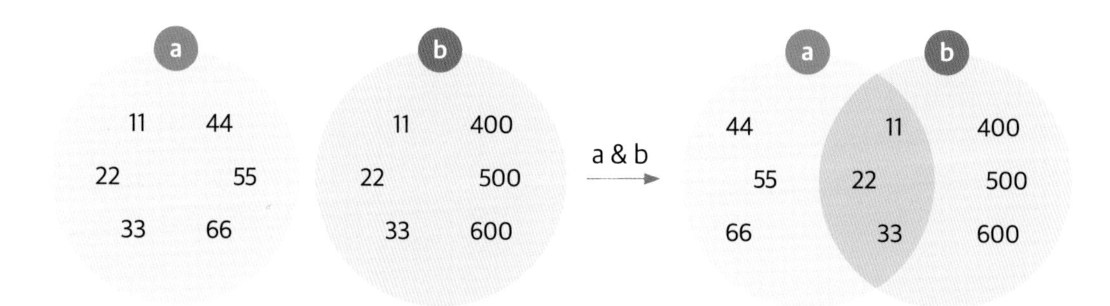

130

실습	`a=set([11, 22, 33, 44, 55, 66])`
	`b=set([11, 22, 33, 400, 500, 600])`
	`print(a & b)`

결과	`{33, 11, 22}`

02-02 합집합

'|' 기호를 사용하면 합집합을 구할 수 있습니다. 중복된 값은 한 번씩만 표시됩니다.

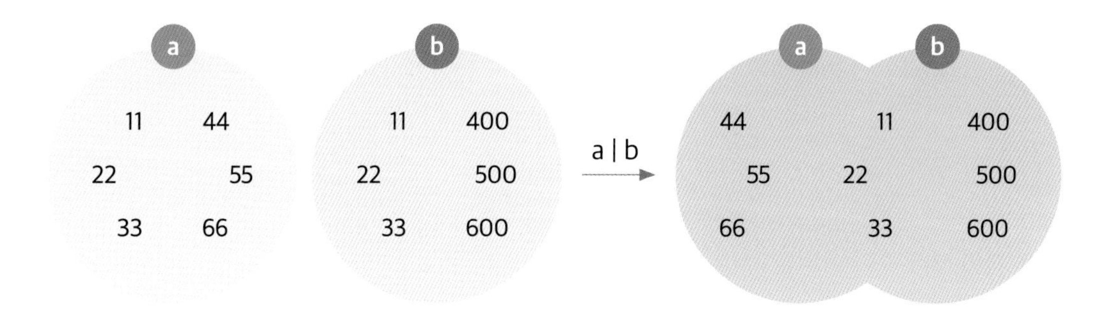

131

실습	`a=set([11, 22, 33, 44, 55, 66])`
	`b=set([11, 22, 33, 400, 500, 600])`
	`print(a | b)`

결과	`{33, 66, 11, 44, 400, 500, 22, 55, 600}`

02-03 차집합

'-' 기호를 사용하면 차집합을 구할 수 있습니다.

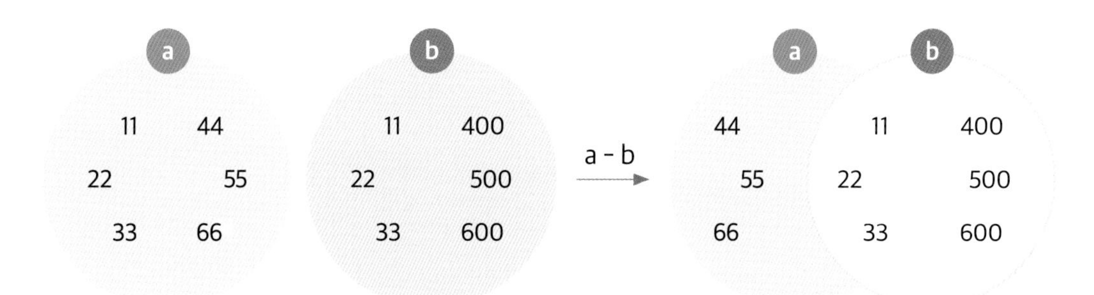

132

실습	`a=set([11, 22, 33, 44, 55, 66])`
	`b=set([11, 22, 33, 400, 500, 600])`
	`print(a - b)`

결과	`{66, 44, 55}`

02-04 set 활용

이미 만들어진 집합 자료형에 값을 추가할 수 있는데 1개만 추가할 때는 add( )를 사용합니다.

133

실습	a=set([11, 22, 33, 44, 55, 66]) a.add(9999) print(a)
결과	{33, 66, 11, 44, 9999, 22, 55}

여러 개의 값을 추가할 때는 update( )를 사용합니다.

134

실습	a=set([11, 22, 33, 44, 55, 66]) a.update([7777, 8888, 9999]) print(a)
결과	{33, 66, 7777, 11, 44, 9999, 22, 55, 8888}

특정한 값을 제거할 때는 remove( )를 사용합니다.

135

실습	a=set([11, 22, 33, 44, 55, 66]) a.remove(11) print(a)
결과	{33, 66, 44, 22, 55}

03 딕셔너리(dictionary)

STEP

딕셔너리(dictionary)는 영어사전이나 국어사전을 생각하면 됩니다. 예를 들어, 'bee:벌'처럼 사전이 단어와 설명하는 내용으로 구성되듯이 파이썬의 딕셔너리는 키(Key)와 값(Value)의 쌍으로 이루어져 있습니다.

••• 참고

dictionary는 키와 값을 갖는 데이터 구조입니다.

문자열, 리스트, 튜플은 숫자로 된 인덱스를 이용해서 값을 조회하지만 딕셔너리는 키를 이용하는 것이 가장 큰 차이점입니다.

03-01 딕셔너리 구조

딕셔너리는 Key와 Value의 쌍 여러 개가 {}(중괄호)로 둘러싸여 있고, 각각의 요소는 Key : Value 형태로 이루어져 있으며, 쉼표(,)로 구분되어 있습니다. 기본적인 모습을 살펴보면 다음과 같습니다.

```
{ Key1 : Value1, Key2 : Value2, Key3 : Value3,... }
```

이름은 '정수현', 전화번호가 '01011112222', 생일이 '1009'인 다음과 같은 정보가 있다고 가정하겠습니다.

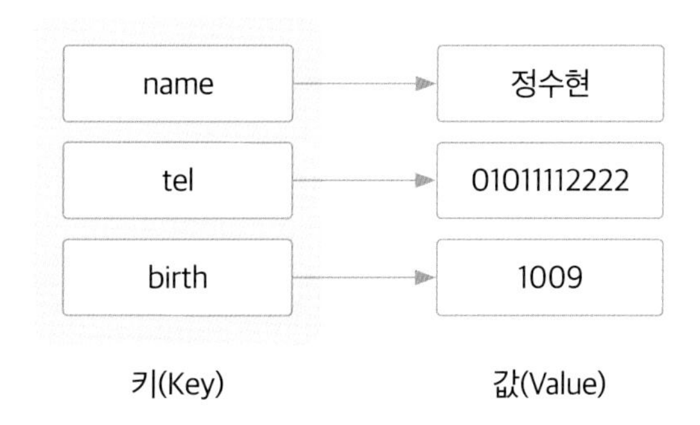

위 정보를 딕셔너리로 표현하면 다음과 같습니다.

136		
실습	`a={'name' : '정수현', 'tel' :'01011112222', 'birth': '1009'}` `print(a)`
결과	`{'name': '정수현', 'tel': '01011112222', 'birth': '1009'}`

요소들을 표시하고자 할 때는 '딕셔너리명[key]' 형태를 사용합니다. Key를 이용하여 Value를 구하는 방법을 살펴보겠습니다. a 딕셔너리가 {'name' : '정수현', 'tel' :'01011112222', 'birth': '1009'}일 때 '정수현'의 Key는 'name'이므로 a['name']으로 나타내면 '정수현'이 표시됩니다. 마찬가지로 a['tel']은 '01011112222'가 표시되고, a['birth']는 '1009'가 표시됩니다. 이처럼 딕셔너리는 Key를 통해 Value를 얻을 수 있습니다.

137		

실습	`a={'name' : '정수현', 'tel' :'01011112222', 'birth': '1009'}`
	`print(a['name'])`
	`print(a['tel'])`
	`print(a['birth'])`

결과	정수현 01011112222 1009

딕셔너리에서 keys( )는 키만 반환하고, values( )는 값만 반환하고, items( )는 키와 값을 반환합니다. 다음 실습을 통해 결과를 확인해 봅니다.

138		

실습	`a={'name' : '정수현', 'tel' :'01011112222', 'birth': '1009'}`
	`print(a.keys())`
	`print(a.values())`
	`print(a.items())`

결과	`dict_keys(['name', 'tel', 'birth'])`
	`dict_values(['정수현', '01011112222', '1009'])`
	`dict_items([('name', '정수현'), ('tel', '01011112222'),`
	`('birth', '1009')])`

03-02 딕셔너리 추가와 삭제

딕셔너리 쌍을 추가하는 방법입니다.

139

실습	a={'name' : '정수현', 'tel' :'01011112222', 'birth': '1009'} a['취미']='골프' print(a)
결과	{'name': '정수현', 'tel': '01011112222', 'birth': '1009', '취미': '골프'}

••• 참고

항목을 추가하는 방법 : 기존에 Key가 존재하면 새로운 값으로 업데이트되고, 존재하지 않으면 새로운 Key가 생성됩니다.

딕셔너리 요소를 삭제하는 방법입니다.

140

실습	a={'name' : '정수현', 'tel' :'01011112222', 'birth': '1009','취미':'골프'} del a['취미'] print(a)
결과	{'name': '정수현', 'tel': '01011112222', 'birth': '1009'}

03-03 딕셔너리 병합

update( )를 이용하여 두 딕셔너리를 병합할 수 있습니다. 이때 겹치는 키가 있으면 파라미터로 전달되는 키 값으로 덮이게 됩니다. 다음 실습을 통해 결과를 확인해 봅니다. 여기서 clear( )를 이용하여 딕셔너리의 모든 값을 초기화할 수 있습니다.

141

실습	a={'name': '정수현', 'birth': '1009', '취미': '골프'} b={'name': '정수현', '자격증': '빅데이터분석기사', '취미': '노래'} a.update(b) print(a)
결과	{'name': '정수현', 'birth': '1009', '취미': '노래', '자격증': '빅데이터분석기사'}

실습	a.clear( ) print(a)
결과	{ }

03-04 딕셔너리 활용

가게에서 상품 이름과 재고량을 딕셔너리에 저장한 후 상품 이름을 입력하여 재고량을 표시하는 프로그램을 작성하려면 어떻게 해야 할까요? 먼저 상품 이름과 재고량을 딕셔너리 형식에 맞게 item={'진라면':5, '육개장':7, '신라면':3, '너구리':5}를 작성한 후에 다음과 같이 실습을 진행해 봅니다.

142

실습	goods={'진라면':5, '육개장':7, '신라면':3, '너구리':5} item=input('상품이름을 입력하세요 : ') print('재고량 : ', goods[item])
결과	상품이름을 입력하세요 : 진라면 재고량 : 5

핵심 요약 SUMMARY

| 1 | 파이썬에서 지원하는 데이터 형

파이썬에서 지원하는 데이터 형에는 기본형인 정수형, 실수형, 불형, 문자열과 확장형인 리스트, 튜플, 딕셔너리, 집합 등이 있습니다.

```
튜플 a=(1, 2, 3)
집합 b=set([1, 2, 3])
딕셔너리 c={'name' : '정수현', 'tel' :'01011112222'}
```

| 2 | 튜플(tuple)

요소를 변경할 수 없기 때문에 보안을 요구하는 데이터를 보호할 수 있으며, ( )로 둘러싸고 값을 바꿀 수 없습니다.

| 3 | 집합(set)

집합에 관련된 것을 쉽게 처리하기 위해 만든 자료형으로 set 키워드를 사용해서 만들 수 있고, 중복을 허용하지 않는 특징으로 종종 자료형의 중복을 제거하기 위한 필터로 사용하기도 합니다.

| 4 | 딕셔너리(dictionary)

키(Key)와 값(Value)의 쌍으로 이루어져 있고, update( )를 이용하여 두 딕셔너리를 병합할 수 있으며, clear( )를 이용하여 딕셔너리의 모든 값을 초기화할 수 있습니다.

연습 문제 EXERCISE

01 다음 중 튜플을 만드는 방법으로 옳은 것은 무엇인가요?

① a=[1,2,3]　② a=(1,2,3)　③ a=1,2,3　④ a={1,2,3}

02 다음과 같은 딕셔너리를 구성하는 프로그램을 작성하세요.

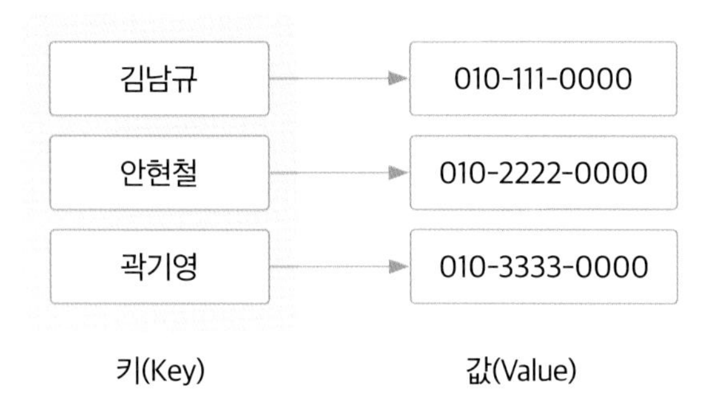

키(Key)　값(Value)

결과	{'김남규': '010-1111-0000', '안현철': '010-2222-0000', '곽기영': '010-3333-0000'}
정답	

03 다음 프로그램의 실행결과를 쓰세요.

문제	word1={'a','b','c','d'} word2={'c','d','e','f'} print(word1 | word2)
결과	

04 s1=set([1, 2, 3, 4, 5, 6])과 s2=set([4, 5, 6, 7, 8, 9])일 때 s1과 s2의 합집합을 구하고 중복을 제외한 요소의 개수를 나타내는 프로그램을 작성하세요.

문제	
결과	{1, 2, 3, 4, 5, 6, 7, 8, 9} 9

05 2개의 튜플 a=(1,2), b=(3,4)가 주어졌을 때 덧셈 연산자를 이용하여 하나의 튜플로 합쳐서 표시하고, 곱셈 연산자를 이용하여 3번 반복하여 표시하세요.

문제	
결과	(1, 2, 3, 4) (1, 2, 3, 4, 1, 2, 3, 4, 1, 2, 3, 4)

힌트 ▸ 튜플은 값을 변경할 수 없습니다.
딕셔너리는 키(Key)와 값(Value)의 쌍으로 이루어져 있습니다.

C H A P T E R

08

제어문

먼저 하나의 문장과 여러 문장에서 if문의 사용법을 익히고, 다양한 조건을 판단하는 elif문을 알아보겠습니다. 그런 다음 while문의 기본 구조, 리스트 사용법, if문과의 사용법을 알아보고 for문, break문, continue문에 대해 학습합니다.

STEP 01 • if문
STEP 02 • while문
STEP 03 • for문

if문

STEP

프로그래밍에서는 제어문을 빼놓고 생각할 수 없을 만큼 제어문은 아주 중요합니다. 또한 처음 프로그래밍을 하는 경우 이해하기 어려워하는 부분이기도 합니다.
우리는 여러 상황에서 판단이라는 것을 하게 되는데 운전을 할 때도 빨간 불이면 멈추어야죠. 이러한 경우를 컴퓨터에게 빨간 불인가요?라고 물어서 yes이면 멈춰!라고 명령을 내릴 수 있습니다. 또는 요리를 할 때 끓기 시작한 지 3분이 될 때까지 컴퓨터에게 계속 끓여!라고 명령을 내릴 수 있습니다.

••• 참고

condition(조건문) : 특정한 조건을 만족하는 경우에만 수행할 작업이 있을 때 사용합니다.

이처럼 컴퓨터가 주어진 조건을 판단하여 필요로 하는 작업을 수행할 수 있는데 그러한 작업을 수행하는 제어문으로 if, while, for 등이 있습니다. 먼저 if문에 대해 살펴보겠습니다.

'만약 ~라면'이라는 의미처럼 if문은 어떤 조건을 판단할 때 사용합니다. 그리고 이 조건의 결과는 참(True) 또는 거짓(False) 두 가지로 나타나게 됩니다. 즉, if 조건문은 조건에 따라 코드를 실행하고 싶을 때 사용하는 것으로 프로그래밍에서 조건을 판단하여 해당 조건에 맞을 경우에 특정한 상황을 수행하는 것입니다.

예를 들어, '비가 오면 우산을 준비하세요.'라는 경우가 있다고 생각해 봅시다. '비가 오나요?'라고 묻고 True(네)이면 '우산을 준비한다.'라는 표현을 순서도로 표시하면 다음과 같습니다. 순서도의 모양 중 마름모는 어떠한 내용을 물어보는 것을 나타냅니다.

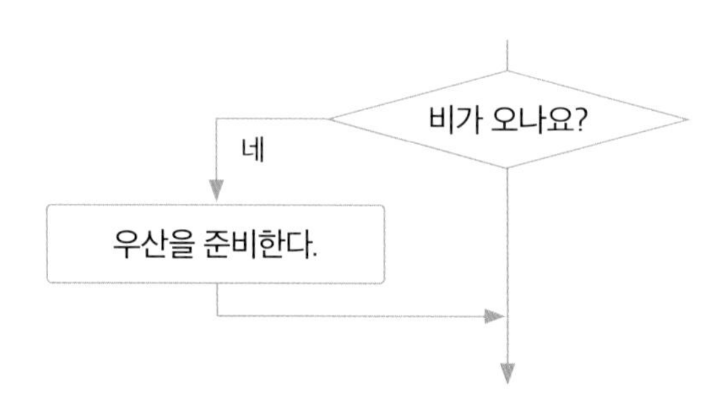

또한 조건에 만족할 경우와 조건에 만족하지 않을 경우 실행해야 문장이 다른 경우가 있습니다. 예를 들어, 점수가 80점 이상이면 합격이고 아니면 불합격을 나타내는 경우가 있다고 가정해 보도록 합니다. 점수에 따라 합격 또는 불합격을 표현해 볼까요? '점수가 80점 이상인가요?'라고 묻고 True(네)이면 합격을 표시합니다. False(아니요)이면 불합격을 표시합니다. 이것을 순서도로 표시하면 다음과 같습니다. 물어보는 부분을 마름모 안에 표시하면 됩니다.

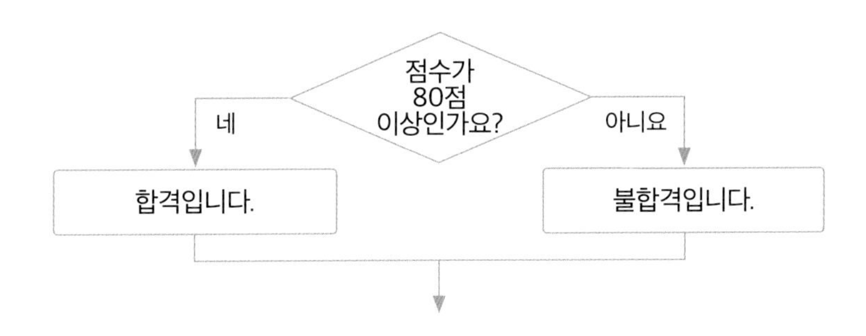

01-01 하나의 문장

순서도로 나타낸 것을 if문으로 나타낼 수 있는데 조건에 만족하면 if문 바로 다음의 문장을 수행하고, 그렇지 않으면 else문 다음의 문장을 수행합니다. if는 '만약에' 또는 '만약에 무엇이라면'이라는 뜻이고, else는 '그렇지 않으면'이라는 뜻입니다. if문의 기본 구조와 순서도입니다.

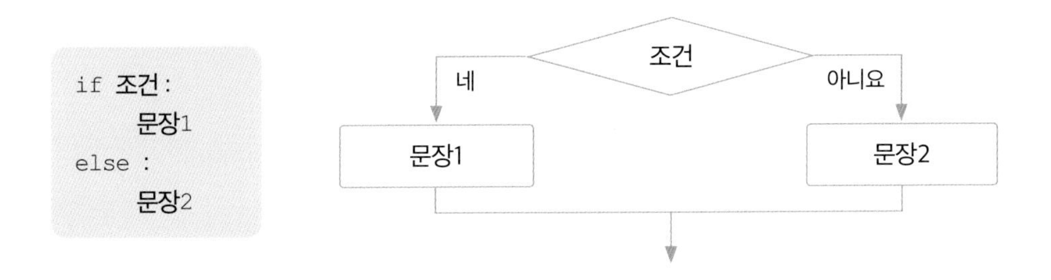

if 조건 뒤에는 반드시 콜론(:)이 들어가고, 문장1은 들여쓰기를 한 후 입력합니다. 파이썬의 문법적인 구조이니 실수하지 않도록 주의합니다.

••• 참고

if문 뒤의 문장의 들여쓰기에 주의하도록 합니다. 처음 파이썬을 하는 경우 많이 실수하는 부분입니다.

다음 예제로 실습해 보겠습니다.

근무년수를 입력받아서 근무년수가 20년 이상인 사원들에게는 특별보너스 50만 원을 지급하고, 그렇지 않은 경우에는 30만 원을 지급하라는 경우는 다음과 같이 나타낼 수 있습니다.

143

실습

```
a=int(input('근무년수를 입력하세요'))
if a >=20:
    b=500000
else:
    b=300000
print('특별보너스 :', b)
```

결과

```
근무년수를 입력하세요 : 25
특별보너스 : 500000
```

이번에는 또 다른 실습예제를 해보려고 합니다.

숫자를 하나 입력받아서 그 숫자가 양수이면 '양수입니다.', 음수이면 '음수입니다.', 0이면 '0입니다.'를 출력하고자 합니다. 다음과 같이 여러 개의 if문을 사용할 수 있고 else는 생략도 가능합니다.

144

실습

```
a=int(input('숫자를 입력하세요 : '))
if a > 0 :
    print('양수입니다.')
if a < 0 :
    print('음수입니다.')
if a == 0:
    print('0입니다.')
```

결과

```
숫자를 입력하세요 : 5
양수입니다.
```

01-02 여러 문장

이번에는 조건에 만족하여 여러 문장이 실행되어야 하는 경우를 살펴보겠습니다. 다음은 여러 문장일 때의 구조와 순서도입니다.

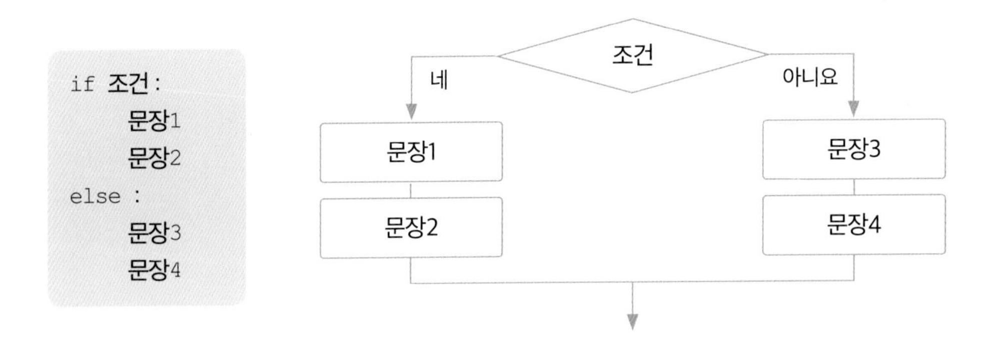

예를 들어, 성적이 90점 이상이면 '합격입니다.', '장학금을 신청할 수 있습니다.'를 출력하고, 아니면 '불합격입니다.', '다음에 다시 도전하세요.'라고 출력하는 예제를 살펴보겠습니다. 들여쓰기에 주의하여 입력하도록 합니다.

145

실습

```
a=int(input('점수를 입력하세요 : '))
if a >= 90 :
    print('합격입니다.')
    print('장학금을 신청할 수 있습니다.')
else :
    print('불합격입니다.')
    print('다음에 다시 도전하세요.')
```

결과

```
점수를 입력하세요 : 95
합격입니다.
장학금을 신청할 수 있습니다.
```

입력된 숫자가 짝수인 경우에는 '짝수'를 출력하고, 홀수인 경우에는 '홀수'를 출력합니다. 짝수는 숫자를 2로 나누어서 나머지가 0일 경우로 판단할 수 있는데 이때 나머지 연산자 %를 이용합니다.

146

실습

```
a=int(input('숫자를 입력하세요 : '))
if a % 2 == 0 :
    print('짝수')
else :
    print('홀수')
```

결과

```
숫자를 입력하세요 : 10
짝수
```

01-03 elif

elif는 다양한 조건을 판단하는 데 사용합니다. elif는 if와 else 사이에 입력하고 다음과 같은 형태로 사용합니다.

```
if 조건1:
    문장1_1
    문장1_2
    …
elif 조건2:
    문장2_1
    문장2_2
    …
elif 조건3:
    문장3_1
    문장3_2
    …
:
else :
    문장n_1
    문장n_2
    …
```

점수를 이용하여 학점을 구하는 예제를 if~elif~else를 이용하여 살펴보겠습니다. 여기서 문법적으로 if, elif, else 끝에 콜론(:)을 붙인다는 것과 다음 줄에는 반드시 들여쓰기를 한다는 것이 중요합니다.

147

실습

```
jum=int(input('점수를 입력하세요 : '))
if jum >= 90:
    print('A학점')
elif jum >= 80:
    print('B학점')
elif jum >= 70:
    print('C학점')
elif jum >= 60:
    print('D학점')
else :
    print('과락')
```

결과

```
점수를 입력하세요 : 95
A학점
```

••• 참고

들여쓰기에 주의하도록 합니다. 처음 파이썬을 하는 경우 많이 실수하는 부분입니다.

if문과 논리 연산자를 사용하여 입력받은 나이가 8세 이하이거나 60세 이상이면 '입장료가 무료입니다.'를 출력하고, 아니면 '입장료 5,000원입니다.'를 출력하겠습니다. 여기서 조건이 '~이거나'로 연결되므로 or를 같이 사용합니다.

148

실습

```
a=int(input('나이를 입력하세요 : '))
if a <=8 or a>=60 :
    print('입장료가 무료입니다.')
else :
    print('입장료 5,000원입니다.')
```

결과

```
나이를 입력하세요 : 15
입장료 5,000원입니다.
```

참고로 조건을 판단하기 위해 사용하는 논리 연산자에는 and, or, not이 있습니다.

- a or b # a와 b 둘 중에 하나라도 참이면 참이다.
- a and b # a와 b 둘 모두 참이어야 참이다.
- not a # a가 참이면 결과는 거짓이고, a가 거짓이면 결과는 참이다.

••• 참고

우선순위 : NOT> AND> OR

만약 입력된 나이가 20 이상이고 30 이하이면 '입장가능합니다.'를 출력하고, 아니면 '입장불가입니다.'를 출력하겠습니다. 여기서 조건이 '~이고'로 연결되므로 and를 같이 사용합니다.

149

실습

```
a=int(input('나이를 입력하세요 : '))
if a >= 20 and a <= 30:
    print('입장가능합니다.')
else :
    print('입장불가입니다.')
```

결과

```
나이를 입력하세요 : 25
입장가능합니다.
```

만약 if a==111 or b=222 and c=333:의 명령이 있다면 어느 부분이 먼저 실행될까요? and가 우선순위가 더 높아서 b=222 and c=333 부분이 먼저 실행되어 False가 되고, a==111과 or 연산을 하면 결과가 True가 됩니다.

150

실습	a=111 b=222 c=330 if a==111 or b==222 and c==333: print('우선순위 실습')
결과	우선순위 실습

not에 대한 실습입니다. not a==10의 의미는 a가 10과 같지 않으면 print('not 실습') 명령이 실행됩니다.

151

실습	a=9 if not a == 10: print('not 실습')
결과	우선순위 실습

if 구문의 3가지 형태를 다시 한 번 살펴보겠습니다.

```
if ~ 구문
if ~ else ~ 구문
if ~ elif ~ else ~ 구문
```

••• 참고

if문의 다양한 형태를 인지하고 상황에 맞게 사용하면 됩니다.

while문

STEP

while문은 조건식을 판별하여 조건이 참이면 명령을 계속 반복하고, 아니면 반복문을 끝냅니다.

02-01 기본 구조

기본 구조를 살펴보면 다음과 같습니다. while 다음 줄에 오는 문장은 반드시 들여쓰기가 되어야 합니다. 처음 파이썬을 공부하는 경우에 오류가 많이 나는 부분이니 꼭 주의하기 바랍니다.

```
초기식
while 조건식 :
    반복할 문장
    반복할 문장
    변화식
    :
```

••• 참고

while문은 특정한 조건을 만족하는 경우에 수행하며 반복을 멈추게 하는 장치가 필요합니다.

while문을 이용하여 '안녕하세요?'를 5번 출력하겠습니다.

152

실습

```
i=0
while (i < 5):
    print(i, '안녕하세요?')
    i+=1
```

결과

```
0 안녕하세요?
1 안녕하세요?
2 안녕하세요?
3 안녕하세요?
4 안녕하세요?
```

먼저 while문에 사용할 변수 i에 0을 할당합니다. 그리고 while에 조건식(i<5)을 지정하고 반복할 코드 안에 변화식(i+=1)을 지정합니다. 만약 변화식(i+=1)을 지정하지 않으면 계속 실행되어 무한 루프가 되니 주의합니다. i=i+1을 i+=1로 나타냅니다. i+=1은 i에 저장된 값에 1을 더하여 다시 i에

저장하라는 뜻으로 이렇게 하면 i값이 1만큼 커지는 효과를 얻을 수 있습니다. i+=1은 변수 i값을 1씩 증가시켜 주라는 뜻입니다.

1부터 10까지 합을 계산하는 것을 while문을 이용하여 나타내 보겠습니다.

153

실습

```
i=1
s=0                  # 합계를 구하는 변수, 처음 값은 0입니다.
while i<=10:          # i가 10보다 작거나 같은 동안 실행합니다.
    s=s+i             # s에 i를 누적합니다.
    i+=1              # i에 1을 더합니다.
print('합계 : ', s)    # s를 출력합니다.
```

결과

```
합계 :  55
```

••• 참고

while의 조건식을 이용하여 일정한 동작을 반복적으로 수행할 수 있습니다.

02-02 리스트 사용

while문을 이용하여 리스트의 내용을 출력해 보도록 하겠습니다. i는 인덱스로 사용되며 리스트에서 인덱스는 0부터 시작하므로 초깃값 0을 할당했습니다. len(a)는 리스트 요소의 개수입니다. 다음 실습을 통해 결과를 확인해 봅니다.

154

실습

```
a=[32, 91, 29, 50, 10, 9, 6, 1]
i=0
while i < len(a):
  print(i, ':',a[i])
  i+=1
```

결과

```
0 : 32
1 : 91
2 : 29
3 : 50
4 : 10
5 : 9
6 : 6
7 : 1
```

02-03 if문과 사용

이번에는 while문과 if문을 같이 사용하여 리스트의 값이 20보다 큰 경우에만 출력하는 프로그램을 작성해 보도록 하겠습니다. a[i]의 값이 20보다 큰 경우에만 print 문장이 수행됩니다. i+=1은 while 안에서 항상 수행되어야 하므로 들여쓰기에 주의하여 프로그램을 작성합니다. 다음 실습을 통해 결과를 확인해 봅니다.

155

실습

```
a=[32, 91, 29, 50, 10, 9, 6, 1]
i=0
while i < len(a):
  if(a[i]>20):
        print(i, ':',a[i])
  i+=1
```

결과

```
0 : 32
1 : 91
2 : 29
3 : 50
```

추가적으로 a 리스트의 값 중에서 홀수만 출력하려면 어떻게 해야 할까요? 홀수는 값을 2로 나누어 나머지가 1이면 홀수라고 판단하게 되며 % 연산자를 사용하면 됩니다. 즉, a[i] % 2 ==1을 이용하여 프로그램을 작성하면 다음과 같습니다.

156

실습

```
a=[32, 91, 29, 50, 10, 9, 6, 1]
i=0
while i < len(a):
  if a[i] % 2 ==1:
        print(i, ':',a[i])
  i+=1
```

결과

```
1 : 91
2 : 29
5 : 9
7 : 1
```

1부터 100까지 더하는 프로그램을 작성해 보겠습니다. num에 초깃값 1을 할당하고 num을 hap에 누적시켜서 이것을 num이 100이 될 때까지 반복하면 됩니다. 다음 실습을 통해 결과를 확인해 봅니다.

157

실습	`num=1`
	`hap=0`
	`while num<=100:`
	`    hap+=num`
	`    num+=1`
	`print(hap)`

결과	5050

STEP 03 for문

for 명령어는 많이 사용되는 부분이니 꼭 이해하기 바랍니다. for 명령어는 '~ 동안 반복하여 실행하기'입니다.

03-01 range

다양한 사용 방법이 있지만 먼저 range와 함께 사용하는 방법을 살펴보겠습니다. for문은 range에 반복할 횟수를 지정하고 끝에 콜론(:)을 입력합니다. for 다음 줄에 오는 반복할 문장은 들여쓰기를 해줍니다.

```
for 변수 in range(횟수) :
    문장1
    문장2
    :
```

••• 참고

for문은 매우 다양하게 사용되니 기본 구조를 꼭 익혀둡니다.

이때 주의할 점은 for문에서 마지막에 콜론(:)을 빠뜨리지 않았는지, for 다음 문장에 들여쓰기를 제대로 했는지 확인합니다.

이제 for문으로 '안녕하세요?'를 5번 출력해 보겠습니다.

158

실습

```
for i in range(5) :
    print(i, '안녕하세요?')
```

결과

```
0 안녕하세요?
1 안녕하세요?
2 안녕하세요?
3 안녕하세요?
4 안녕하세요?
```

'for i in range(5) :'은 명령 아래의 들여쓰기 된 부분을 5번 반복하라는 뜻입니다.
range(5)와 같이 지정하면 0부터 4까지 숫자 5개를 생성합니다. for문은 range에서 in으로 숫자를 하나씩 꺼내어 변수 i에 저장하고 print( )를 실행합니다. 즉, 숫자를 5번 꺼내면서 print문을 실행하므로 '안녕하세요?'가 5번 출력되는 것입니다.

range에서 시작하는 숫자와 끝나는 숫자를 지정해서 반복할 수 있습니다.

```
for 변수 in range(시작, 끝) :
    문장1
    문장2
    :
```

5부터 10까지 반복하여 표시해 볼까요? 'for i in range(5,11) :'과 같이 지정하면 5부터 10까지가 나오고 6번 반복됩니다. 마지막 숫자는 range의 끝나는 숫자보다 1이 작다는 것에 주의해야 합니다.

159

실습	`for i in range(5,11) :` `    print(i, '안녕하세요?')`
결과	5 안녕하세요? 6 안녕하세요? 7 안녕하세요? 8 안녕하세요? 9 안녕하세요? 10 안녕하세요?

range는 증가폭을 지정해서 해당 값만큼 숫자를 증가시킬 수 있습니다.

```
for 변수 in range(시작, 끝, 증가폭) :
    문장1
    문장2
    :
```

0부터 9까지 숫자 중에서 짝수만 출력해 보겠습니다. range(0,10,2)의 의미는 0부터 2씩 증가해 가면서 10보다 작을 때까지 진행합니다. 즉, 0, 2, 4, 6, 8이 나오고 10은 포함되지 않고 멈추게 됩니다.

160

실습	`for i in range(0,10,2) :` `    print(i)`
결과	0 2 4 6 8

만약 range(10,0,-2)로 하면 어떻게 될까요? 10부터 2씩 감소해서 10, 8, 6, 4, 2까지 반복하게 됩니다.

161

실습	`for i in range(10,0,-2) :` `    print(i)`
결과	10 8 6 4 2

구구단의 단을 사용자로부터 입력받아서 구구단을 출력해 보겠습니다.

162

실습	`a=int(input('몇 단을 출력할까요? '))`
	`for i in range(1, 10) :`
	`    print( a, '*', i, '=', a*i)`

결과	몇 단을 출력할까요? 2 2 * 1 = 2 2 * 2 = 4 2 * 3 = 6 2 * 4 = 8 2 * 5 = 10 2 * 6 = 12 2 * 7 = 14 2 * 8 = 16 2 * 9 = 18

03-02 리스트와 사용

for문은 리스트와 사용하여 반복할 수 있습니다. for에 range 대신에 리스트를 넣으면 리스트의 요소를 꺼내면서 반복합니다. 리스트의 값들이 숫자인 경우를 살펴보면 다음과 같습니다.

163

실습	`a=[10, 20, 30, 40, 50]`
	`for i in  a:`
	`    print(i)`

결과	10 20 30 40 50

리스트의 값들이 문자열인 경우도 리스트의 요소들을 꺼내면서 반복하게 됩니다.

164

실습	`a=['red', 'blue', 'yellow', 'green']`
	`for i in  a:`
	`    print(i)`

결과	red blue yellow green

다음 실습예제는 1부터 10까지의 숫자의 합계를 구하는 프로그램입니다.
숫자를 계속 더하려면 더한 결과를 저장할 변수가 필요한데 여기서는 s라는 변수를 사용했고 숫자를 더하기 전에 s값을 0으로 지정했습니다. i값이 1부터 10까지 계속 변하므로 for문은 range(1,11)과 같이 적어야 합니다. s+=i, 즉 s=s+i는 지금까지 더한 합에 i값(반복할 때마다 1씩 증가)을 더해 그 값을 다시 s에 저장하라는 문장입니다. 바로 이곳에서 실제로 덧셈이 되고 저장됩니다. 그리고 for문이 끝나고 s값을 출력합니다.

165

실습	`s=0`
	`for i in range(1,11):`
	`  s+=i`
	`print('1~10까지 합 : ', s)`

결과	1~10까지 합 : 55

for문을 이용하여 문자열 '첫 단계가 언제나 가장 힘들다'를 사용자로부터 직접 입력받고 입력받은 문자를 세로로 출력하는 경우를 살펴보겠습니다. for i in word:에서 입력받은 문자열(word)의 한 글자씩 i에 넘겨주고 그것을 인쇄하는 것을 반복하고 있습니다. print문을 한 번 만날 때마다 인쇄하고 줄을 바꾸기 때문에 세로로 인쇄가 되는 효과를 가져올 수 있습니다.

166

실습

```
word=input('문장을 입력하세요 : ')

for i in word:
  print(i)
```

결과

```
첫

단
계
가

언
제
나

가
장

힘
들
다
```

03-03 암호문 작성

조금 응용해서 for문을 이용하여 암호문을 작성해 보도록 하겠습니다. 암호문이라고 해서 매우 어려운 것이 아니라 예를 들어, 'I LOVE YOU' 문자열을 +1을 하여 'J MPWF ZPV'라고 하면 타인이 무슨 뜻인지 모르게 되죠? 이것을 받은 사람이 -1을 해서 보면 원래 문장의 의미를 확인해 볼 수 있습니다. 이렇게 암호 방식을 안다면 원문의 뜻을 알 수 있습니다. 이제 응용해 볼까요? 암호 방식은 문자들의 코드를 1씩 증가시키는 것입니다. 'delab 연구실' 문장이 있을 때 문자를 하나씩 ord( ) 함수를 이용하여 아스키(ASCII) 코드값으로 바꾼 후 1씩 증가시키고 chr( ) 함수를 이용하여 문자로 바꾸어 표시하면 'efmbc!옆국싎'이 됩니다. 어때요? 무슨 뜻인지 모르는 암호문이 탄생되었습니다.

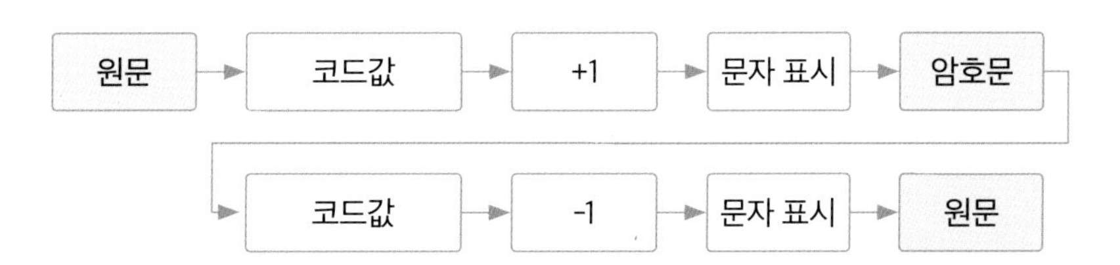

직접 구현된 암호문 만들기 예제를 살펴보면 다음과 같습니다.

167

실습

```
# 암호문 만들기
원문='delab 연구실'
암호문=' '
for i in 원문:          # 원문의 모든 글자에 대해 반복한다.
    x=ord(i)             # 글자의 코드값 구하기
    x=x+1                # 코드값을 1씩 증가한다.
    y=chr(x)             # 증가된 코드값에 해당하는 문자를 구한다.
    암호문=암호문+y      # 암호문에 추가한다.
print(암호문)            # 암호문을 출력한다.
```

결과

```
efmbc!옍국싥
```

이 암호문을 해독하려면 어떻게 해야 할까요? 1씩 증가된 코드값을 1씩 감소시켜서 처리하면 해독문이 만들어집니다.

168

실습

```
# 해독하기
원문=' '
암호문='efmbc!옍국싥'
for i in 암호문:        # 암호문의 모든 글자에 대해 반복한다.
    x=ord(i)             # 글자의 코드값 구하기
    x=x-1                # 코드값을 1씩 감소한다.
    y=chr(x)             # 감소된 코드값에 해당하는 문자를 구한다.
    원문=원문+y          # 원문에 추가한다.
print(원문)              # 원문을 출력한다.
```

결과

```
delab 연구실
```

03-04 break

반복문을 진행하면서 중간에 멈추고자 할 때는 어떻게 해야 할까요? 실행 중인 반복문은 중간에 종료시킬 수 있고 반복문 내부에 존재하는 명령어들을 건너뛸 수 있습니다.
먼저 반복문에서 반복을 종료하고 루프를 빠져나가고 싶은 경우에는 break 명령을 사용하여 루프를 중단합니다. 예를 들어, 다음 예제를 보면 i가 5이면 break를 실행하여 루프문을 빠져나가게 됩니다.

169		

	실습	for i in range(10):
		  if i==5:
		    break
		  print(i)
		print('end')

	결과	0 1 2 3 4 end

03-05 continue

continue 명령은 break 명령과 다르게 남은 명령을 건너뛰고 다음 반복문을 수행합니다. i가 5이면 다음 문장을 수행하지 않고 바로 i=6인 상태로 진행하게 됩니다.

170		

	실습	for i in range(10):
		  if i==5:
		    continue
		  print(i)
		print('end')

	결과	0 1 2 3 4 6 7 8 9 end

••• 참고

반복문 안에 반복문이 있는 구조를 중첩 반복문이라고 합니다.

03-06 다양한 활용

list(range(11))을 이용하면 1부터 10까지의 리스트를 생성할 수 있고, list(range(5,100,5)를 이용하면 1부터 100까지의 5의 배수로 이루어진 리스트를 생성할 수 있습니다.

171

실습

```
a=list(range(11))
b=list(range(5,100,5))
print(a)
print('------')
print(b)
```

결과

```
[0, 1, 2, 3, 4, 5, 6, 7, 8, 9, 10]
------
[5, 10, 15, 20, 25, 30, 35, 40, 45, 50, 55, 60, 65, 70, 75,
80, 85, 90, 95]
```

딕셔너리의 경우에는 기본적으로 Key값만을 참조하게 됩니다.

172

실습

```
a={'name' : '정수현', 'tel' :'01011112222', 'birth': '1009'}
for key in a:
    print(key)
```

결과

```
name
tel
birth
```

values( ) 함수를 이용하면 Value값만 표시할 수 있습니다.

173

실습

```
a={'name' : '정수현', 'tel' :'01011112222', 'birth': '1009'}
for value in a.values():
    print(value)
```

결과

```
정수현
01011112222
1009
```

items( ) 함수를 이용하면 tuple 형태로 Key, Value를 표시할 수 있습니다.

174		
	실습	a={'name' : '정수현', 'tel' :'01011112222', 'birth': '1009'} for key, value in a.items(): print(key, value)
	결과	name 정수현 tel 01011112222 birth 1009

enumerate( ) 함수를 이용하면 리스트에서 인덱스와 값을 모두 표시할 수 있습니다.

175		
	실습	a=[32, 11, 29, 55, 10, 9, 6, 1] for i, val in enumerate(a): print(i, val)
	결과	0 32 1 11 2 29 3 55 4 10 5 9 6 6 7 1

••• 참고

values( ) 함수를 이용하면 Value값만 표시할 수 있습니다. items( ) 함수를 이용하면 tuple 형태로 Key, Value를 표시할 수 있고, enumerate( ) 함수를 이용하면 리스트에서 인덱스와 값을 모두 표시할 수 있습니다.

핵심 요약 SUMMARY

| 1 | if문

if는 '만약에' 또는 '만약에 무엇이라면'이라는 뜻이고, else는 '그렇지 않으면'이라는 뜻입니다.

형식 : if~else~, if~elif~else~

| 2 | while문

while문은 조건식을 판별하여 조건이 참이면 명령을 계속 반복하고, 아니면 반복문을 끝냅니다.

```
초기식
while 조건식 :
    반복할 문장
    반복할 문장
    변화식
    :
```

| 3 | for문

for 명령어는 '~ 동안 반복하여 실행하기'입니다.

형식 :

for i in range(횟수) :

for i in range(시작, 끝) :

for i in range(시작, 끝, 증가폭) :

| 4 | break 명령

break는 루프문을 빠져나가는 명령입니다.

| 5 | continue 명령

Continue는 남은 명령을 건너뛰고 다음 반복문을 수행합니다.

연습 문제 EXERCISE

01 다음 프로그램의 실행결과를 쓰세요.

<table>
<tr><td>문제</td><td>

```
num=0
i=1

while i<10:
  if i%3==0:
    break
  i+=1
  num+=i
print(num)
```

</td></tr>
<tr><td>결과</td><td></td></tr>
</table>

02 1부터 10까지의 짝수의 합을 구하는 프로그램을 작성하세요.

<table>
<tr><td>문제</td><td></td></tr>
<tr><td>결과</td><td>

```
2 4 6 8 10
짝수 합 :  30
```

</td></tr>
</table>

03 for문을 이용하여 다음과 같은 별을 표시하는 프로그램을 작성하세요.

문제	
결과	* ** *** **** ***** ****** ******* ******** *********

04 3개의 숫자를 입력받아서 가장 작은 숫자를 표시하는 프로그램을 작성하세요.

문제	
결과	숫자1를 입력하세요 : 10 숫자2를 입력하세요 : 20 숫자3을 입력하세요 : 30 최솟값 : 10

05 키보드로 비밀번호를 입력받아서 그 비밀번호가 맞는지 확인하는 프로그램을 작성하세요.

문제	
결과	비밀번호를 입력하세요 : 12345 비밀번호가 맞습니다.

06 a=[32, 11, 29, 55, 10, 9, 6, 1]의 내용이 주어졌을 때 while, if, break를 이용하여 리스트의 값을 표시하는데 리스트의 값이 50보다 큰 값이 나오면 바로 loop문을 종료하는 프로그램을 작성하세요.

문제	
결과	0 : 32 1 : 11 2 : 29

07 다음과 같이 코드를 작성했을 때 실행결과로 옳은 것은 무엇인가요?

```
n=0
i=1
while i< 10:
  if i%3==0:
    break
  i+=1
  n+=1
print(n)
```

① 1　　② 2　　③ 3　　④ 10

08 a=[32, 11, 29, 55, 10, 9, 6, 1]에서 while문을 이용하여 합계와 평균을 구하는 프로그램을 작성하세요.

문제	
결과	합계 : 153 평균 : 19.125

09 사용자로부터 구구단의 몇 단을 표시할지 입력받은 후에 해당 구구단을 표시하는 프로그램을 작성하여 다음과 같은 결과가 나오도록 하세요.

문제	
결과	구구단 몇 단을 계산할까요? : 3 - 3 단- 3 * 1 = 3 3 * 2 = 6 3 * 3 = 9 3 * 4 = 12 3 * 5 = 15 3 * 6 = 18 3 * 7 = 21 3 * 8 = 24 3 * 9 = 27

10 **사용자로부터 정수를 입력받아서 짝수이면 그 1부터 숫자까지의 합을 구하고, 홀수이면 숫자!(계승)을 구하는 프로그램을 작성하세요.**

문제	
결과	숫자를 입력하세요 : 10 55 숫자를 입력하세요 : 11 39916800

힌트 ▸ if, elif, else, while, for 끝에 콜론(:)을 붙입니다.
continue는 남은 명령을 건너뛰고 다음 반복문을 수행합니다.
values( ) 함수를 이용하면 Value값만 표시할 수 있습니다.
items( ) 함수를 이용하면 tuple 형태로 Key, Value를 표시할 수 있습니다.
enumerate( ) 함수를 이용하면 리스트에서 인덱스와 값을 모두 표시할 수 있습니다.

CHAPTER

09

함수

함수의 개념을 알아보고 내장 함수와 사용자 함수에 대해 학습한 다음 함수를 호출할 때 값을 전달하는 매개변수와 인수에 대해 알아보고 람다 함수에 대해 학습합니다.

STEP 01 함수의 개념

프로그램을 작성할 때 비슷한 기능이 여러 번 반복하여 사용되는 경우가 있습니다. 이처럼 특별하게 반복되는 프로그램 일부를 함수로 정의해서 그 기능이 필요할 때마다 불러서 사용할 수 있습니다. 함수는 특정한 명령들을 별도로 마련하여 필요할 때마다 사용하는 것으로 해당 함수 이름을 부를 때마다 실행됩니다. 함수는 파이썬 자체에서도 제공하지만 사용자가 직접 만들어서 사용할 수도 있습니다.

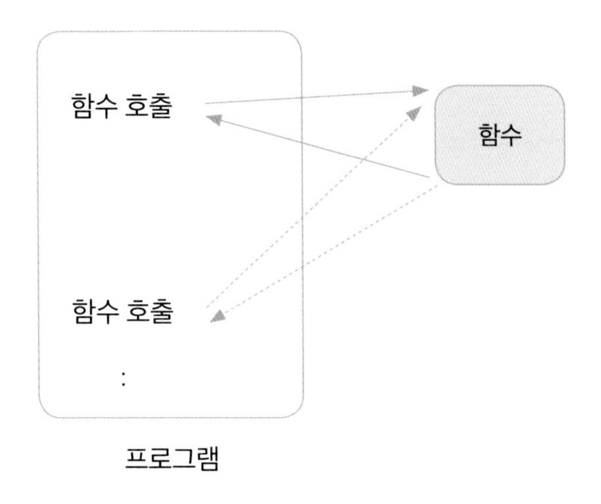

••• 참고

함수는 코드의 묶음이라고 생각하면 됩니다. 함수를 만들어 두면 반복적으로 수행해야 할 업무에 필요할 때마다 호출하여 사용할 수 있습니다.

함수를 사용하는 이유는 무엇일까요?

프로그램은 점점 방대해지고 복잡해지고 있습니다. 그래서 프로그램을 이해하기 쉽고, 관리하기 쉽도록 작은 조각으로 나누어서 조직화할 필요가 있는데 그러한 방법 중 하나가 함수로 처리하는 것입니다.
함수는 반복적으로 사용하는 코드를 묶어서 관리합니다. 하나의 큰 프로그램을 여러 부분으로 나누어 주기 때문에 같은 함수를 여러 상황에서 여러 차례 호출할 수 있으며 일부분을 수정하기 쉽다는 장점이 있습니다.

함수는 크게 내장 함수와 사용자 함수로 나누어 볼 수 있습니다.

01-01 내장 함수

내장 함수는 함수의 기능이 파이썬 자체에 내장되어 있는 함수로 print( ), input( ), int( ) 등 지금까지 사용해 온 함수들입니다. 대표적인 내장 함수들을 살펴보면 다음 표와 같습니다.

내장 함수	기능
print()	화면에 데이터 값을 표시
input()	키보드를 통해 데이터를 입력받음
range()	정수의 범위를 설정
list()	리스트를 생성
abs()	숫자의 절댓값
len()	문자열의 길이
int()	정수형 숫자로 변환
float()	실수형 숫자로 변환
:	:

예를 들어, print('컴퓨터')라고 하면 괄호 안에 있는 내용이 화면에 출력됩니다. print( ) 함수의 내부에서 어떤 일이 일어났는지 알지 못하는데 단지 무엇을 괄호 안에 입력하면 그 내용을 화면에 출력해 주는 기능을 합니다.

01-02 사용자 함수

커피 자판기를 예로 들어보겠습니다. 손님이 왔을 때 커피 한 잔을 내놓기 위해서는 많은 준비가 필요합니다. 순서를 나열해 볼까요? 커피를 주문받는다. → 뜨거운 물을 준비한다. → 컵을 준비한다. → 커피를 탄다. → 물을 붓는다. → 스푼으로 젓는다. → 커피를 전달한다. 늘상 마시는 커피이지만 순서를 나열해 보니 이러한 과정이 필요합니다. 이것을 컴퓨터에게 명령을 내리면 손님들의 방문이 이어질 때 이 과정을 계속 반복해야 합니다. 그래서 커피 자판기를 준비했습니다. 그러면 손님에게 주문을 받은 후 커피 자판기 버튼을 눌러서 커피가 나오면 손님에게 가져다 주면 됩니다. 커피 자판기 내부의 동작 과정을 몰라도 사용자가 버튼을 누르면 바로 원하는 커피가 나온다는 사실만 알고 있으면 커피 자판기를 사용하는 데 아무 문제가 없습니다. 따라서 처음에만 신경 써서 커피 자판기를 잘 만들어 놓으면 누구나 내부의 동작 과정은 몰라도 편리하게 사용할 수 있습니다. 이러한 커피 자판기를 함수라고 생각하면 됩니다.

커피 자판기처럼 반복적으로 코딩해야 할 내용을 함수로 만들어 두면 필요할 때마다 바로 가져다 사용할 수 있어서 편리합니다. 내장 함수는 파이썬에서 제공하는 함수이고, 이와 별개로 사용자가 직접 함수를 만들어서 사용할 수 있는데 이것을 사용자 함수라고 합니다. 그러면 지금부터 함수를 만들어 보겠습니다.
사용자 함수에서는 def를 이용하여 함수를 정의할 수 있습니다. def는 'define, 즉 정의하다'라는 의미입니다.

01-03 함수 구조

파이썬 함수의 구조는 다음과 같습니다.

```
def 함수 이름( ) :
    수행할 문장1
    수행할 문장1
    ......
들여쓰기
```

••• 참고

- 함수를 정의할 때 최초에 def 키워드를 사용합니다.
- 들여쓰기 된 부분까지 함수의 코드 블록으로 인지합니다.

def는 함수를 만들 때 사용하는 예약어이며 함수 이름은 함수를 만드는 사람이 임의로 만들 수 있습니다. def 명령어 다음 줄은 들여쓰기 블록입니다. 콜론(:) 이후부터 들여쓰기 한 블록의 끝까지가 함수의 내용입니다. '안녕하세요.'를 출력하는 hi( ) 함수를 만들고 호출해 보도록 하겠습니다. 이 실습예제에서는 hi( )를 2번 호출했으므로 '안녕하세요.'가 2번 출력됩니다.

176

실습

```
def hi( ):                    # 함수 정의
    print('----------')
    print('안녕하세요.')
    print('----------')


print('* 파이썬.')
hi( )                         # 함수 호출
print('* 함수 실습')
hi( )                         # 함수 호출
```

결과

```
* 파이썬.
----------
안녕하세요.
----------
* 함수 실습
----------
안녕하세요.
----------
```

••• 참고

함수의 이름은 어떤 기능을 하는 함수인지 최대한 나타날 수 있도록 합니다.

정의한 함수를 100번 호출해 볼까요? 이처럼 함수를 한 번 정의해 놓으면 몇 번이든 함수를 호출하여 실행시킬 수 있습니다.

177

실습

```
def hi( ):                    # 함수 정의
    print('안녕하세요?')

for i in range(100):
  hi( )                       # 함수 호출
```

결과

```
안녕하세요?
안녕하세요?
안녕하세요?
안녕하세요?
:
:
:
안녕하세요?
```

02 STEP 매개변수와 인수

함수를 호출할 때 값을 전달할 수 있는데 이러한 값을 '매개변수'라고 합니다. 함수가 실행을 종료하면서 값을 반환할 수 있으며, 값을 반환하기 위해서는 return 오른쪽에 반환할 값을 위치시키게 됩니다.

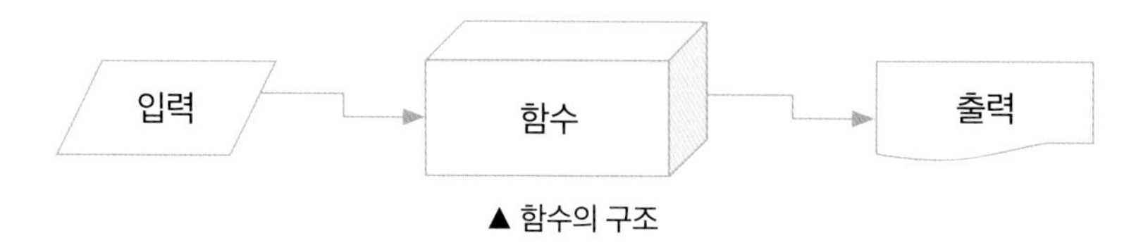

▲ 함수의 구조

02-01 매개변수

매개변수는 함수의 괄호 안에 쓰며, 이것은 함수에 입력으로 전달되는 값을 받는 변수입니다. 함수에서 최종적으로 나오는 결괏값은 리턴값이라고 합니다.

예를 들어, 함수의 이름은 add( )이고 2개의 값을 받아서 덧셈한 결과를 돌려주는 함수는 오른쪽과 같이 만들 수 있습니다.

```
def add(a, b):
    c=a+b
    return c
```

직접 함수를 호출하여 사용해 보도록 하겠습니다. 5와 4의 인수를 가지고 add( ) 함수를 호출하여 덧셈한 결과를 돌려받는 것을 구현해 보겠습니다.

178

실습

```
def add(a,b):             # 함수 정의
    c=a+b
    return c

result=add(5, 4)         # 함수 호출
print(result)
```

결과

```
9
```

••• 참고

return은 기본적으로 함수의 종료를 명시합니다.

다시 한 번 살펴보면 매개변수는 함수에 입력으로 전달된 값을 받는 변수를 의미하고, 인수는 함수를 호출할 때 전달하는 입력값을 의미합니다.

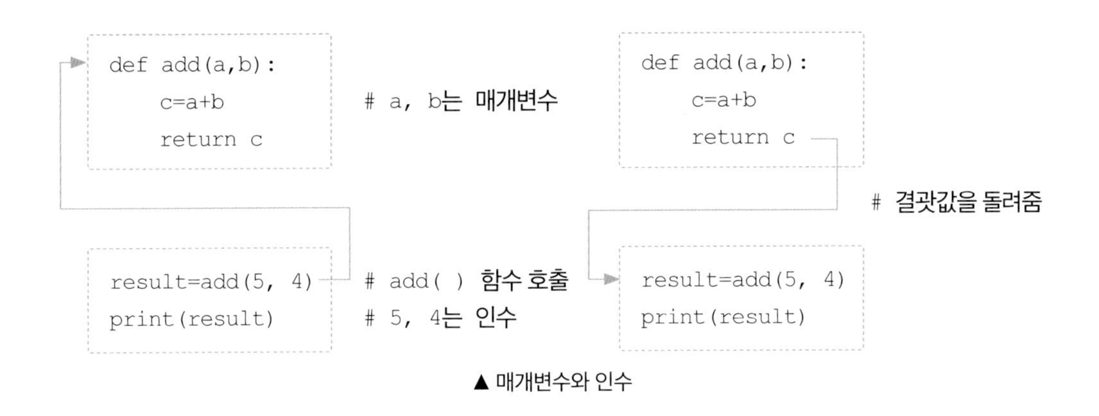

▲ 매개변수와 인수

1~10, 1~100, 1~1000까지의 합계를 구하는 내용을 함수로 구현해 보면 다음과 같습니다.

179

실습

```
def sum(start, end):          # 함수 정의
    s=0
    for i in range(start, end+1):
        s +=i
    return s

print("A : ", sum(1,10))      # 함수 호출
print("B : ", sum(1,100))     # 함수 호출
print("C : ", sum(1,1000))    # 함수 호출
```

결과

```
A :  55
B :  5050
C :  500500
```

함수를 이용한 프로그램 실행 결과 1부터 10까지의 합은 55, 100까지의 합은 5050, 1000까지의 합은 500500이라는 것을 알 수 있습니다.

02-02 키워드 매개변수

매개변수의 형태 중 매개변수 이름을 지정해서 입력하는 것을 키워드 매개변수라고 하는데 다음 코드를 통해 살펴보겠습니다.

180

실습

```
def test(a, b=77, c=88):
    print(a,b,c, '합계 : ', a+b+c)
    print( )

print('1.' )      # 기본 형태
test(10, 20, 30)
print('2.' )     # 모든 매개변수를 지정한 형태
test(a=10, b=100, c=200)
print('3.' )     # 무순서로 지정한 형태
test(c=200, a=10, b=100)
print('4.' )     # 일부 매개변수만 지정한 형태
test(10, c=200)
```

결과

```
1.
10 20 30 합계 :  60

2.
10 100 200 합계 :  310

3.
10 100 200 합계 :  310

4.
10 77 200 합계 :  287
```

1번에서 a는 10이 되고, b와 c는 값을 특별히 지정하여 20과 30이 됩니다. 2번은 a, b, c의 값을 직접 전달하여 a, b, c는 10, 100, 200이 됩니다. 3번처럼 순서를 바꾸어서 전달할 수 있습니다. 4번에서 10은 a에 전달되고, b는 값이 생략된 상태이므로 77이 되고 c는 값을 지정하여 200이 됩니다. 함수에서는 이러한 다양한 사용법이 있습니다.

02-03 튜플 반환

튜플을 반환하여 복수 개의 값을 반환할 수 있습니다. 2개의 인수로 덧셈한 결과와 곱셈한 결과를 반환하는 프로그램을 살펴보겠습니다. 반환값의 type을 보면 튜플인 것을 알 수 있습니다.

181

실습

```
def add_mul(a, b):
    sum=a+b
    mul=a*b
    return sum, mul

c=add_mul(3,10)
print(c)
print(type(c))
```

결과

```
(13, 30)
<class 'tuple'>
```

함수 내의 변수는 자신이 속한 코드 블록이 종료되면 소멸됩니다. 이렇게 특정한 코드 블록 내에서 선언된 변수를 지역변수(local variable)라고 합니다. 또한 프로그램 상단에 정의되어 종료 전까지 유지되는 변수를 전역변수(global variable)라고 합니다. 같은 이름의 지역변수와 전역변수가 존재할 경우에는 지역변수가 우선순위가 더 높습니다.

03 STEP 람다 함수(Lambda Function)

지금까지는 매개변수로 함수를 전달하기 위해 함수 구문을 작성했습니다. 이번에는 람다에 대해 살펴보겠습니다. 람다 표현식은 함수의 이름이 없지만 함수처럼 사용할 수 있어서 익명의 함수라고도 합니다.

03-01 람다 표현

람다 표현식은 lambda에 매개변수를 지정하고 :(콜론) 뒤에 반환값을 사용할 수식을 지정하여 수식을 실행하고 그 결과를 함수 값으로 반환합니다. 람다 함수는 보통 함수를 한 줄로 간결하게 만들 때 사용합니다.

```
lambda 매개변수 : 수식
```

일반 함수식으로 작성한 것을 람다 표현식으로 나타내면 다음과 같습니다.

함수	람다
def power(x): return x*x	lambda x : x*x

x+20을 구하는 함수를 람다 표현식으로 나타내면 다음과 같습니다.

함수	람다
def plus(x): return x+20	lambda x : x+20

2개의 인수를 받아서 서로 더한 값을 돌려주는 람다 함수를 표현하면 다음과 같습니다.

함수	람다
def add(a,b): return a+b result=add(3,4) print(result)	add = lambda a, b : a+b result=add(3,4) print(result)
7	7

람다 표현식은 변수에 할당하지 않고, 람다 표현식 자체를 바로 호출할 수 있습니다.

```
(lambda 매개변수들 : 식) (인수들)
```

(lambda x : x+10)(1)에서 x가 1이므로 x+10을 하면 11이 되어서 결과 11이 표시됩니다.

182		
	실습	(lambda x : x+10)(1)
	결과	11

s=['Text', 'WordEmbedding', 'Habruta']가 주어졌을 때 정렬을 하고자 하면 s.sort( )라고 하면 됩니다.

183		
	실습	s=['Text', 'WordEmbedding', 'Habruta'] print(s) s.sort() print(s)
	결과	['Text', 'WordEmbedding', 'Habruta'] ['Habruta', 'Text', 'WordEmbedding']

함수를 별도로 지정하여 단어 길이를 기준으로 정렬하고자 하면 다음과 같이 작성할 수 있습니다.

184

실습	def str_len(s): return len(s) s=['Text', 'WordEmbedding', 'Habruta'] s.sort(key=str_len) print(s)
결과	['Text', 'Habruta', 'WordEmbedding']

위 내용을 람다 표현식으로 나타내면 다음과 같습니다.

185

실습	s=['Text', 'WordEmbedding', 'Habruta'] s.sort(key=lambda string : len(string)) print(s)
결과	['Text', 'Habruta', 'WordEmbedding']

lambda가 유용하게 사용되는 3가지 대표적인 함수에 대해 살펴보겠습니다.
filter, map, reduce가 있습니다. filter는 특정한 조건을 만족하는 요소만 남기는 필터링이고, map은 각 원소를 주어진 수식에 따라 변형하여 새로운 리스트를 반환합니다. reduce는 2개의 원소를 가지고 연산하고 연산의 결과가 다음 연산의 입력으로 진행되어 최종 출력은 한 개의 값만 남게 됩니다.

••• 참고

lambda가 유용하게 사용되는 3가지 대표적인 함수 : filter, map, reduce

03-02 filter

filter( ) 함수는 filter(함수, 리스트) 형태로 사용됩니다. 리스트에서 짝수만 출력하도록 하겠습니다. 짝수를 출력하는 함수 이름을 even, 리스트의 이름을 a로 하면 filter(even, a)로 사용할 수 있습니다.
a 리스트의 각 원소 값들을 even 함수에 적용하여 주어진 값에 대해 True이면 filter 리스트에 추가하여 결과를 얻게 됩니다.

186		
	실습	def even(n): return n % 2==0 a=[1,2,3,4,5,6,7,8,9,10] list(filter(even,a))
	결과	[2, 4, 6, 8, 10]

위 내용을 lambda를 이용하여 표현하면 다음과 같이 할 수 있습니다.

187		
	실습	a=[1,2,3,4,5,6,7,8,9,10] list(filter(lambda n: n%2==o, a)
	결과	[2, 4, 6, 8, 10]

03-03 map

map( ) 함수는 매핑시켜 다른 리스트를 만들게 되는 함수로 형식은 map(함수, 리스트)입니다. 주어진 리스트의 제곱을 한 새로운 리스트를 만들고자 합니다. 이것을 lambda로 표현하면 다음과 같습니다.

188		
	실습	a=[1,2,3,4,5,6,7,8,9,10] list(map(lambda n:n**2, a))
	결과	[1, 4, 9, 16, 25, 36, 49, 64, 81, 100]

만약 함수를 이용하여 짝수를 판단하는 내용을 기술하면 다음과 같습니다. 짝수는 2로 나누어서 나머지가 0인 경우입니다.

••• 참고

짝수는 숫자를 2로 나누어서 나머지가 0인 경우, 홀수는 숫자를 2로 나누어서 나머지가 1인 경우라고 판단합니다.

189		
	실습	def even(n): return n % 2==0 a=[1,2,3,4,5,6,7,8,9,10] list(map(even,a))
	결과	[False, True, False, True, False, True, False, True, False, True]

위 내용을 lambda로 표현하면 다음과 같습니다.

190		
	실습	a=[1,2,3,4,5,6,7,8,9,10] list(map(lambda n:n%2==0, a))
	결과	[False, True, False, True, False, True, False, True, False, True]

03-04 reduce

reduce( ) 함수는 import functools 후에 사용할 수 있습니다. a=[1,2,3,4,5,6,7,8,9,10]이 주어졌을 때 처음 두 원소 1과 2의 연산 결괏값과 3을 연산하고, 그 연산 결괏값과 4를 연산하고, 최종적으로는 10과 연산하여 최종적인 결괏값을 얻습니다.
리스트의 합을 구하는 것을 reduce로 구현해 보면 다음과 같습니다.

191		
	실습	import functools a=[1,2,3,4,5,6,7,8,9,10] functools.reduce(lambda n1,n2:n1+n2, a)
	결과	55

핵심 요약 SUMMARY

대표적인 내장 함수는 다음 표와 같습니다.

내장 함수	기능
print()	화면에 데이터 값을 표시
input()	키보드를 통해 데이터를 입력받음
range()	정수의 범위를 설정
list()	리스트를 생성
abs()	숫자의 절댓값
len()	문자열의 길이
int()	정수형 숫자로 변환
float()	실수형 숫자로 변환
:	:

연습 문제 EXERCISE

01 다음 코드의 실행결과를 쓰세요.

<table>
<tr><td>문제</td><td>

```
def imsi(t):
  t=20
  print('함수 내부 : ',t)

x=100
print('함수 전 : ', x)
imsi(x)
print('함수 후 : ', x)
```

</td></tr>
<tr><td>결과</td><td></td></tr>
</table>

02 다음 코드의 실행결과를 쓰세요.

<table>
<tr><td>문제</td><td>

```
def number(n):
  if n%2==0:
    print(n,'짝수')
  else:
    print(n,'홀수')

number(10)
```

</td></tr>
<tr><td>결과</td><td></td></tr>
</table>

03 다음 중 값 세 개를 매개변수로 받은 후에 매개변수를 모두 곱해서 반환하는 람다 표현식으로 옳은 것은 무엇인가요?

① ambda a, b, c:return a*b*c

② lambda a, b, c->a*b*c

③ lambda a, b, c: a*b*c

④ lambd(a, b, c): a*b*c

04 1부터 n까지 곱을 구하는 함수를 만든 후 5!, 10!를 출력하는 프로그램을 작성하세요.

결과	120 3628800
정답	

05 사용자 함수를 이용하여 시작 숫자와 마지막 숫자를 입력받아서 정수의 합계를 구하는 프로그램을 작성하세요. 만약 시작 숫자에 1, 마지막 숫자에 10을 입력하면 1부터 10까지의 합계를 구하는 것입니다.

결과	시작 숫자 : 1 마지막 숫자 : 10 55
정답	

06 다음과 같이 코드를 작성했을 때 실행결과로 옳은 것은?

```
a=[5,29,6,19]
a.sort()
print(a)
```

① [5, 29, 6, 19]
② [29, 19, 6, 5]
③ none
④ [5, 6, 19, 29]

07 object='motorcycl'을 지정하고 끝에 'e'를 추가하도록 함수를 이용하여 프로그램을 작성하세요.

문제	
결과	['m', 'o', 't', 'o', 'r', 'c', 'y', 'c', 'l', 'e']

힌트 ▸ 함수를 정의할 때 반드시 들여쓰기를 해야 합니다.
함수 구조

```
def 함수 이름( ) :
    수행할 문장1
    수행할 문장1
    ......
들여쓰기
```

람다 표현식

```
lambda 매개변수 : 수식
```

CHAPTER

10

모듈과 클래스

모듈의 개념과 사용법에 대해 알아보고 클래스의 선언과 생성자 이해하기, self 키워드에 대해 살펴본 다음 상속과 예외 처리의 구문에 대해 학습합니다.

모듈

STEP

모듈(module)이란 함수나 변수 또는 클래스를 모아놓은 파일입니다. 또한 다른 파이썬 프로그램에서 불러와서 사용할 수 있도록 만든 파이썬 파일이라고도 할 수 있습니다. 예를 들어, numpy(수치 해석 모듈), pandas(데이터 분석 모듈) 그리고 requests(HTTP 요청/응답 모듈) 등이 있습니다. 해당 모듈을 사용할 때는 import를 사용하는데 numpy 모듈을 사용할 때는 import numpy하면 됩니다.

먼저 requests 모듈을 이용하여 네이버 주소의 html의 내용을 볼 수 있도록 다음과 같이 실습해 보겠습니다.

192

실습

```
import requests
addr=requests.get('http://www.naver.com')
addr.text
```

결과

```
'\n<!doctype html>                              <html
lang="ko" data-dark="false"> <head> <meta charset="utf-8">
<title>NAVER</title> <meta http-equiv="X-UA-Compatible"
content="IE=edge"> <meta name="viewport" content="width=1190">
<meta name="apple-mobile-web-app-title" content="NAVER"/>
<meta name="robots" content="index,nofollow"/> <meta
name="description" content="네이버 메인에서 다양한 정보와 유용한 콘텐츠를 만
나 보세요"/> <meta property="og:title" content="네이버">......
```

••• 참고

- import를 사용하여 해당 모듈 전체를 import할 수 있습니다.
- from import를 사용하여 해당 모듈에서 특정한 타입만 import할 수 있습니다.

math 모듈을 이용해 보겠습니다. 'math.'을 입력한 후 Tab 키를 누르면 사용할 수 있는 여러 내용을 살펴볼 수 있습니다. math.pi를 이용하여 pi값을 알 수 있습니다. math.cos(30)은 코사인값을 알려주고, math.sin(30)은 사인값을 알려줍니다.

193		
	실습	import math print(math.pi) print(math.cos(30)) print(math.sin(30))
	결과	3.141592653589793 0.15425144988758405 -0.9880316240928618

만약 math 모듈이 가지고 있는 많은 내용 중에서 특정한 pi만 import하고자 할 때는 from math import pi를 이용할 수 있습니다. 이럴 경우에는 pi를 바로 사용할 수 있습니다.

194		
	실습	from math import pi pi
	결과	3.141592653589793

마찬가지로 math 모듈 중에서 cos만 사용하고자 한다면 from math import cos라고 하면 됩니다. 그러면 cos를 바로 사용할 수 있습니다.

195		
	실습	from math import cos print(cos(30))
	결과	0.15425144988758405

••• 참고

math 모듈의 모든 기능을 다 불러오고자 한다면 from math import *를 사용합니다.

모듈을 import할 때 별명을 지정할 수 있습니다. import math as m이라고 하면 math 대신에 m을 사용할 수 있습니다.

196		
	실습	import math as m print(m.pi)
	결과	3.141592653589793

02 STEP 클래스(Class)

겨울에는 붕어빵 가게를 종종 볼 수 있는데 만들어지는 붕어빵 모양이 항상 같은 모양입니다. 그것은 붕어빵 틀을 사용하기 때문입니다. 같은 작업을 반복하므로 붕어빵 틀을 사용하면 일일이 그때그때 붕어빵 모양을 만들지 않아도 되는 편리함이 있습니다.

여기서 붕어빵 틀을 클래스라고 할 수 있고, 거기서 만들어지는 붕어빵을 객체라고 볼 수 있습니다.

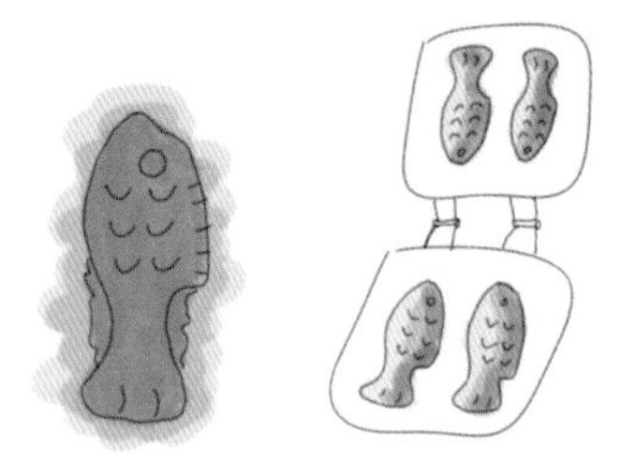

붕어빵 틀 = 클래스

붕어빵 = 객체

특정한 클래스로부터 생성된 새로운 객체를 특별히 인스턴스(Instance)라고 합니다. 예를 들어, cat=Animal( )에서 cat은 객체이고, Animal( )의 인스턴스입니다. 인스턴스라는 말은 특정 객체가 어떤 클래스의 객체인지 관계 위주로 설명할 때 사용합니다.

자주 나오는 용어를 살펴보면 메시지(message)는 객체들 간에 상호작용을 하는 데 사용되는 수단으로 객체에게 어떤 행위를 하도록 지시하는 명령이나 요구사항입니다.

메소드(method)는 객체가 갖는 데이터를 처리하는 알고리즘인데 객체가 메시지를 받아 실행해야 할 객체의 구체적인 연산을 정의한 것으로 클래스 안에 있는 함수를 의미합니다.

인간에 비유하면 인간이라는 클래스가 있고 거기에 홍길동, 임꺽정 등의 객체(object)가 있을 때 먹고 자고 일어나는 행동을 메소드(method)라고 볼 수 있습니다.

인간의 이름, 나이, 취미 등은 속성(attribute)이라고 합니다.

02-01 클래스 선언

파이썬에서 Person 클래스를 선언하려면 class Person:이라고 하면 됩니다. 클래스 이름은 관례적으로 첫 글자를 대문자로 사용하며, 정의만 하고 비워둘 때는 pass를 사용합니다. 다음과 같이 선언하고 type을 확인해 볼 수 있습니다.

197

실습	`class Person:`
	`    pass`
	
	`test=Person()`
	`print(type(test))`

결과	`<class '__main__.Person'>`

••• 참고

클래스를 선언하려면 class Person:이라고 하면 됩니다.

02-02 생성자(__init__) 이해하기

파이썬 객체가 생성되는 순간 호출되는 메소드인 __init__에 대해 살펴보겠습니다.
__init__( )는 클래스를 정의할 때 가장 먼저 정의되고, 해당 클래스가 자주 다루는 내용을 명시하며, 반드시 첫 번째 인수로 self를 지정해야 합니다.

다음과 같이 Member 클래스를 생성하고 __init__를 정의하려면 def __init__(self):의 형식을 가집니다. m1=Member( )에 의해 호출됩니다.

198

실습	`class Member:`
	`    def __init__(self):`
	`        print(self, 'Hi')`
	
	`m1=Member()`

결과	`<__main__.Member object at 0x000001E117E6EA90> Hi`

Member( )의 결괏값을 돌려받는 m1이 바로 객체입니다. 함수를 사용하여 결괏값을 돌려받는 것과 비슷합니다.

••• 참고

__init__ 메소드는 객체가 생성되는 시점에 자동으로 호출됩니다.

Member에 이름(name)과 나이(age) 속성을 추가해 보면 다음과 같습니다.

199

실습

```
class Member:
   def __init__(self):
      print(self, 'Hi')
      self.name='민기'
      self.age='23'

m1=Member()
print(m1.name, m1.age)
```

결과

```
<__main__.Member object at 0x000001E117E6EE50> Hi
민기 23
```

다시 한번 구현해보면 다음과 같이 표시할 수 있습니다.

200

실습

```
class Member:
   def __init__(self):
      print(self, 'Hi')
      self.name='민기'
      self.age='23'

m1=Member()
m1.name='현경'
m1.age=30
print(m1.name, m1.age)
```

결과

```
<__main__.Member object at 0x000001E117F40040> Hi
현경 30
```

나이에 기본값을 설정해 두고 나이를 지정하지 않으면 다음과 같이 기본 나이인 30이 표시됩니다.

201

실습

```
class Member:
    def __init__(self, name, age=30):
        print(self, 'Hi')
        self.name=name
        self.age=age

m1=Member('해용',40)
m2=Member('수현',28)
m3=Member('향엽')

print(m1.name, m1.age)
print(m2.name, m2.age)
print(m3.name, m3.age)
```

결과

```
해용 40
수현 28
향엽 30
```

02-03 self 키워드

self는 현재 해당 메소드가 호출되는 객체 자신을 가리킵니다.
파이썬 메소드의 첫 번째 매개변수 이름은 관례적으로 self를 사용합니다. 객체를 호출할 때 호출한 객체 자신이 전달되기 때문입니다.

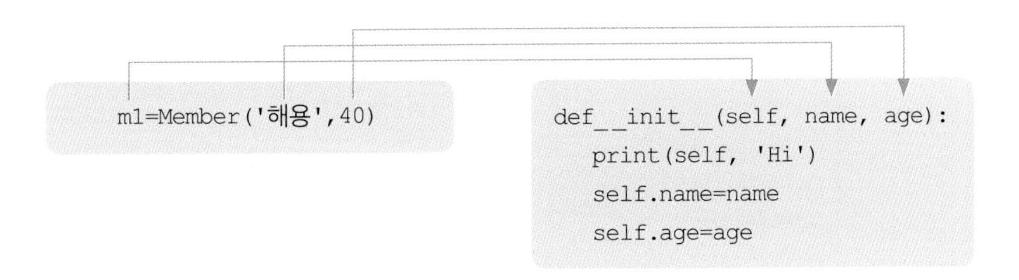

••• 참고

메소드의 첫 번째 매개변수 self를 명시적으로 구현하는 것은 파이썬만의 특징입니다.

Member 클래스에 다른 메소드 bigdata를 추가로 정의하면 다음과 같습니다.

202

실습

```
class Member:
   def __init__(self, name, age):
      print('self1',self)
      self.name=name
      self.age=age

   def bigdata(self):
      print('self2', self)
      print(self.name, '은 열심히 분석중입니다.')

m1=Member('해용',40)
m2=Member('수현',28)
```

결과

```
self1 <__main__.Member object at 0x000001E117F407F0>
self1 <__main__.Member object at 0x000001E117F5CCD0>
```

m1=Member('해용',23)에 의해 self.name은 '해용', self.age는 23이 됩니다.
m1.bigdata( )의 호출에 의해 self.name이 '해용'이므로 bigdata( ) 함수에서 self.name이 '해용'이 되어서 출력결과는 '해용 은 열심히 분석 중 입니다.'로 표시됩니다.

203

실습

```
class Member:
   def __init__(self, name, age):
      print('self1',self)
      self.name=name
      self.age=age

   def bigdata(self):
      print('self2', self)
      print(self.name, '은 열심히 분석 중 입니다.')

m1=Member('해용',23)
m2=Member('수현',27)
print()
m1.bigdata()
m2.bigdata()
```

결과	
	self1 <__main__.Member object at 0x000001E117F5C8E0> self1 <__main__.Member object at 0x000001E117F5C460> self2 <__main__.Member object at 0x000001E117F5C8E0> 해용 은 열심히 분석 중 입니다. self2 <__main__.Member object at 0x000001E117F5C460> 수현 은 열심히 분석 중 입니다.

```
def bigdata(self):
    print('self', self)                          ─┐
    print(self.name, '은 열심히 분석 중 입니다.')   ─┘→ 메소드의 수행문
```

상속

상속을 통해 기존에 정의해 둔 클래스의 기능을 그대로 물려받을 수 있고 또한 기존 클래스에 일부의 기능을 추가하거나 변경하여 새로운 클래스를 정의할 수 있습니다.

먼저 Family의 클래스를 선언하고, 해당 클래스를 sleep, food, etc로 구성되도록 하겠습니다. sleep은 self.name과 time값을 이용하여 'OO는 OO에 일어났습니다.'라고 표시하고, food는 self.name과 eat값을 이용하여 'OO는 OO를 먹었습니다.'라고 표시하도록 하겠습니다. 그리고 etc는 self.name과 interest값을 이용하여 'OO는 OO공부를 합니다.'라고 표시하도록 하겠습니다.

204

실습

```
class Family:
   def __init__(self, name, age):
      self.name=name
      self.age=age
   def sleep(self,time):
      print('{}는 {}에 일어났습니다.'.format(self.name, time))
   def food(self,eat):
      print('{}는 {}를 먹었습니다.'.format(self.name, eat))
   def etc(self,interest):
      print('{}는 {}공부를 합니다.'.format(self.name, interest))
```

그러면 다음과 같이 주어진 값을 가지고 실행해 보고 실습결과를 확인해 보세요. 참고적으로 self.name에는 '민기', self.age에는 '19', time에는 '7:30', eat에는 '햄버거', interest에는 '수학' 값이 전달되어서 실행되는 것을 알 수 있습니다.

205

실습

```
a=Family('민기', '19')
a.sleep('7:30')
a.food('햄버거')
a.etc('수학')
```

결과

```
민기는 7:30에 일어났습니다.
민기는 햄버거를 먹었습니다.
민기는 수학공부를 합니다.
```

이제 상속을 이해하기 위해 다음과 같이 Mom 클래스를 추가해 보세요. 여기서 class Mom(Family):은 Mom 클래스는 Family 클래스를 상속하겠다는 의미입니다.

206 실습

```
class Family:
    def __init__(self, name, age):
        self.name=name
        self.age=age
    def sleep(self,time):
        print('{}는 {}에 일어났습니다.'.format(self.name, time))
    def food(self,eat):
        print('{}는 {}를 먹었습니다.'.format(self.name, eat))
    def etc(self,interest):
        print('{}는 {}공부를 합니다.'.format(self.name, interest))

class Mom(Family):
    def __init__(self, name, age):
        self.name=name
        self.age=age
```

이제 내용을 넣어서 실습한 후 결과를 확인해 보겠습니다.

207 실습

```
a=Mom('지혜', '30')
a.sleep('6:30')
a.food('부대찌개')
a.etc('골프')
```

결과

```
지혜는 6:30에 일어났습니다.
지혜는 부대찌개를 먹었습니다.
지혜는 골프공부를 합니다.
```

••• 참고

상속이란 기존 클래스를 변경하지 않고 일부의 기능을 추가하거나 변경하고자 할 때 사용합니다.

Mom 클래스에 time, eat, interest가 없지만 Family 클래스를 상속했기 때문에 Family 클래스가 갖는 모든 기능을 가집니다. 이때 Family 클래스를 부모 클래스라고 합니다. 그런데 Mom 클래스의 '지혜'는 학생이 아니라서 '~공부를 합니다.'라는 표현이 거슬립니다. 이 부분만 수정하고자 합니다.

다음과 같이 Mom 클래스 부분을 수정해 볼까요?

208

실습

```
class Family:
   def __init__(self, name, age):
      self.name=name
      self.age=age
   def sleep(self,time):
      print('{}는 {}에 일어났습니다.'.format(self.name, time))
   def food(self,eat):
      print('{}는 {}를 먹었습니다.'.format(self.name, eat))
   def etc(self,interest):
      print('{}는 {}공부를 합니다.'.format(self.name, interest))

class Mom(Family):
   def __init__(self, name, age):
      self.name=name
      self.age=age
   def etc(self,interest):
      print('{}는 {}운동을 합니다.'.format(self.name, interest))
```

이제 내용을 넣어서 실습한 후 결과를 확인해 보겠습니다.

209

실습

```
a=Mom('지혜', '30')
a.sleep('6:30')
a.food('부대찌개')
a.etc('골프')
```

결과

```
지혜는 6:30에 일어났습니다.
지혜는 부대찌개를 먹었습니다.
지혜는 골프운동을 합니다.
```

이처럼 Family 클래스의 상속을 유지하면서 필요한 부분만 조금 수정하여 사용할 수 있습니다. 이때 부모 클래스를 다시 정의하는 것을 재정의(Override)라고 합니다.

••• 참고

재정의(Override)는 클래스의 메소드를 다시 정의하는 것을 말합니다.

예외 처리

STEP

프로그램을 실행하면서 오류 없이 끝까지 잘 처리되면 다행이지만 부득이하게 중간에 오류가 발생하여 더 이상 진행되지 못하는 경우가 있습니다. 이러한 경우를 미리 예측해서 처리할 내용을 만들어 놓은 것을 예외 처리라고 합니다. 이처럼 실행 중에 발생하는 오류를 예외(exception) 또는 런타임 오류(Runtime Error)라고 합니다.

프로그램에 문법적인 오류는 없지만 상황에 따라서 오류가 발생하는 경우가 있습니다. 예를 들어, 100/n을 처리하는데 n이 0이 되어 100/0을 하게 되면 오류가 발생합니다. 왜냐하면 숫자를 0으로 나눌 수 없기 때문입니다. 이러한 상황이 예외(exception)입니다.
예외 처리는 예외가 발생할 경우 프로그램이 비정상적으로 종료되는 것을 방지하고, 예외 상황이 발생했을 경우 처리할 내용을 별도로 지정할 수 있습니다.

04-01 try~except~

가장 기본적인 예외 처리 구문은 try~except~ 구문입니다. 형식은 다음과 같습니다. 예외가 발생할 가능성이 있는 코드를 try 구문에 기술하고, 예외가 발생하면 처리할 코드를 except 구문에 기술합니다.

```
try:
    예외가 발생할 가능성이 있는 코드
except:
    예외가 발생했을 때 실행할 코드
```

직각이등변 삼각형에서 빗변의 길이를 나타내는 정수 값을 입력받아서 면적을 구하는 프로그램을 작성해 보겠습니다. input으로 빗변의 길이를 입력받아서 직각이등변 삼각형의 면적을 구하는 것입니다. 사용자들이 숫자를 입력하면 무리없이 직각이등변 삼각형의 면적을 구할 수 있는데 만약 문자 'a' 같은 것이 입력되면 어떻게 해야 할까요? 이럴 경우에는 '정확하게 입력하세요'라는 표시를 해줍니다. 다음 실습 예제를 통해 확인해 봅니다.

210	

실습	try:
	    num=int(input('빗변의 길이를 입력하세요 :'))
	    area=num*num/4
	    print('직각이등변삼각형의 면적 :', area)
	except:
	    print('잘못되었습니다.')

결과 1	빗변의 길이를 입력하세요 :10 직각이등변삼각형의 면적 : 25.0
결과 2	빗변의 길이를 입력하세요 :문 잘못되었습니다.

만약 프로그램에서 예외가 발생할 경우 아무 처리도 하지 않고 진행했다면 pass를 이용하여 처리할 수 있습니다. 즉, 예외가 발생하면 더 이상 다음으로 진행이 안 되게 됩니다.

```
try:
    예외가 발생할 가능성이 있는 코드
except:
    pass
```

04-02 try~except~else

try~except~else 구문을 이용하여 예외가 발생할 경우와 예외가 발생하지 않을 경우의 코드를 별도로 지정하여 처리할 수 있습니다.

```
try:
    예외가 발생할 가능성이 있는 코드
except:
    예외가 발생했을 때 실행할 코드
else:
    예외가 발생하지 않았을 때 실행할 코드
```

211

실습	try:
	    num=int(input('빗변의 길이를 입력하세요 :'))
	except:
	    print('잘못되었습니다.')
	else:
	    area=num*num/4
	    print('직각이등변삼각형의 면적 :', area)

결과 1	빗변의 길이를 입력하세요 :5 직각이등변삼각형의 면적 : 6.25
결과 2	빗변의 길이를 입력하세요 :zz 잘못되었습니다.

04-03 try~except~else~finally

예외가 발생하는 상황이든, 발생하지 않는 상황이든 무조건 실행하는 부분을 기술할 경우에는 finally 구문을 이용할 수 있습니다.

```
try:
    예외가 발생할 가능성이 있는 코드
except:
    예외가 발생했을 때 실행할 코드
else:
    예외가 발생하지 않았을 때 실행할 코드
finally:
    무조건 실행할 코드
```

212

실습	try:
	    num=int(input('빗변의 길이를 입력하세요 :'))
	except:
	    print('잘못되었습니다.')
	else:
	    area=num*num/4
	    print('직각이등변삼각형의 면적 :', area)
	finally:
	    print('- 끝 -')

결과 1	빗변의 길이를 입력하세요 :15 직각이등변삼각형의 면적 : 56.25 - 끝 -
결과 2	빗변의 길이를 입력하세요 :wow 잘못되었습니다. - 끝 -

나눗셈 연산을 진행할 경우에는 숫자를 0으로 나눌 수 없습니다. 특별히 0으로 나누는 경우의 오류를 ZeroDivisionError를 이용하여 기술할 수 있습니다.
2개의 숫자를 입력받아서 나눗셈 연산을 진행할 때 나누기가 0이 되는 경우에 ZeroDivisionError를 이용하여 예외 처리를 하는 실습을 다음과 같이 진행해 봅니다.

213

실습

```
try:
    num1=int(input('숫자1을 입력하세요 :'))
    num2=int(input('숫자2를 입력하세요 :'))
    div=num1/num2
except ZeroDivisionError:
    print('0으로 나눌 수는 없습니다.')
except:
    print('정확하게 입력하세요')
else:
    print(num1,'/',num2, '=',div)
finally:
    print('- 나눗셈 연산 -')
```

결과 1	숫자1을 입력하세요 :10 숫자2를 입력하세요 :3 10 / 3 = 3.3333333333333335 - 나눗셈 연산 -
결과 2	숫자1을 입력하세요 :3 숫자2를 입력하세요 :0 0으로 나눌 수는 없습니다. - 나눗셈 연산 -
결과 3	숫자1을 입력하세요 :ㅋㅋ 정확하게 입력하세요 - 나눗셈 연산 -

••• 참고

숫자를 0으로 나누기 하면 무한 루프가 되어 버립니다.

핵심 요약 SUMMARY

| 1 | 인스턴스와 메시지

인스턴스는 클래스로부터 생성된 새로운 객체를 말합니다.
메시지는 객체들 간에 상호작용을 하는 데 사용되는 수단으로 객체에게 어떤 행위를 하도록 지시하는 명령이나 요구사항입니다.

| 2 | 모듈

모듈은 함수나 변수 또는 클래스를 모아놓은 파일입니다. numpy 모듈을 사용할 경우에는 import numpy, Person 클래스를 선언하려면 class Person:, Mom 클래스가 Family 클래스를 상속하겠다고 하려면 Mom(Family):이라고 합니다.

| 3 | self 키워드

self는 현재 해당 메소드가 호출되는 객체 자신을 가리킵니다.

| 4 | 상속

상속을 통해 기존에 정의해 둔 클래스의 기능을 그대로 물려받을 수 있고, 기존 클래스에 일부의 기능을 추가하거나 변경하여 새로운 클래스를 정의할 수도 있습니다.

| 5 | 예외 처리 구문

```
try:
    예외가 발생할 가능성이 있는 코드
except:
    예외가 발생했을 때 실행할 코드
else:
    예외가 발생하지 않았을 때 실행할 코드
finally:
    무조건 실행할 코드
```

연습 문제 EXERCISE

01 클래스의 개념을 이용하여 두 수의 더하기, 곱하기, 빼기, 나누기 기능을 할 수 있는 프로그램을 작성하세요.

문제	
결과	30 -10 200 0.5

02 원의 반지름을 입력받아 원의 면적과 원의 둘레를 구하는 프로그램을 작성하세요. (클래스 이용)

문제	
결과	반지름을 입력하세요 : 5 원의 둘레 31.41592653589793 원의 면적 78.53981633974483

힌트 ▸ 모듈(module)은 함수나 변수 또는 클래스를 모아놓은 파일입니다.
실행 중에 발생하는 오류를 예외(exception) 또는 런타임 오류(Runtime Error)라고 합니다.

C H A P T E R

11

정규 표현식

Raw String에 대해 알아본 후 re 모듈, search( ) 함수, start( ), end( ), group( ) 함수에 대해 살펴봅니다. 또한 정규 표현식에서 사용하는 메타 문자, 문자 클래스 그리고 정규식 응용에 대해서도 학습합니다.

Raw String

정규 표현식은 문자열에 대한 패턴을 분석하여 문자열이 어떠한 일정한 규칙을 가지고 있는지 파악할 수 있고, 특정 패턴을 가진 문자열을 검색할 수 있습니다. 예를 들어, 뉴스 기사를 수집한 후에 분석할 때 뉴스에 들어가 있는 기자의 이메일 주소의 패턴을 찾아서 삭제하기를 할 수 있습니다. 왜냐하면 뉴스 내용을 분석하는 데 목적이 있기 때문에 기자의 이메일 주소는 분석에 도움이 되지 않기 때문입니다. 물론, 뉴스 기사가 1~2건 정도라면 직접 눈으로 보고 삭제해도 되지만 만약 5만~10만 건일 경우 하나하나 삭제하는 것은 힘듭니다. 이처럼 반복적인 문자열을 찾고자 할 때 정규 표현식은 매우 유용하게 사용됩니다.

••• 참고

정규 표현식(Regular Expression)은 문자열에서 특정한 규칙을 갖는 문자열의 집합을 찾아내기 위한 검색 패턴입니다.

또한 정규 표현식을 이용하여 이메일이나 전화번호 입력란에 각각의 형식에 맞지 않게 기입한 경우 경고창이 나오게 하거나 영화를 수집하여 배우 이름이 괄호 안에 입력되어 있는 경우 괄호 안의 내용만 가져오게 할 수 있습니다. 이처럼 정규 표현식은 굉장히 폭넓게 이용되고 있습니다.

먼저 기본적인 개념부터 하나하나 살펴보겠습니다. Raw String의 개념인데 문자열 앞에 r이 붙으면 해당 문자열이 구성된 그대로 문자열로 변환됩니다. 예를 들어, a='평안한\n하루되세요'인 경우 \n은 줄바꿈을 하는 이스케이프 문자열입니다. 따라서 '평안한'에서 줄바꿈을 하고, '하루되세요'가 표시되어 2줄로 표시됩니다. 하지만 여기에 r을 붙여서 b=r'평안한\n하루되세요'와 같이 나타내면 해당 문자열이 구성된 그대로 문자열로 변환됩니다.

다음 실습을 통해 확인해 봅니다.

214

실습

```
a='평안한\n하루되세요'
b=r'평안한\n하루되세요'
print(a)
print()
print(b)
```

결과

```
평안한
하루되세요

평안한\n하루되세요
```

re 모듈

파이썬에서는 정규 표현식을 지원하기 위해 re(Regular Expression) 모듈을 제공합니다.

```
import re
```

02-01 search

re 모듈의 search( ) 함수를 이용하여 기본 패턴을 살펴보겠습니다. search( ) 함수의 형식은 'search(찾을 문자열, 원본 문자열)'의 형식을 가지며, 원본 문자열의 시작 부분부터 패턴과 매칭이 되는지 검사를 합니다. 처음부터 검사해 나가면서 매칭되는 패턴이 있으면 더 이상 추가적인 검사를 하지 않습니다. m=re.search(r'data','data engineering Lab')의 명령문에서 원본 문자열의 'data'와 완전히 일치하는 것을 찾으면 0번부터 4번 미만에 존재하게 됩니다. 즉, 'data'가 원본 문자열에 정확하게 존재하는지 찾게 됩니다. 따라서 다음과 같은 결과를 보여줍니다. 이때 m은 match type을 갖게 됩니다.

215

실습

```
import re
m=re.search(r'data','data engineering Lab')
print(m)
```

결과

```
<re.Match object; span=(0, 4), match='data'>
```

해당 패턴을 찾지 못하면 'None'이라고 표시됩니다.

216

실습

```
import re
m=re.search(r'abc','data engineering Lab')
print(m)
```

결과

```
None
```

••• 참고

match와 search 메소드를 수행하여 패턴을 찾으면 match 객체를 반환하고, 없으면 아무것도 반환하지 않습니다.

02-02 start / end / group

match 객체의 start( ), end( ), group( ) 함수를 이용하여 다양한 결과를 얻을 수 있습니다.

```
start()  :  매치된 문자열의 시작 위치를 표시
end()  :  매치된 문자열의 끝 위치를 표시
group()  :  매치된 문자열을 표시
```

m.start( )는 'data'의 패턴이 원본 문자열에서 0번부터 시작하므로 0을 표시하고, m.end( )는 'data'의 패턴이 원본 문자열에서 3번에서 끝나므로 4를 표시합니다. m.group( )은 'data'의 패턴이 원본 문자열에서 찾은 내용인 'data'를 표시합니다.

217

실습

```
import re
m=re.search(r'data','data engineering Lab')
print(m.start())
print(m.end())
print(m.group())
```

결과

```
0
4
data
```

다시 한 번 살펴보면 원본 문자열이 '123data engineering Lab'이라면 'data' 패턴은 3번부터 시작하므로 m.start( )는 3이 됩니다.

218

실습

```
import re
m=re.search(r'data','123data engineering Lab')
print(m.start())
print(m.end())
print(m.group())
```

결과

```
3
7
data
```

메타 문자

STEP

메타 문자(Meta Characters)란 원래 그 문자가 가진 뜻이 아닌 특별한 용도로 사용하는 문자를 말합니다. 정규 표현식에서 사용하는 메타 문자에는 다음과 같은 것이 있으며, 이러한 메타 문자를 사용하면 특별한 의미를 갖게 됩니다.

```
. ^ $ * ? { } [ ] \ | ( )
```

기호	의미
*	바로 앞에 있는 문자, 하위 표현식이 0번 이상 반복
+	바로 앞에 있는 문자, 하위 표현식이 1번 이상 반복
[]	대괄호 안에 있는 문자 중 하나가 나타남
()	괄호 안의 정규식을 하위 표현식 그룹으로 만듦, 정규 표현식을 평가할 때는 하위 표현식이 가장 먼저 평가됨
.	문자 1자를 나타냄
^	바로 뒤에 있는 문자, 하위 표현식이 문자열 맨 앞에 나타남
$	바로 앞에 있는 문자, 하위 표현식이 문자열 맨 뒤에 나타남
{m}	바로 앞에 있는 문자, 하위 표현식이 m회 반복
{m,n}	바로 앞에 있는 문자, 하위 표현식이 m번 이상 n번 이하 나타남
|	|로 분리된 문자, 문자열, 하위 표현식 중 하나가 나타남
[^]	대괄호 안에 있는 문자를 제외한 문자가 나타남

••• 참고

메타 문자란 원래 그 문자가 가진 뜻이 아닌 특별한 용도로 사용하는 문자를 말합니다.

03-01 []

가장 많이 사용하는 [ ]는 문자들의 범위를 나타내기 위해 사용합니다. [abc]의 의미는 'a,b,c' 중 하나의 문자와 매치를 의미합니다.

[ ] 안의 두 문자 사이에 하이픈(-)을 사용하면 두 문자 사이의 범위를 의미합니다. [0-5]는 [012345]와 동일한 의미이고, [a-c]는 [abc]와 동일한 의미입니다. 그러면 [a-zA-Z]는 알파벳 모두를 의미하겠지요? ^메타 문자는 반대라는 의미로 [^0-9]의 의미는 숫자가 아닌 것을 나타냅니다.

••• 참고

- [0-9] : 모든 숫자
- [a-z] : 모든 소문자
- [A-Z] : 모든 대문자
- [a-zA-Z0-9] : 모든 알파벳 문자 및 숫자

m=re.search(r'[bh]eat','beat')에서 [bh]의 의미는 'b' 또는 'h'가 올 수 있으므로 beat 또는 heat를 찾게 됩니다.

219

실습

```
m=re.search(r'[bh]eat','beat')
print(m)
```

결과

```
<re.Match object; span=(0, 4), match='beat'>
```

220

실습

```
m=re.search(r'[bh]eat','heat')
print(m)
```

결과

```
<re.Match object; span=(0, 4), match='heat'>
```

m=re.search(r'[bh]eat','korea')를 살펴보면 'korea'에서는 'beat', 'heat' 패턴을 찾지 못했으므로 None이 표시됩니다.

221

실습

```
m=re.search(r'[bh]eat','korea')
print(m)
```

결과

```
None
```

m=re.search(r'[0-9]text','12text')에서 [0-9]는 숫자를 의미하므로 숫자와 텍스트 순서로 이루어진 부분을 찾으면 2text가 됩니다.

222

실습	`import re`
	`m=re.search(r'[0-9]text','12text')`
	`print(m)`

결과	`<re.Match object; span=(1, 6), match='2text'>`

03-02 문자 클래스

문자 클래스의 종류와 의미는 다음과 같습니다.

기호	의미
\d	숫자가 [0-9]와 동일
\D	숫자가 아닌 문자 [^0-9]와 동일
\s	space나 Tab 처럼 공백을 표현하는 문자
\S	공백이 아닌 문자
\w	알파벳 대소문자와 숫자 [0-9a-zA-Z]와 동일
\W	문자+숫자가 아닌 문자 [^0-9a-zA-Z]와 동일

m=re.search(r'\d\d\d','12data engineering Lab910')에서 '\d\d\d'는 연속된 숫자 3개를 의미합니다. 연속된 숫자 3개가 있는 곳은 '910'입니다.

223

실습	`m=re.search(r'\d\d\d','12data engineering Lab910')` `print(m)`
결과	`<re.Match object; span=(22, 25), match='910'>`

'\d\d\w'는 '숫자-숫자-영문자' 또는 '숫자-숫자-숫자'의 패턴을 의미하므로 처음으로 찾은 '12d'가 됩니다.

224

실습	`m=re.search(r'\d\d\w','12data engineering Lab910')` `print(m)`
결과	`<re.Match object; span=(0, 3), match='12d'>`

'..\w\w'의 '..'은 어떠한 문자라도 2개가 오고 '영문자(숫자)-영문자(숫자)'의 패턴을 처음으로 찾으면 '@#da'가 됩니다.

225

실습	`m=re.search(r'..\w\w','!@#data@email.com engineering Lab910')` `print(m)`
결과	`<re.Match object; span=(1, 5), match='@#da'>`

'c+d*'은 c라는 문자가 1번 이상 나오고, d라는 문자가 0번 이상 나오는 문자열을 검색하여 'cccc','ccddd' 등이 조건에 만족하게 됩니다. '[A-Z]+'는 대문자로 구성된 문자열을 검색하여 'KOREA' 등이 조건에 만족하게 됩니다.

'^k..'은 맨 앞에 'k'가 오고 그 뒤에 2개의 문자가 오는 문자열을 검색하여 'kor' 등이 조건에 만족하게 되고, 'a{2,3}b{2,3}'의 의미는 a가 2번에서 3번, b가 2번에서 3번 나오는 문자열을 검색하여 'aabb','aaabbb' 등이 조건에 만족하게 됩니다.

'co+w'의 의미는 c로 시작하고 o가 1회 이상 나오고 w로 끝나는 것을 의미하고, 'co*w'의 의미는 c로 시작하고 o가 0회 이상 나오고 w로 끝나는 것을 의미합니다. 다음 실습을 통해 확인해 봅니다.

226

실습	`m1=re.search(r'co+w','cw')`
	`m2=re.search(r'co*w','cw')`
	`print(m1)`
	`print(m2)`

결과	`None` `<re.Match object; span=(0, 2), match='cw'>`

03-03 정규식 응용

휴대폰 번호의 형식을 판단하는 정규식을 표시하려면 어떻게 해야 할까요? 휴대폰 번호는 '010-숫자 네 자리-숫자 네 자리' 형식이므로 '010-[0-9]{4}-[0-9]{4}'하면 됩니다.

227

실습	`m1=re.search(r'010-[0-9]{4}-[0-9]{4}','010-1234-1234')`
	`m2=re.search(r'010-[0-9]{4}-[0-9]{4}','1234-1234-1234')`
	`print(m1)`
	`print(m2)`

결과	`<re.Match object; span=(0, 13), match='010-1234-1234'>` `None`

04 정규식 관련 메소드

STEP

04-01 그룹

정규 표현식에서 패턴 안에서 괄호로 묶으면 그룹(group)으로 묶을 수 있습니다. 공백으로 구분된 숫자를 두 그룹으로 나누어서 찾은 다음 각 그룹에 해당하는 내용을 가져옵니다.
'[0-9]+'는 숫자가 1번 이상 나온다는 의미이고, '([0-9]+) ([0-9]+)'로 하면 공백으로 구분하여 별도의 그룹으로 나뉘게 됩니다. group 메소드에 숫자를 지정하면 해당 그룹에 매칭된 문자열을 반환합니다. 숫자를 지정하지 않거나 0을 지정하면 매칭된 문자열 전체를 나타냅니다. 즉, 첫 번째 그룹은 group(1), 두 번째 그룹은 group(2)가 됩니다.

228

실습

```
m=re.search(r'([0-9]+) ([0-9]+)','1099 0601')
print(m.group(1))
print(m.group(2))
print(m.group(0))
```

결과

```
1009
0601
1009 0601
```

그룹은 특히 매칭된 문자열 중에서 특정한 부분을 추출하기 위해서 사용합니다.

••• 참고

group : ( )를 사용하여 그룹화하고 매칭 결과를 각 그룹별로 분리하여 사용합니다.

이메일 주소를 검사하는 정규 표현식을 작성하려면 어떻게 해야 할까요? 먼저 이메일 주소의 형식을 생각해 보면 '문자열@문자열.문자열'로 구성되어 있으므로 문자열 부분을 [a-zA-Z0-9+-_.]으로 하면 됩니다.

229

실습

```
m=re.search(r'^[a-zA-Z0-9+-_.]+@[a-zA-Z0-9+-_.]+\.[a-zA-Z0-9+-
_.]+$','abc@naver.com')
print(m)
```

결과

```
<re.Match object; span=(0, 13), match='abc@naver.com'>
```

04-02 match

match( ) 함수는 search( ) 함수와 유사하나 주어진 문자열의 시작부터 비교하여 패턴이 있는지 확인합니다.
re.search(r'\d\d\d','Generation 123')에서 숫자 3자리의 패턴인 '123'을 검색합니다. re.match(r'\d\d\d','Generation 123')은 숫자 3자리의 패턴을 문자열의 시작 부분에서 검색하여 'None'으로 나타냅니다.

230

실습	`m1=re.search(r'\d\d\d','Generation 123')`
	`m2=re.match(r'\d\d\d','Generation 123')`
	`print(m1)`
	`print(m2)`

결과	`<re.Match object; span=(11, 14), match='123'>` `None`

04-03 findall

findall( ) 함수는 그룹 지정 없이 패턴에 매칭되는 모든 문자열을 가져오기 할 때 사용되며, 매칭되는 문자열을 리스트 형태로 반환합니다. '[0-9]+'는 숫자가 한 번 이상 나온 부분을 검색합니다. re.findall(r'[0-9]+','1. text, 2. word, 3. topic')을 하게 되면 숫자인 1, 2, 3을 검색하여 리스트로 반환하여 ['1', '2', '3']이 됩니다.

231

실습	`m=re.findall(r'[0-9]+','1. text, 2. word, 3. topic')` `print(m)`
결과	`['1', '2', '3']`

04-04 sub

sub( ) 함수는 특정 문자열을 검색하여 다른 문자열로 변경하는 함수입니다. 변경하는 횟수를 지정하면 지정된 횟수만큼 변경하게 되며 횟수를 생략하면 검색된 모든 문자열을 변경합니다.
형식은 re.sub('패턴', '바꿀 문자열', '원본 문자열', 변경 횟수)입니다.

'1. text, 2. word, 3. topic' 문자열에서 숫자만 찾아서 '*'로 바꾸려면 re.sub(r'[0-9]+','*','1. text, 2. word, 3. topic')으로 하면 됩니다.

232	
실습	`m=re.sub(r'[0-9]+','*','1. text, 2. word, 3. topic')` `print(m)`
결과	`*. text, *. word, *. topic`

04-05 compile

re 모듈의 compile( ) 함수는 정규식 패턴을 입력받아 정규식 객체를 반환합니다. text='상담문의는 02-000-1234로 전화주세요'에서 '02-000-1234'의 전화번호만 반환하는 실습을 해봅니다.

233 실습

```
import re
text='상담문의는 02-000-1234로 전화주세요'

sik=re.compile(r'\d\d-\d\d\d-\d\d\d\d')
tel=sik.search(text)
print(tel)
tel_num=tel.group()
print(tel_num)
```

결과

```
<re.Match object; span=(6, 17), match='02-000-1234'>
02-000-1234
```

••• 잠깐만요 ▶ 정규식 관련 메소드

메소드	설명
search()	원본 문자열 전체에서 패턴의 매칭을 검사
match()	원본 문자열의 시작 부분부터 패턴의 매칭을 검사
findall()	매칭되는 모든 문자열을 반환
sub()	패턴을 검색하여 다른 문자열로 변경
group()	매칭 결과를 각 그룹별로 분리함
groups()	그룹핑된 결과를 튜플로 반환

핵심 요약 SUMMARY

| 1 | 정규 표현식에서 사용하는 메타 문자(Meta Characters)

기호	의미
*	바로 앞에 있는 문자, 하위 표현식이 0번 이상 반복
+	바로 앞에 있는 문자, 하위 표현식이 1번 이상 반복
[]	대괄호 안에 있는 문자 중 하나가 나타남
()	괄호 안의 정규식을 하위 표현식 그룹으로 만듦, 정규 표현식을 평가할 때는 하위 표현식이 가장 먼저 평가됨
.	문자 1자를 나타냄
^	바로 뒤에 있는 문자, 하위 표현식이 문자열 맨 앞에 나타남
$	바로 앞에 있는 문자, 하위 표현식이 문자열 맨 뒤에 나타남
{m}	바로 앞에 있는 문자, 하위 표현식이 m회 반복
{m,n}	바로 앞에 있는 문자, 하위 표현식이 m번 이상 n번 이하 나타남
|	|로 분리된 문자, 문자열, 하위 표현식 중 하나가 나타남
[^]	대괄호 안에 있는 문자를 제외한 문자가 나타남

| 2 | 문자 클래스

기호	의미
\d	숫자가 [0-9]와 동일
\D	숫자가 아닌 문자 [^0-9]와 동일
\s	space나 Tab처럼 공백을 표현하는 문자
\S	공백이 아닌 문자
\w	알파벳 대소문자와 숫자 [0-9a-zA-Z]와 동일
\W	문자+숫자가 아닌 문자 [^0-9a-zA-Z]와 동일

| 3 | 정규식 관련 메소드

메소드	설명
findall()	매칭되는 모든 문자열을 반환
sub()	패턴을 검색하여 다른 문자열로 변경
group()	매칭 결과를 각 그룹별로 분리함

연습 문제 EXERCISE

01 정규식 관련 메소드의 설명이 바르지 않은 것은 무엇인가요?

① search : 원본 문자열 전체에서 패턴의 매칭을 검사
② match : 원본 문자열의 시작 부분부터 패턴의 매칭을 검사
③ find : 매칭되는 모든 문자열을 반환
④ sub : 패턴을 검색하여 다른 문자열로 변경

02 매칭된 결과를 각 그룹별로 분리하여 반환하는 정규식 관련 메소드는 무엇인가요?

① group ② groups
③ search ④ findall

03 다음 프로그램의 실행결과를 쓰세요.

문제	`m=re.sub(r'[0-9]+','#','1. model, 2. word, 3. data')` `print(m)`
결과	

04 text='홍길동의 주민번호는 203256-1632635 입니다.'에서 주민번호만 반환하는 정규 표현식을 작성하세요.

문제	
결과	`<re.Match object; span=(6, 17), match='02-000-1234'>` `203256-1632635`

힌트 ▸ 문자열 앞에 r이 붙으면 해당 문자열이 구성된 그대로 문자열로 변환됩니다.

CHAPTER

12

파일 입출력

프로그래밍을 진행할 경우 파일 입출력은 매우 중요한 부분입니다. 파일에서 문자열을 처리하는 방법에 대해 살펴보겠습니다.

STEP 01 • 파일 열기
STEP 02 • 줄 단위로 처리
STEP 03 • CSV 파일
STEP 04 • TSV 파일
STEP 05 • with

파일 열기

파일 열기 모드에는 다음과 같은 모드가 있습니다.

파일 열기 모드	설명
r	읽기 모드
w	쓰기 모드
a	추가 모드

형식 파일 객체 = open (파일 이름, 파일 열기 모드)

예시
```
f=open('question1.txt', 'r')
f=open('filetest.txt', 'w')
f=open('filetest.txt', 'a')
```

01-01 파일 읽기

'question1.txt' 파일을 파이썬으로 읽어들이고 표시하는 방법을 살펴보겠습니다.
여기서 f=open('question1.txt','r')은 'question1.txt' 파일을 읽어들이는 것이고, disp=f.read( ), print(disp)는 화면에 표시하는 명령입니다. f.close( )는 파일을 닫아주는 역할을 합니다. 파일을 사용한 후에는 닫아주는 것이 좋습니다.
쓰기 모드로 열었던 파일을 닫지 않은 경우 다시 사용하려고 할 때 오류가 발생할 수 있습니다. 또한 파일을 닫지 않으면 다른 프로그램을 사용할 수 없게 됩니다. 우리가 파일을 열어서 사용하고 있으면 다른 프로그램은 해당 파일에 접근할 수 없기 때문에 작업한 후에는 반드시 파일을 닫아야 합니다.

234		
실습		f=open('question1.txt','r') disp=f.read() print(disp) f.close()
결과		패턴 질문 내용 P1 OO은 무엇인가요? P2 내가 OO에 있다면 무엇을 할 수 있나요? P3 내가 OO 라면 어떻게 했을까요? P4 OO과 OO 은 어떤 관계인가요? : :

••• 참고

- open( ) : 파일 열기
- close( ) : 파일 닫기

read( ) 함수는 파일 객체에서 전체 텍스트를 읽습니다. 만약 지정된 개수만큼 읽으려면 read(20)과 같이 문자의 개수를 전달하면 됩니다.

235		
실습		f=open('question1.txt','r') disp=f.read(14) print(disp) f.close()
결과		패턴 질문 내용 P1 OO

••• 참고

한글 파일인 경우 원본 파일의 저장 형태에 따라 f=open('question1.txt','r', encoding='utf-8') 또는 f=open('question1.txt','r', encoding='utf-8-sig')를 사용하기도 합니다.

01-02 파일 쓰기

f=open('filetest.txt', 'w')로 이미 존재하는 파일을 열면 그 파일 내부의 내용이 모두 사라지게 됩니다. 원래의 내용을 그대로 유지하면서 새로운 내용을 추가하고자 할 때는 f=open('filetest.txt', 'a')를 사용합니다.

'filetest.txt'를 'a' 형태로 열어서 '안녕하세요 '를 10번 입력하고 해당 파일을 표시하도록 하면 다음과 같습니다.

236

실습

```
f=open('filetest.txt', 'a')
for i in range(1,10):
   f.write('안녕하세요 ')

f=open('filetest.txt','r')
disp=f.read()
print(disp)
f.close()
```

결과

```
안녕하세요 안녕하세요 안녕하세요 안녕하세요 안녕하세요 안녕하세요 안녕하세요 안녕하세요
안녕하세요
```

••• 참고

f=open('filetest.txt', 'w')로 이미 존재하는 파일을 열면 그 파일 내부의 내용이 모두 사라지게 되므로 주의하도록 합니다.

다시 'filetest.txt'를 'a' 형태로 열어서 이번에는 '파이썬 '을 10번 입력하고 해당 파일을 표시하도록 하면 기존의 내용에 추가되어 나타나는 것을 알 수 있습니다.

237

실습

```
f=open('filetest.txt', 'a')
for i in range(1,10):
   add='파이썬 '
   f.write(add)

f=open('filetest.txt','r')
disp=f.read()
print(disp)
```

결과

```
안녕하세요 안녕하세요 안녕하세요 안녕하세요 안녕하세요 안녕하세요 안녕하세요 안녕하세요
안녕하세요 파이썬 파이썬 파이썬 파이썬 파이썬 파이썬 파이썬 파이썬 파이썬
```

줄 단위로 처리

STEP

파일의 내용을 줄 단위로 읽어들이는 방법으로 readline( )과 readlines( )를 이용할 수 있습니다.

02-01 readline

파일의 내용을 읽어들일 때 readline( ) 함수는 파일의 첫 번째 줄을 읽어서 표시합니다.

238

실습	`f=open('question1.txt','r')`
	`disp=f.readline()`
	`print(disp)`

결과	패턴 질문 내용

readline( ) 함수와 반복문을 이용하여 파일의 내용을 한 번에 한 줄씩 읽어들일 수 있습니다.

239

실습

```
f=open('question1.txt','r')
while True:
   disp=f.readline()
   if not disp:
      break
   print(disp)
f.close()
```

결과

```
패턴 질문 내용

P1  OO은 무엇인가요?

P2  내가 OO에 있다면 무엇을 할 수 있나요?

P3  내가 OO 라면 어떻게 했을까요?

P4  OO과 OO 은 어떤 관계인가요?
:    :
```

파일에서 읽어온 문자열에는 '\n', 즉 줄바꿈이 이미 들어 있기 때문에 한 줄을 출력할 때마다 빈 줄이 계속 출력됩니다. 이것은 우리가 텍스트 파일을 작성할 때 Enter 키를 눌렀기 때문에 입력되었습니다. '\n'은 strip('\n')으로 줄바꿈을 삭제할 수 있습니다.

240

실습	`f=open('question1.txt','r')`
	`while True:`
	`    disp=f.readline()`
	`    if not disp:`
	`        break`
	`    print(disp.strip('\n'))`
	`f.close()`

결과	패턴 질문 내용 P1 OO은 무엇인가요? P2 내가 OO에 있다면 무엇을 할 수 있나요? P3 내가 OO 라면 어떻게 했을까요? P4 OO과 OO 은 어떤 관계인가요? : :

••• 참고

'\n' : 줄바꿈

02-02 readlines

readlines( ) 함수는 한꺼번에 파일의 모든 줄을 읽어오고, 파일의 모든 줄을 리스트로 표시합니다. 앞에서 readline( ) 함수는 한 번에 한 줄의 데이터를 읽어오지만 readlines( ) 함수는 여러 행의 데이터를 읽어들여서 리스트 형식으로 반환합니다.

241

실습	`f=open('question1.txt','r')`
	`disp=f.readlines()`
	`print(disp)`
	`f.close()`

결과	['패턴 질문 내용\n', 'P1 OO은 무엇인가요?\n', 'P2 내가 OO에 있다면 무엇을 할 수 있나요?\n', 'P3 내가 OO 라면 어떻게 했을까요?\n', 'P4 OO과 OO 은 어떤 관계인가요?\n', 'P5 OO과 OO의 유사점은 무엇인가요?\n', 'P6 OO 은 OO와 OO 중 어떤 것과 더 비슷한가요?\n', 'P7 OO, OO, OO를 포함하여 문장을 만들어 보세요.\n', 'P8 OO, OO, OO는 모두 어떤 것과 관련된 개념인가요?\n', 'P9 OO, OO, OO, OO 중에서 다른 개념들과 가장 관련성이 낮은 개념은 무엇인가요?']

for문을 이용하여 다음과 같이 수정할 수 있습니다.

242

<table>
<tr><td>실습</td><td>

```
f=open('question1.txt','r')
disp=f.readlines()
for line in disp:
    print(line)
```

</td></tr>
<tr><td>결과</td><td>패턴 질문 내용

P1 OO은 무엇인가요?

P2 내가 OO에 있다면 무엇을 할 수 있나요?

P3 내가 OO 라면 어떻게 했을까요?

P4 OO과 OO 은 어떤 관계인가요?
: :</td></tr>
</table>

end=' '문을 이용하여 줄바꿈을 처리할 수 있습니다.

243

<table>
<tr><td>실습</td><td>

```
f=open('question1.txt','r')
disp=f.readlines()
for line in disp:
    print(line, end='')
```

</td></tr>
<tr><td>결과</td><td>패턴 질문 내용
P1 OO은 무엇인가요?
P2 내가 OO에 있다면 무엇을 할 수 있나요?
P3 내가 OO 라면 어떻게 했을까요?
P4 OO과 OO 은 어떤 관계인가요?
: :</td></tr>
</table>

••• 참고

print(line, end=' ') : 기본값으로는 개행(\n)이 들어가 있으며 end=' '를 사용해 개행을 없앨 수 있습니다.

파일을 읽어서 단어로 분리할 수 있는데 단어로 분리하여 리스트로 만들기 위해 split( )를 이용합니다. split( )는 공백을 이용하여 문자열에서 단어를 분리합니다.

244

실습	`f=open('question1.txt','r')`
	`for line in f:`
	`    line=line.rstrip()`
	`    w_list=line.split()`
	`    for word in w_list:`
	`        print(word)`
	`f.close()`

결과	패턴 질문 내용 P1 OO은 무엇인가요? :

••• 잠깐만요

프로그램을 작성하다 보면 파일을 복사해야 하는 경우가 있습니다. 그럴 경우에는 shutil을 이용할 수 있습니다. 예를 들어, 내 드라이브에서 구글 드라이브로 파일을 복사해야 하는 경우에 사용할 수 있습니다.

```
import shutil
shutil.copy('/content/gdrive/My Drive/original.zip', '/content/')
```

CSV 파일

STEP

CSV(Comma Separated Value) 파일은 각 라인의 열이 콤마(,)로 구분된 텍스트 파일 포맷입니다. 간단한 CSV 파일은 문자열을 콤마(,)로 split하여 처리하면 되지만 열 데이터의 콤마가 "moon, hye, young"처럼 인용 부호로 감싸 있는 경우에는 csv 모듈을 사용하여 처리하는 것이 좋습니다.

03-01 CSV 파일 읽기

'csv_test1.csv' 파일을 읽어서 표시하겠습니다.

245

실습

```
import csv
f=open('csv_test1.csv','r')
tsvf=csv.reader(f, delimiter='\t')
for line in tsvf:
    print(line)
f.close()
```

결과

```
['개강일,교수명,수강인원,22년강의수,누적강의수']
['2022-03-03,김남규,30,4,5']
['2022-03-03,김선웅,15,2,6']
['2022-03-03,안현철,26,2,3']
['2022-03-03,박도형,27,3,5']
['2022-03-03,정승렬,23,1,3']
:    :
```

03-02 CSV 파일 쓰기

CSV 파일에 내용을 쓰기 위해서는 CSV 파일을 쓰기 모드(w)로 열어서 csv.writer( )를 사용하면 됩니다. csv.writer( )는 리스트 데이터를 한 줄씩 추가합니다. csv 모듈에서 데이터를 쓸 때 각 줄 뒤에 빈 줄이 추가되기 때문에 이를 없애기 위해 파일을 오픈할 때 newline=' '을 추가하여 처리합니다. CSV 파일에 내용을 쓰고 다시 해당 파일을 불러와서 확인해 보겠습니다.

246

실습

```
import csv
f = open('csv_test3.csv', 'w', newline='')
wr = csv.writer(f)
wr.writerow(['파이썬', '문혜영', 50, 5, 6])
f.close()

f=open('csv_test3.csv','r')
csvf=csv.reader(f)
for line in csvf:
   print(line)
f.close()
```

결과

```
['파이썬', '문혜영', '50', '5', '6']
```

TSV 파일

STEP

TSV(Tab Separated Value) 파일은 CSV 파일과 비슷하지만 콤마(,) 대신 Tab으로 열을 분리하는 파일 형태입니다.

04-01 TSV 파일 읽기

TSV 파일은 CSV 파일과 컬럼 delimiter만 차이가 나므로 파일을 읽을 때 csv 모듈의 reader( ) 함수에서 delimiter='\t' 옵션을 추가로 지정해 주면 됩니다.

247

실습

```
import csv
f=open('tsv_test.tsv','r')
tsvf=csv.reader(f, delimiter='\t')
for line in tsvf:
   print(line)
f.close()
```

결과

```
['사원명', '연락처1', '성별']
['정찬웅', '010-3258-7777', '여']
['정영실', '010-4567-9876', '여']
['문형찬', '011-6543-4321', '여']
['박재은', '010-1234-7679', '남']
:    :
```

04-02 TSV 파일 쓰기

TSV 파일은 CSV 파일과 컬럼 delimiter만 차이가 나므로 파일에 내용을 쓰기할 때 csv 모듈의 writer( ) 함수에서 delimiter='\t' 옵션을 추가로 지정해 주면 됩니다.

248

실습	```import csv
	f = open('csv_test3.tsv', 'w', newline='')
	wr = csv.writer(f, delimiter='\t')
	wr.writerow(['tsv추가', '파이썬', '문혜영', 50, 5, 6])
	
	f.close()
	
	f=open('csv_test3.tsv','r')
	tsvf=csv.reader(f, delimiter='\t')
	for line in tsvf:
	    print(line)
	f.close()```

결과	['tsv추가', '파이썬', '문혜영', '50', '5', '6']

••• 참고

CSV 파일은 콤마(,)로 구분되어 있고, TSV 파일은 탭으로 구분되어 있습니다.

with

STEP

open( ) 함수로 파일을 열었을 경우 close를 반드시 해주어야 작업이 마무리됩니다. 프로그램을 진행하면서 조건문과 반복문을 많이 사용하게 되고, 파일을 open한 후에 닫지 않는 경우가 발생하면서 오류가 발생하는 일이 있습니다. 이러한 실수를 예방하기 위해 with 키워드가 있습니다. with문은 파일을 열어서 작업한 후에 별도로 close를 하지 않아도 자동으로 파일을 닫아줍니다.

형식 `with open(파일 경로, 모드) as 파일 객체`

05-01 with문을 이용하여 파일 닫기

with문을 이용하면 파일을 닫아야 하는 번거로움을 줄일 수 있습니다.

249

실습

```
with open('with_test.txt', 'w') as f:
   f.write('with 문 사용하기')

with open('with_test.txt','r') as f:
   data=f.read()
print(data)
```

결과

```
['tsv추가', '파이썬', '문혜영', '50', '5', '6']
```

05-02 랜덤 함수로 비만도 체크하기

랜덤 함수를 이용하여 100명의 학생들의 이름을 랜덤하게 생성하고, 키와 몸무게도 랜덤한 숫자로 생성하여 비만도를 체크해 결과를 파일로 저장하겠습니다.

여기서 랜덤한 값을 만들기 위해서는 import random을 이용합니다.

random.choice( )는 랜덤하게 하나의 원소를 뽑아주는 함수입니다.

먼저 name1에는 성을 넣어놓고, name2에는 한글 자음을 다음과 같이 넣어놓았습니다.

```
name1=list('김이박문홍')
name2=list('가나다라마바사아자차카타파하')
```

이름은 대개 세 글자이므로 name1과 name2 그리고 name2에서 랜덤한 값이 선택되도록 했습니다. 이렇게 랜덤하게 선택된 세 글자를 이름으로 표시할 수 있습니다.

250

실습

```
import random
name1=list('김이박문홍')
name2=list('가나다라마바사아자차카타파하')
name=random.choice(name1)+random.
   choice(name2)+random.choice(name2)
print(name)
```

결과

```
박사나
```

이제 키와 몸무게에도 랜덤한 값이 들어가도록 하겠습니다. 키는 100~200으로 설정하고, 몸무게는 30~150의 값이 랜덤하게 생성되도록 하겠습니다. random.randrange( )로 처리할 수 있는데 random.randrange(100,200)이면 100에서 200 사이의 랜덤한 값이 생성되고, random.randrange(30,150)이라고 하면 30에서 150 사이의 랜덤한 값이 생성됩니다.

251

실습

```
import random
weight=random.randrange(30,150)
height=random.randrange(100,200)
print(weight, height)
```

결과

```
102 154
```

100명에 대한 정보를 만들기 위해 for문을 추가하고 이것을 파일로 저장하기 위해 file.write( )를 추가하여 위 부분들을 같이 나타내면 다음과 같습니다.

252 실습

```
import random
name1=list('김이박문홍')
name2=list('가나다라마바사아자차카타파하')
with open('bmi.txt','w') as file :
   for i in range(100):
      name=random.choice(name1)+random.choice(name2)\
         +random.choice(name2)
      weight=random.randrange(30,150)
      height=random.randrange(100,200)
      file.write('{},{},{}\n'.format(name, weight, height))
```

생성된 'bmi.txt' 파일을 한 줄씩 읽어들여 bmi=int(weight)/(int(height)/100)**2의 수식에 의해 값이 25 이상이면 '과체중', 18.5 이상이면 '정상', 그 외에는 '저체중'으로 처리하겠습니다.

253 실습

```
with open('bmi.txt','r') as file :
   for line in file:
      (name, weight, height)=line.strip().split(',')
      bmi=int(weight)/(int(height)/100)**2
      result=''
      if bmi>=25:
         result='과체중'
      elif bmi>=18.5:
         result='정상'
      else:
         result='저체중'

      print('\n'.join(['이   름 : {}','몸무게 : {}',\
         '키      : {}','B M I  : {}',\
         '결   과 : {}']).format(name, weight, height, int(bmi),
result))
      print()
```

결과	
	이　름 : 박파자 몸무게 : 148 키　　 : 124 B M I　: 96 결　과 : 과체중 이　름 : 홍바타 몸무게 : 78 키　　 : 183 B M I　: 23 결　과 : 정상 :　　:

결과를 확인할 수 있습니다. 위 결과는 random한 값이 이용되었으므로 여러분의 결과와 다를 수 있습니다.

••• 참고

데이터를 한 줄씩 읽어들일 때는 for 반복문을 다음과 같은 형태로 사용합니다.

for 변수 in 파일 객체

핵심 요약 SUMMARY

| 1 | 파일 열기 모드

파일 열기 모드	설명
r	읽기 모드
w	쓰기 모드
a	추가 모드

형식 파일 객체 = open(파일 이름, 파일 열기 모드)

예시 f=open('question1.txt', 'r') : 'question1.txt' 파일을 읽어들이는 것
f=open('filetest.txt', 'w') : 'filetest.txt' 파일 열기
f=open('filetest.txt', 'a') : 새로운 내용 추가
f.close() : 파일 닫기
read() : 파일 객체에서 전체 텍스트 읽기
readline() : 파일의 첫 번째 줄을 읽어서 표시
readlines() : 파일의 모든 줄을 읽기

CSV(Comma Separated Value) : 각 라인의 열을 콤마(,)로 구분한 텍스트 파일 포맷
TSV(Tab Separated Value) : Tab으로 열을 분리하는 파일 포맷

open('csv_test1.csv','r') : CSV 파일 읽기
open('csv_test3.csv', 'w', newline='') : CSV 파일 쓰기
open('tsv_test.tsv','r') : TSV 파일 읽기
open('csv_test3.tsv', 'w', newline='') : TSV 파일 쓰기

| 2 | with문

별도로 close를 하지 않아도 자동으로 파일을 닫아줍니다.

연습 문제 EXERCISE

01 사용자가 입력한 내용을 filetest.txt에 추가하고 결과를 확인하는 프로그램을 작성하세요.

문제	
결과	문장을 입력하세요 : 열심히 공부해요. 안녕하세요 안녕하세요 안녕하세요 안녕하세요 안녕하세요 안녕하세요 안녕하세요 안녕하세요 안녕하세요 파이썬 파이썬 파이썬 파이썬 파이썬 파이썬 파이썬 파이썬 파이썬 열심히 공부해요.

02 'htext1.txt' 파일을 줄 단위로 읽어들여서 표시하세요.

문제	
결과	교수자는 주어진 콘텐츠에 대한 예상 질문을 유형 및 수준별로 사전에 고민해야 하는데, 다량의 콘텐츠에 대해 충분한 수의 질문을 준비하는 것은 매우 많은 시간과 노력을 필요로 한다. 따라서 본 연구에서는 텍스트 분석 기술을 활용하여 다량의 콘텐츠에 대한 질문을 자동으로 생성하여 풍부한 질문 풀(Pool)을 생성하는 방안을 제시한다. 구체적으로 다양한 질문에 대해 9가지 주요 패턴을 식별하고, 전체 패턴을 데이터 요소 관점에서 3가지 유형, 즉 Thing, Relationship, 그리고 Group의 유형으로 구분하였다. : :

03 'csv_test2.csv' 파일을 읽어서 표시하세요.

문제	
결과	['사원명', '연락처1', '성별'] ['정찬웅', '010-3258-7777', '여'] ['정영실', '010-4567-9876', '여'] ['문형찬', '011-6543-4321', '여'] ['박재은', '010-1234-7679', '남'] : :

04 'htext2.txt' 파일을 읽어서 단어로 분리하여 리스트로 만들어 표시하세요. (참고로 split( )을 이용)

원본	3가지 유형 및 9가지 패턴의 질문 생성을 위해 형태소 분석, 빈도 분석, 개체 사전, 워드 임베딩, 유사도 분석, 군집 분석, 네트워크 분석 그리고 토픽 모델링 등의 다양한 분석 기술을 맞춤형으로 적용하는 체계적인 프레임워크를 제안하였다.
문제	
결과	3가지 유형 및 9가지 패턴의 질문 생성을 : :

힌트 ▸ f=open('filetest.txt', 'w')로 이미 존재하는 파일을 열면 그 파일 내부의 내용이 모두 사라지게 됩니다.

C H A P T E R

13

거북이 그래픽

파이썬에서 제공하는 터틀 그래픽을 이용하여 거북이 그래픽을 만들어 보겠습니다. 거북이를 등장, 이동 등을 시킨 후에 도형을 그려보면서 완성합니다.

거북이 등장

STEP

파이썬에서는 터틀 그래픽이 지원됩니다. 화면에서 거북이를 이용하여 그림을 그리는 기능입니다. 그림을 그려가면서 재미있게 프로그램을 익힐 수 있으며, 조금만 변경해도 그림이 멋지게 달라져 보이므로 여러분이 흥미롭게 프로그램을 접할 수 있습니다.
하얀 종이 위에 거북이가 등장하면 앞으로 가, 오른쪽으로 꺾어 등으로 명령어를 줄 수 있으며 거북이가 지나간 자리에는 잉크 자국이 남아서 기하학적인 그림이 완성됩니다.

파이썬에서 초보자들이 쉽고 재미있게 프로그래밍을 배울 수 있도록 제공하는 거북이 그래픽이라는 모듈은 꼬리에 잉크가 묻은 거북이를 종이에 올려놓고 조작하는 듯한 방식으로 동작합니다. import turtle 명령을 주면 거북이 그래픽을 시작할 수 있는데 화면 한가운데 좌푯값(0,0)에 로봇 거북이가 등장합니다. 이것은 turtle 모듈을 불러오는 명령입니다. 모듈이란 파이썬에서 사용하는 프로그램의 단위입니다. 거북이가 등장하면 거북이가 움직이는 대로 그림을 그릴 수 있습니다.

```
import turtle
```

거북이 그래픽 시작하기

또는 import turtle as t라고 할 수 있는데 이것은 turtle 모듈을 불러오고 turtle 대신 t를 사용하겠다는 의미입니다. 예를 들어, turtle.forward(50)을 써야 되는 경우 t.forward(50)으로 간단하게 표시할 수 있습니다. turtle 대신에 t로 짧게 쓰면 되므로 입력하는 수고를 줄일 수 있습니다.

```
import turtle as t
```

turtle 대신 t 사용하기

거북이의 모양은 '기본 거북이', '진짜 거북이', '세모 거북이'를 제공하는데 따로 지정하지 않으면 '기본 거북이'가 표시됩니다. t.shape('turtle')을 쓰면 '진짜 거북이' 모양이 표시되고, t.shape('triangle')을 쓰면 '세모 거북이'가 표시됩니다.

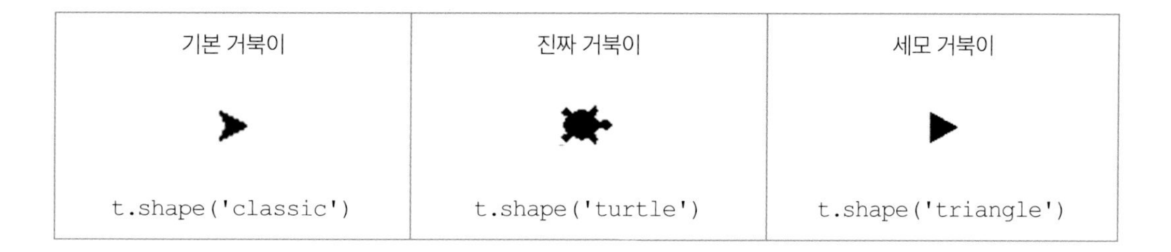

다음과 같이 입력하면 거북이 그래픽 창이 나오고, 창 한가운데에 오른쪽을 바라보는 거북이가 나타납니다.

01-01 거북이 이동

거북이에게 앞으로 이동, 뒤로 이동, 왼쪽으로 회전, 오른쪽으로 회전과 같은 명령을 내리면 거북이가 명령대로 움직이고 움직이면서 지나간 자리에는 잉크 그림이 그려집니다. 선 색깔이나 굵기, 원 그리기, 색칠하기 등의 추가 기능을 이용하면 다양하게 그릴 수 있습니다.

거북이를 50픽셀만큼 앞으로 이동하고자 하면 t.forward(50), 반대 방향으로 75픽셀만큼 이동하고자 하면 t.forward(-75)라고 합니다. t.position( )을 이용하면 현재 거북이의 좌표값을 알 수 있습니다. 오른쪽으로 90도 회전하고자 하면 t.right(90), 왼쪽으로 90도 회전하고자 하면 t.left(90)이라고 하면 됩니다.

```
• t.forward(50)      # 앞으로 이동
• t.forward(-75)     # 반대 방향으로 이동
• t.position()       # 현재 좌푯값 확인
• t.right(90)        # 오른쪽으로 회전
• t.left(90)         # 왼쪽으로 회전
```

••• 참고

- t.position() # 현재 좌푯값 확인
- t.right(90) # 오른쪽으로 90도 회전
- t.left(90) # 왼쪽으로 90도 회전

거북이를 앞으로 50만큼 이동하겠습니다.

거북이를 오른쪽으로 90도 회전하고 앞으로 50만큼 이동하겠습니다.

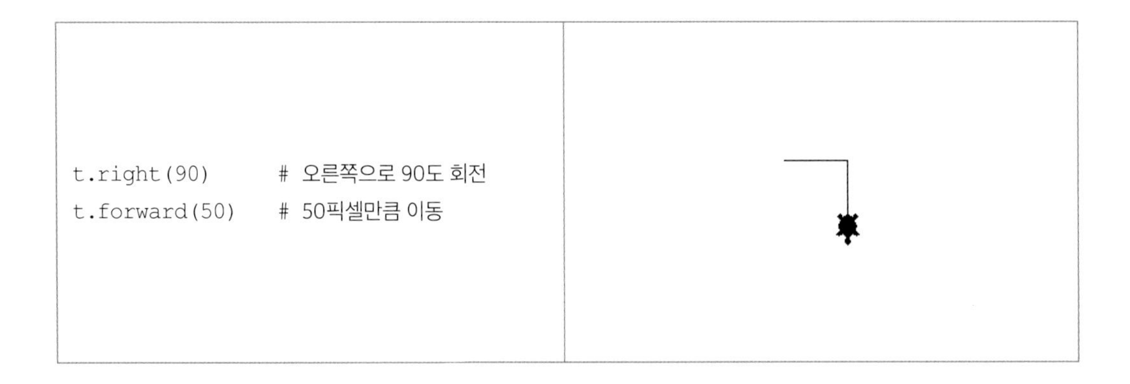

거북이를 오른쪽으로 135도 회전하고 50만큼 이동하겠습니다.

```
t.right(135)     # 오른쪽으로 135도 회전
t.forward(50)    # 50픽셀만큼 이동
```

01-02 짧은 명령어

forward는 이동하기, left는 왼쪽 회전, right는 오른쪽 회전인데 forward는 fd, left는 lt, right는 rt로 짧게 사용하기도 합니다.

••• 참고

- forward → fd
- left → lt
- right → rt

01-03 화면 초기화

t.reset( )은 화면을 지우고 거북이도 원래 있던 상태로 되돌립니다.

```
t.reset()     # 화면을 지우고 원래 상태로 되돌림
```

02 STEP 도형 그리기

회전과 이동을 이용하여 정다각형을 그릴 수 있습니다. 먼저 삼각형을 그려볼까요? 거북이가 처음에 오른쪽 방향을 바라보고 있으니 forward(100)으로 100만큼 이동하면서 선을 그립니다.
삼각형의 다음 선을 그리기 위해서는 회전을 해야 하는데 몇 도를 회전해야 할까요? 120도 회전을 하면 되는데 정다각형을 그릴 때는 외각의 크기만큼 회전하면 됩니다. 외각을 구하는 공식은 다음 그림과 같습니다. 또한 forward(100)과 left(120)을 3번 반복하면 정삼각형이 그려지고, forward(100)과 left(90)을 4번 반복하면 정사각형이 그려집니다.

color( )를 추가로 이용하여 색상을 변화시켜서 삼각형을 그려보면 다음과 같습니다.
먼저 초기화를 한 다음 거북이 색상은 빨간색으로 지정하고 100만큼 이동시킵니다.

```
t.reset()
t.color('red')
t.forward(100)
```

••• 참고

- t.reset()   # 초기화
- t.color('red')   # 빨간 거북이
- t.forward(100)   # 이동

이제 삼각형의 외각은 120도이므로 120도 회전합니다.

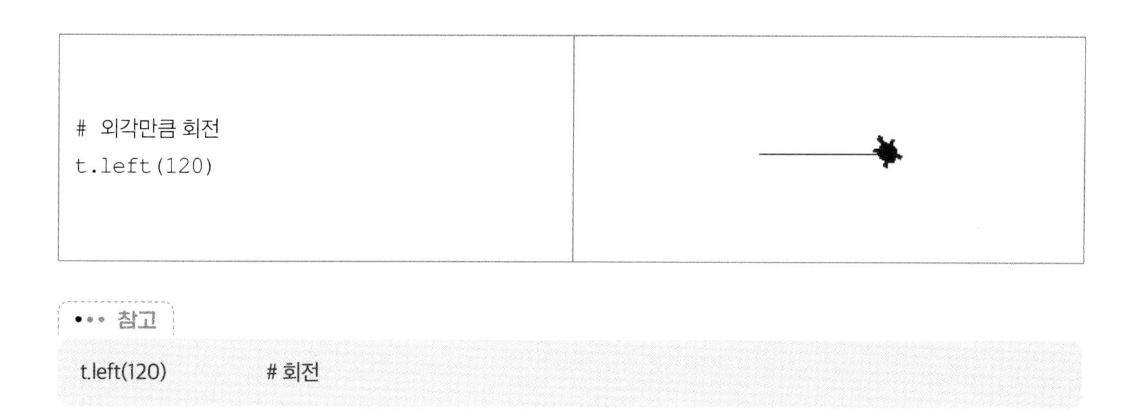

거북이가 100만큼 앞으로 나아갑니다.

다시 120도 회전합니다.

100만큼 나아가고 120도 회전합니다.

pensize( )를 이용하여 선의 굵기에 변화를 주어서 사각형을 그려보면 다음과 같습니다. 사각형의 외각은 90도이므로 90도씩 회전하면 됩니다.

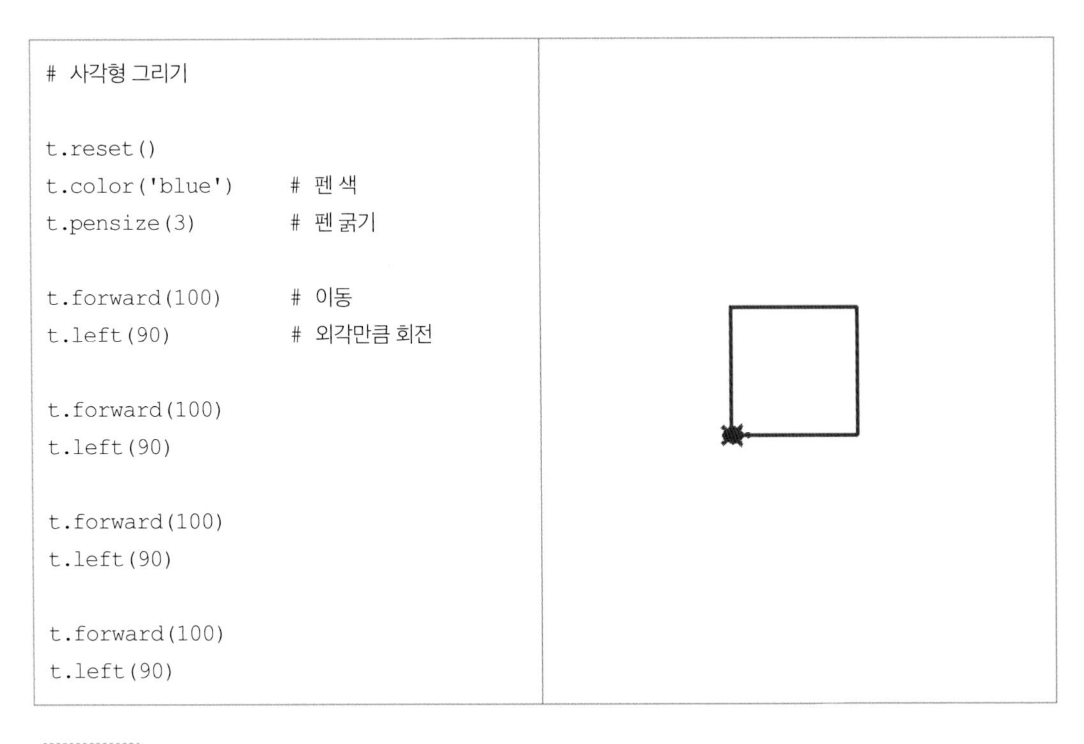

```
# 사각형 그리기

t.reset()
t.color('blue')      # 펜 색
t.pensize(3)         # 펜 굵기

t.forward(100)       # 이동
t.left(90)           # 외각만큼 회전

t.forward(100)
t.left(90)

t.forward(100)
t.left(90)

t.forward(100)
t.left(90)
```

••• 참고

- t.color('blue')　　# 펜 색
- t.pensize(3)　　# 펜 굵기

파이썬에서 사용할 수 있는 색상 이름은 다음 코드를 이용하여 알 수 있습니다.

```
import matplotlib
matplotlib.colors.cnames
```

254

실습	`import matplotlib` `matplotlib.colors.cnames`

결과	`{'aliceblue': '#F0F8FF',`
	` 'antiquewhite': '#FAEBD7',`
	` 'aqua': '#00FFFF',`
	` 'aquamarine': '#7FFFD4',`
	` 'azure': '#F0FFFF',`
	` 'beige': '#F5F5DC',`

결과	'bisque': '#FFE4C4',
	 'black': '#000000',
	 'blanchedalmond': '#FFEBCD',
	   :
	   :

변의 길이를 변수(d)에 할당하여 프로그램을 작성하면 상황에 따라 변의 길이를 다양하게 그릴 수 있습니다. 여기서는 d값을 변화시키면 쉽게 삼각형의 크기를 조절할 수 있습니다. d=200을 d=100으로 바꾸어서 실행해 보면 삼각형의 크기가 절반으로 작아진 것을 알 수 있습니다.

```
# 변수를 사용해서 삼각형 그리기

import turtle as t
t.reset()
t.shape('turtle')

d=200              # 변의 길이를 변수에 할당

t.color('red')  # 펜 색
t.forward(d)
t.left(120)       # 외각만큼 회전

t.forward(d)
t.left(120)

t.forward(d)
t.left(120)
```

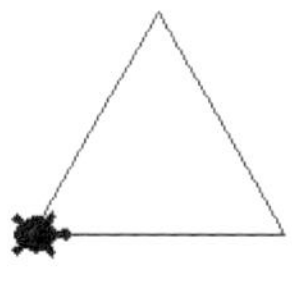

for문의 반복 기능을 이용하면 프로그램을 더 간단하게 구현할 수 있습니다. 위의 forward와 left 명령에 for 명령을 사용하면 반복되는 내용을 모두 입력하지 않아도 파이썬이 자동으로 반복해 줍니다.

```
# 반복 기능으로 삼각형 그리기

import turtle as t
t.reset()
t.shape('turtle')

d=200

for i in range(3):        # 3번 반복합니다.
    t.forward(d)          # 거북이가 d값만큼 앞으로 이동합니다.
    t.left(120)           # 거북이가 왼쪽으로 120도 회전합니다.
```

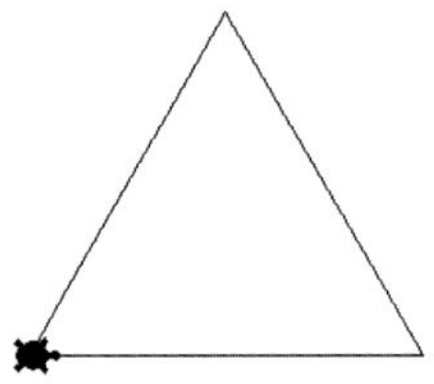

••• 참고

- t.forward(d) # 이동
- t.left(120) # 회전

정다각형의 n을 변수로 지정하면 다양한 정다각형을 그릴 수 있습니다. 회전하는 각도는 360/n으로 구할 수 있습니다.

```
# 반복 기능으로 정오각형 그리기

import turtle as t
t.reset()
t.shape('turtle')

n=5                     # n값을 수정하면 다양한 다각형을 그릴 수 있습니다.
d=200                   # 변의 길이

t.color('purple')       # 펜 색

for i in range(n):      # 반복문
    t.forward(d)
    t.left(360/n)       # 외각 계산
```

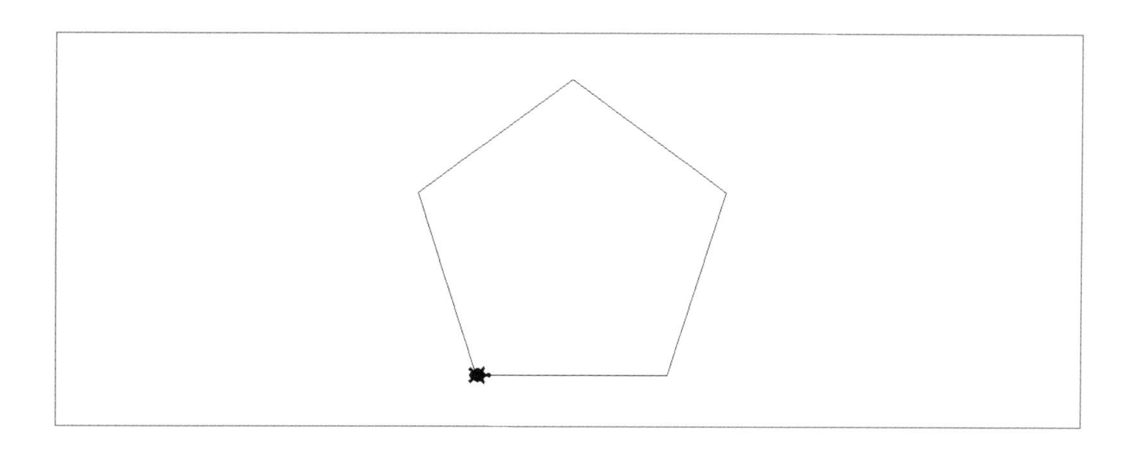

input( ) 명령으로 n값을 사용자로부터 입력받아서 정다각형을 그릴 수 있는데 t.begin_fill( ) ~ t.end_fill( )을 이용하면 채워진 다각형이 만들어집니다.

••• 참고

- t.begin_fill( )　　# 영역 색칠 시작
- t.end_fill( )　　# 영역 색칠 끝

```
# 정오각형 그리기
import turtle as t
t.reset()
t.shape('turtle')

t.pensize(3)
t.color('purple')

n=int(input("n을 입력하세요: "))
d=200

t.begin_fill( )           # 색 채우기 시작
for i in range(n):
    t.forward(d)
    t.left(360/n)
t.end_fill( )             # 색 채우기 끝
```

n을 입력하세요: 5

circle( )을 이용하여 원을 그릴 수 있습니다.

```
# 원 그리기
import turtle as t
t.reset()
t.shape('turtle')

t.color('green')  # 펜 색
t.pensize(5)      # 펜 굵기
t.circle(50)      # 반지름이 50인 원 그리기
```

••• 참고

circle( )	# 원 그리기

삼각형, 사각형, 원을 함께 그려보겠습니다.

255 실습

```
import turtle as t
t.reset()
t.shape('turtle')

# 삼각형 그리기
for i in range(3):
    t.forward(100)
    t.left(120)

t. forward(100)

# 사각형 그리기
for i in range(4):
    t.forward(100)
    t.left(90)

t.forward(150)

# 원 그리기
t.circle(50)
```

결과

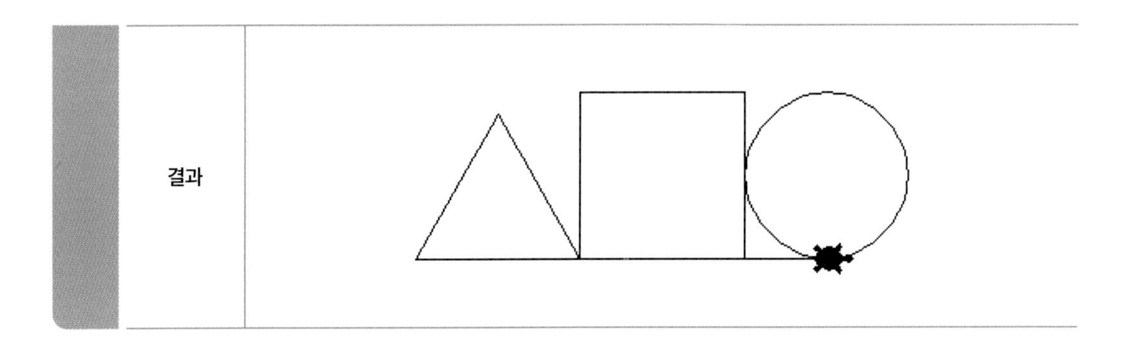

반복되는 도형 그리기

STEP

거북이의 속도를 조절하여 원을 반복해 그려보겠습니다.

- t.speed(1) 느린 속도
- t.speed(10) 빠른 속도
- t.speed(0) 최고 속도

256

실습

```
import turtle as t
t.reset()
t.shape('turtle')

n=50                          # 원을 50개 그립니다.
t.bgcolor('black')            # 바탕 색상을 검은색으로 지정합니다.
t.color('white')              # 펜 색을 흰색으로 지정합니다.
t.speed(0)                    # 거북이 속도를 가장 빠르게 지정합니다.

for i in range(n):            # n번 반복합니다.
    t.circle(60)              # 반지름이 60인 원을 그립니다.
    t.left(360/n)             # 거북이가 360/n만큼 회전합니다.
```

결과

t.circle(60)에서 반지름을 60으로 고정하는 대신에 i*3으로 바꾸면 원의 반지름이 다양한 크기의 도형을 그릴 수 있습니다.

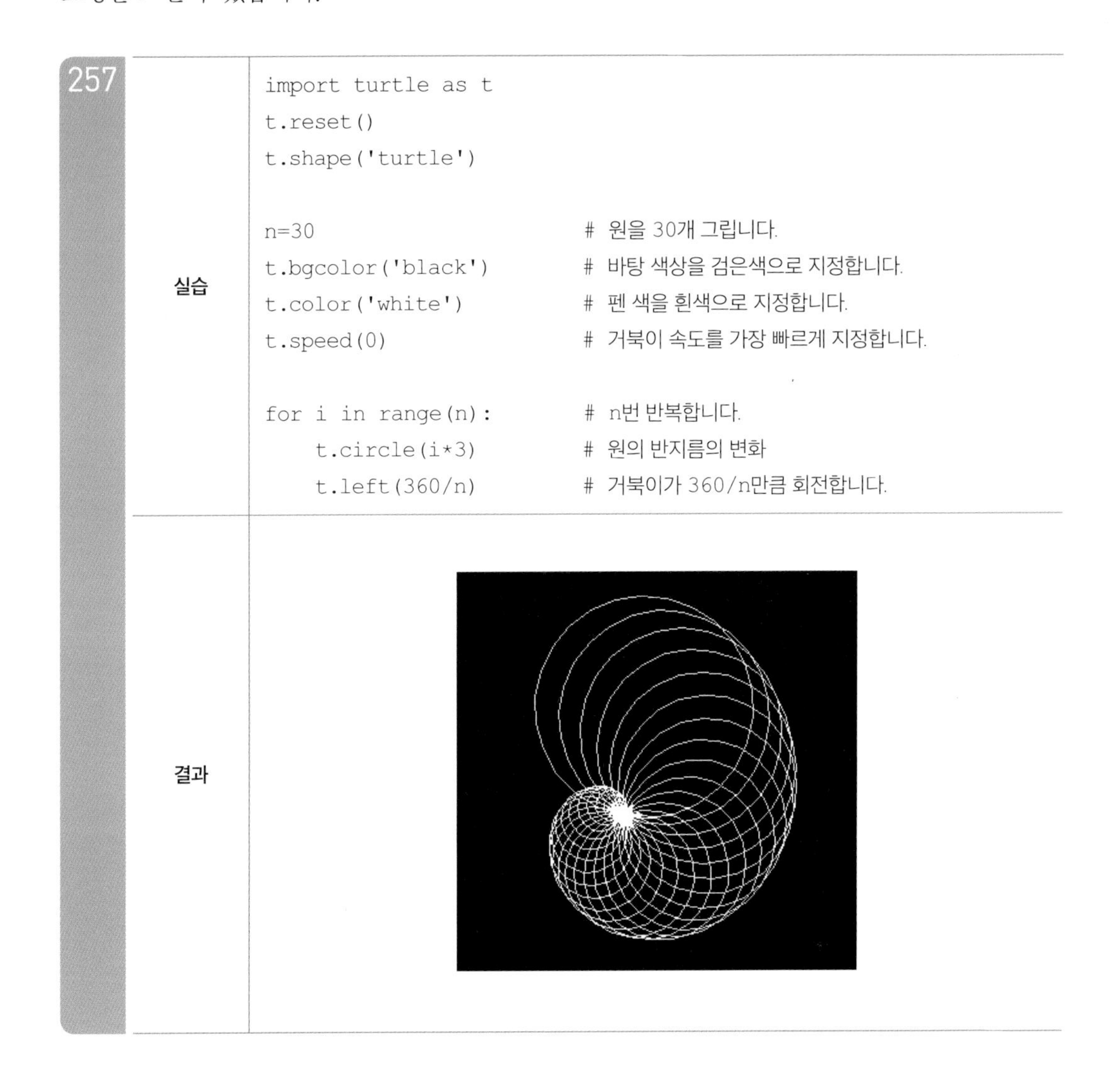

257

실습

```
import turtle as t
t.reset()
t.shape('turtle')

n=30                          # 원을 30개 그립니다.
t.bgcolor('black')            # 바탕 색상을 검은색으로 지정합니다.
t.color('white')              # 펜 색을 흰색으로 지정합니다.
t.speed(0)                    # 거북이 속도를 가장 빠르게 지정합니다.

for i in range(n):            # n번 반복합니다.
    t.circle(i*3)             # 원의 반지름의 변화
    t.left(360/n)             # 거북이가 360/n만큼 회전합니다.
```

결과

사각형을 그릴 때는 90도씩 회전하는데 89도씩 반복하여 회전하면 신기한 모양이 그려집니다. 회전 각도를 조금 바꾸면 거북이가 움직이면서 화면에 멋진 그림이 그려집니다.

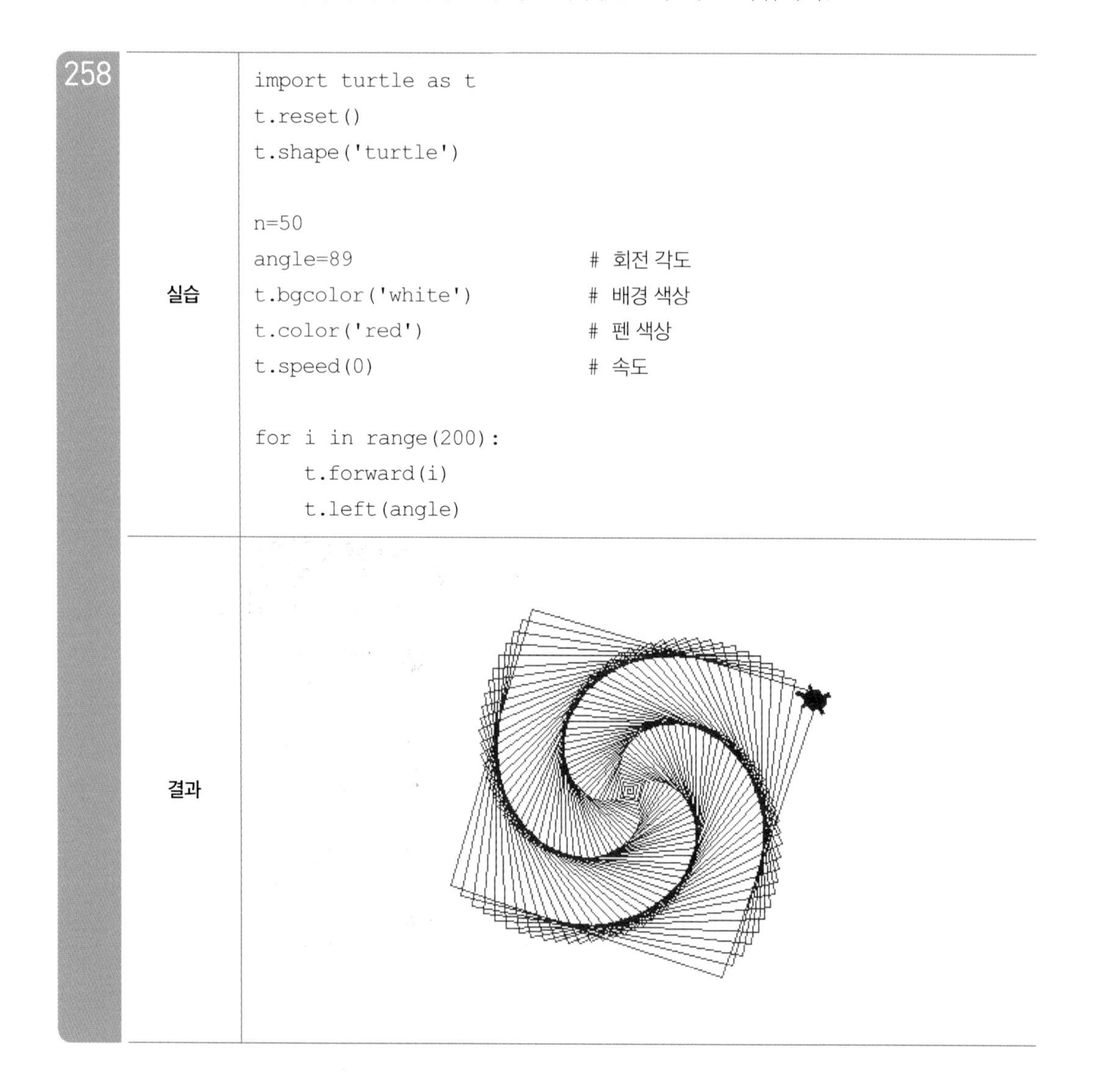

258

실습

```
import turtle as t
t.reset()
t.shape('turtle')

n=50
angle=89                    # 회전 각도
t.bgcolor('white')          # 배경 색상
t.color('red')              # 펜 색상
t.speed(0)                  # 속도

for i in range(200):
    t.forward(i)
    t.left(angle)
```

결과

도형을 활용하면 실습결과와 같은 하트 모양도 구현할 수 있습니다.

259

실습

```
import turtle as t
import math as m
t.reset()
t.shape('turtle')

t.bgcolor('white')
t.speed(0)                  # 속도
t.color('pink')             # 펜 색

t.begin_fill()              # 색 채우기 시작
for x in range(100):        # 100개의 점으로 나누어 그립니다.
    h=m.pi*x/50
    x=160*m.sin(h)**3
    y=130*m.cos(h)-50*m.cos(2*h)-20*m.cos(3*h)-10*m.cos(4*h)
    t.goto(x,y)             # 계산된 x, y 위치로 거북이가 이동합니다.
t.end_fill()                # 색 채우기 마무리
```

결과

••• 참고

- t.bgcolor('white') # 배경색
- t.speed(0) # 속도
- t.color('pink') # 펜 색
- t.begin_fill() # 색칠하기 시작
- t.end_fill() # 색 채우기 끝

삼각형 모양을 반복적으로 이용하고 119도씩 회전하면 실습결과와 같은 도형도 구현할 수 있습니다.

260

실습

```
import turtle as t
t.reset()
t.shape('turtle')

colors=['red', 'blue', 'green']     # 색상 지정

t.bgcolor('white')                  # 배경색
t.speed(0)
t.width(5)                          # 거북이가 그리는 선의 두께
length = 10

while length < 500:
    t.forward(length)
    t.pencolor(colors[length%3])
    t.right(119)                    # 회전 각도
    length+=5
```

결과

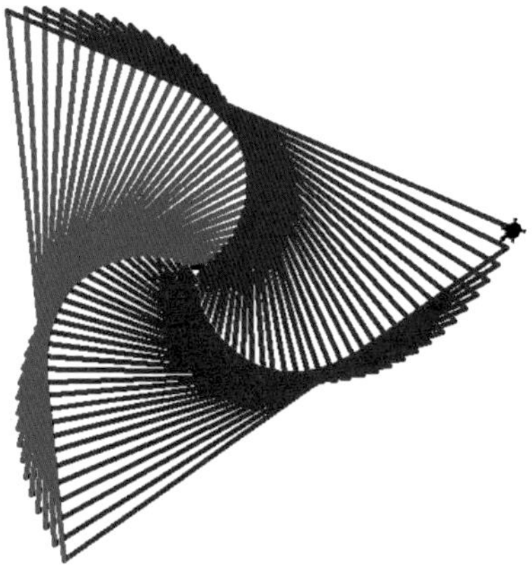

핵심 요약 SUMMARY

import turtle 명령으로 거북이 그래픽을 시작할 수 있습니다.

- t.reset() # 초기화
- t.shape('turtle') # 거북이 모양 설정
- t.forward(50) # 앞으로 이동
- t.forward(-75) # 반대 방향으로 이동
- t.position() # 현재 좌푯값 확인
- t.right(90) # 오른쪽으로 회전
- t.left(90) # 왼쪽으로 회전
- t.color('blue') # 펜 색
- t.pensize(3) # 펜 굵기
- t.begin_fill( ) # 영역 색칠 시작
- t.end_fill( ) # 영역 색칠 끝
- t.speed(1) # 느린 속도
- t.speed(10) # 빠른 속도
- t.speed(0) # 최고 속도

연습 문제 EXERCISE

01 거북이를 이용하여 육각형을 그려보세요.

문제	
결과	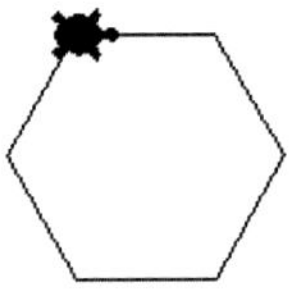

02 다음과 같은 원을 3개 그려보세요.

문제	
결과	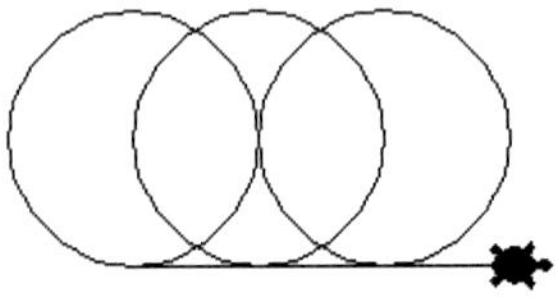

03 거북이를 60도씩 회전시키면서 화면에 6개의 원을 그려보세요.

문제	
결과	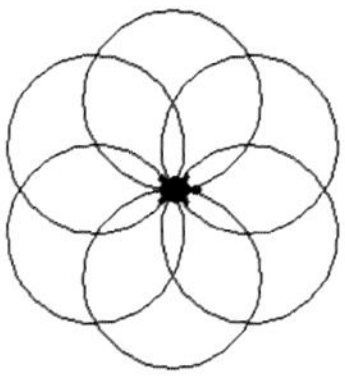

04 육각형 그리기를 3번 반복하여 다음과 같은 벌집 모양을 만들어 보세요.

문제	
결과	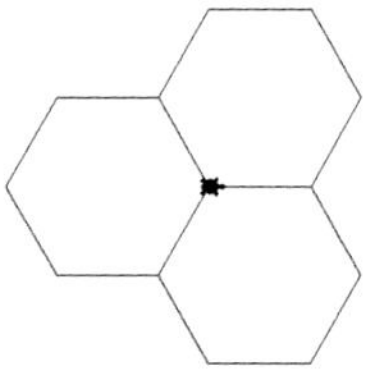

05 반복문을 사용하여 별을 그려보세요. 거북이를 50픽셀만큼 전진시키고 오른쪽으로 144도 회전하는 것을 5번 반복하면 별이 그려집니다.

문제	
결과	

힌트 ▸

```
import turtle as t
```

turtle 대신 t 사용하기

CHAPTER

14

워드클라우드

코랩을 설치한 후 기본적인 워드클라우드에 대해 알아보고 마스크 이미지를 이용한 워드클라우드, 한글 워드클라우드에 대해 학습합니다.

STEP 01 • 코랩
STEP 02 • 워드클라우드
STEP 03 • 네이버 뉴스 크롤링

코랩

STEP

구글 코랩(Colab, Colaboratory)은 구글 클라우드에서 실행되는 무료 파이썬 주피터 노트북입니다. 초보자에게는 파이썬을 쉽게 체험해 볼 수 있는 환경입니다. 또한 초보자를 벗어나 딥러닝, 머신러닝 등의 프로그램을 진행하다 보면 여러 라이브러리를 컴퓨터에 설치해야 하고 여러 환경설정 때문에 힘든 경우가 정말 많이 있습니다.
구글 코랩은 구글의 서버에 파이썬과 여러 라이브러리를 설치해 두어서 사용자들이 코드만 입력하면 구글 서버에서 코드를 실행하여 결과를 알려주며 고가의 GPU를 무료로 사용할 수 있어서 많은 시간과 노력을 절약할 수 있습니다. 코랩은 데이터 분석에 사용되는 Tensor Flow, Keras, mataplotlib, scikit-learn, pandas와 같은 패키지가 기본적으로 설치되어 있습니다.

••• 참고

이미 구글에 회원 가입이 되어 있는 경우에는 이 부분을 넘어가도 됩니다.

01-01 코랩 설치하기

❶ 코랩을 사용하려면 먼저 구글에 회원 가입이 되어 있어야 합니다. 구글에 로그인을 한 후 [Google앱]-[드라이브]를 클릭합니다.

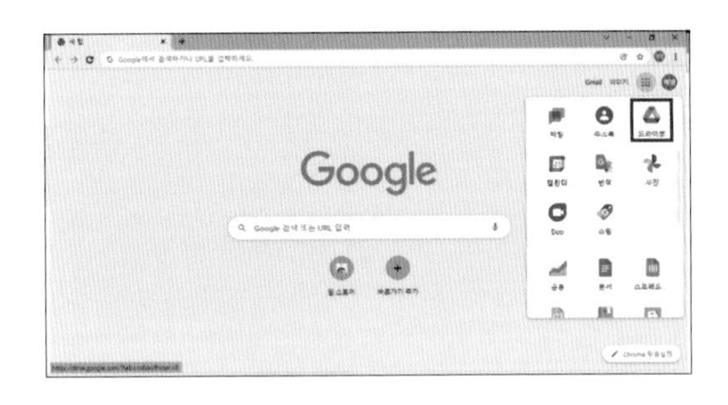

❷ 먼저 실습 폴더를 만들기 위해 [새로 만들기]-[폴더]를 클릭합니다.

❸ 폴더 이름에 'sample'을 입력하고 [만들기]를 클릭합니다.

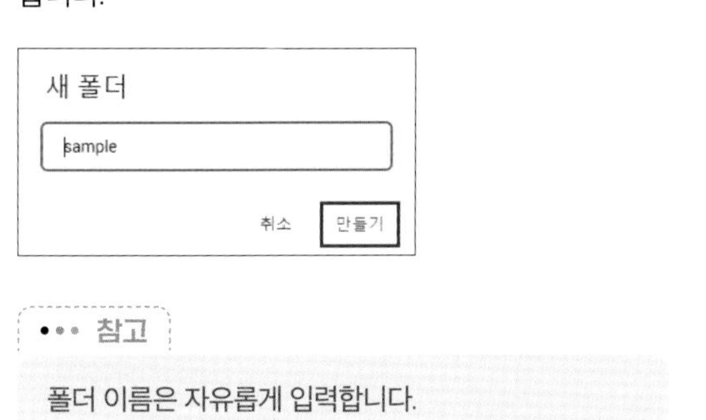

••• 참고

폴더 이름은 자유롭게 입력합니다.

❹ 이제 코랩을 설치하기 위해 마우스 오른쪽 버튼을 클릭한 후 [더보기]-[연결할 앱 더보기]를 선택합니다.

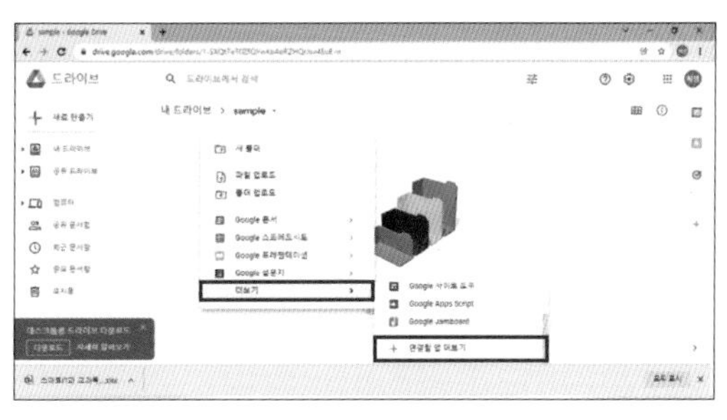

❺ Colaboratory를 클릭한 후 나타나는 화면에서 [설치]를 클릭합니다.

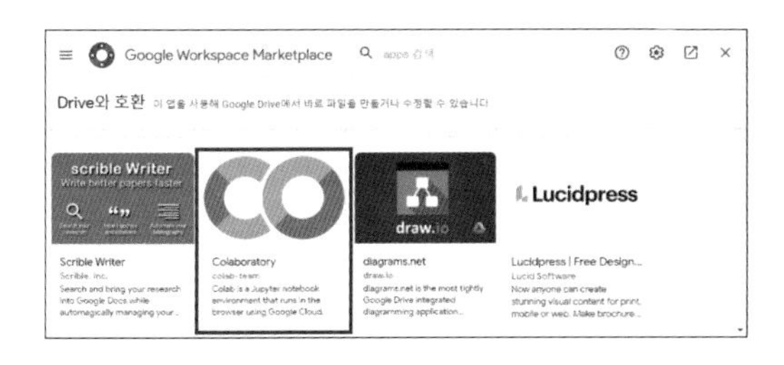

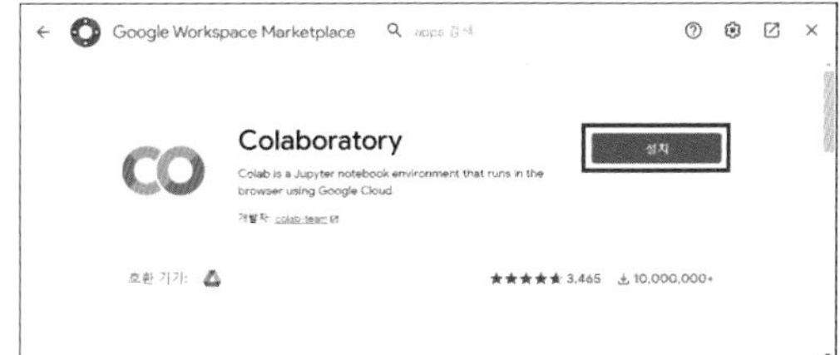

••• 참고

코랩(Colab)은 Colaboratory의 약어입니다.

❻ [계속]을 클릭한 후 나타나는 화면에서 계정을 선택합니다.

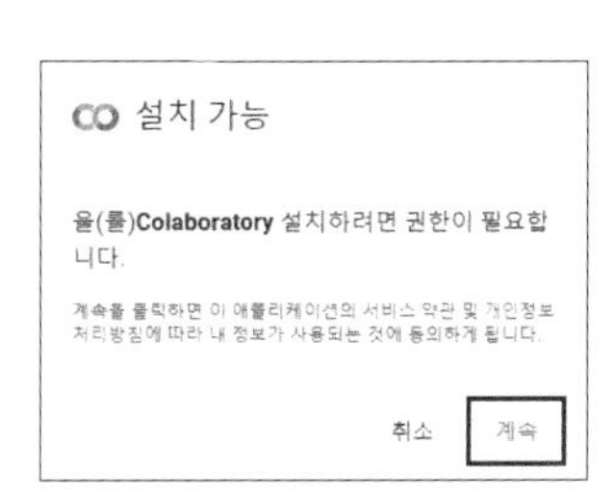

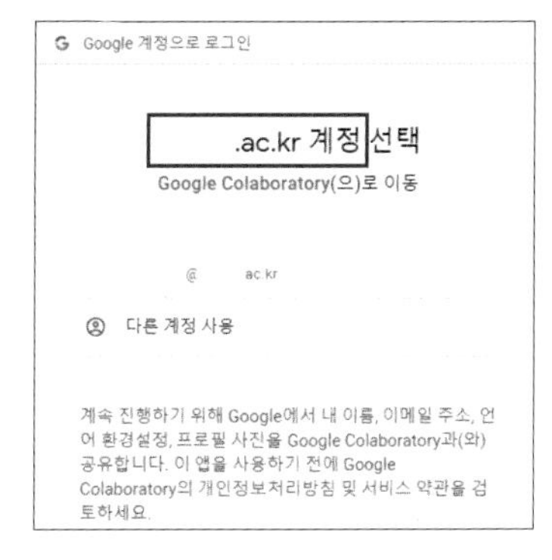

❼ [확인]-[완료]를 클릭합니다.

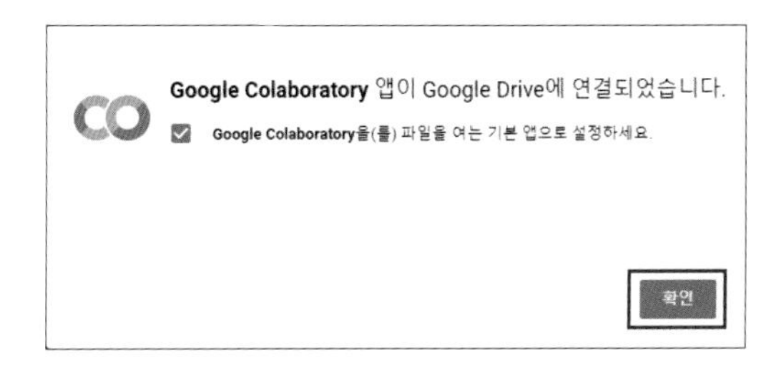

❽ 코랩을 사용하기 위해 마우스 오른쪽 버튼을 클릭한 후 [더보기]-[Google Colaboratory]를 선택합니다. 이제 코랩 환경에서 파이썬을 사용할 수 있습니다.

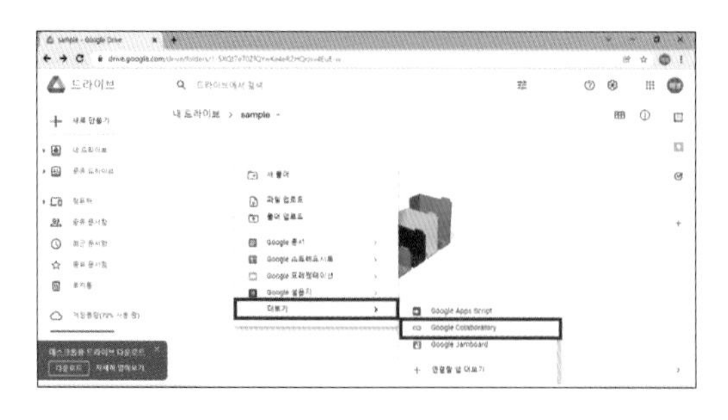

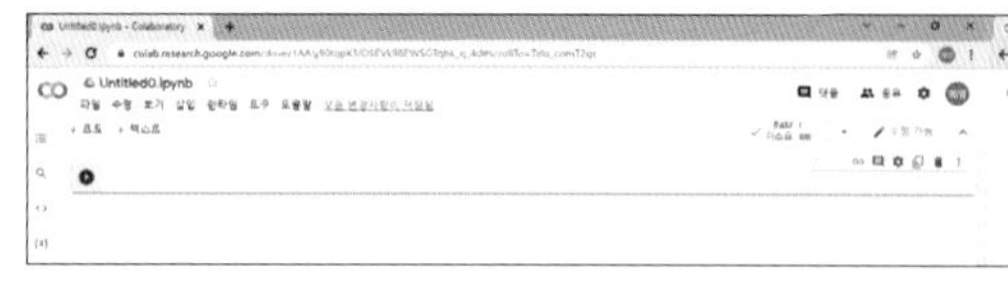

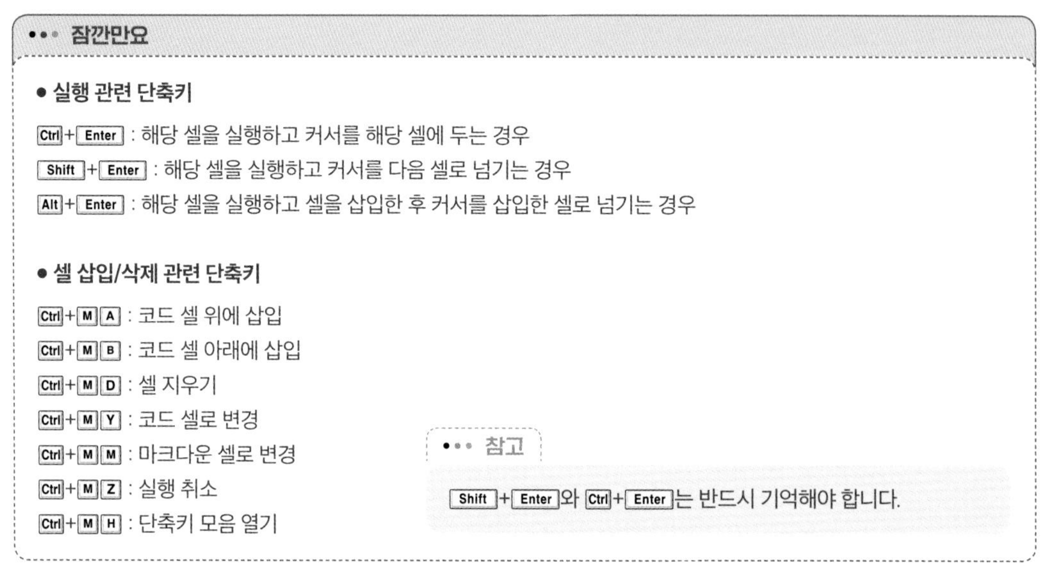

●●● 잠깐만요

● 실행 관련 단축키

Ctrl + Enter : 해당 셀을 실행하고 커서를 해당 셀에 두는 경우
Shift + Enter : 해당 셀을 실행하고 커서를 다음 셀로 넘기는 경우
Alt + Enter : 해당 셀을 실행하고 셀을 삽입한 후 커서를 삽입한 셀로 넘기는 경우

● 셀 삽입/삭제 관련 단축키

Ctrl + M A : 코드 셀 위에 삽입
Ctrl + M B : 코드 셀 아래에 삽입
Ctrl + M D : 셀 지우기
Ctrl + M Y : 코드 셀로 변경
Ctrl + M M : 마크다운 셀로 변경
Ctrl + M Z : 실행 취소
Ctrl + M H : 단축키 모음 열기

●●● 참고

Shift + Enter와 Ctrl + Enter는 반드시 기억해야 합니다.

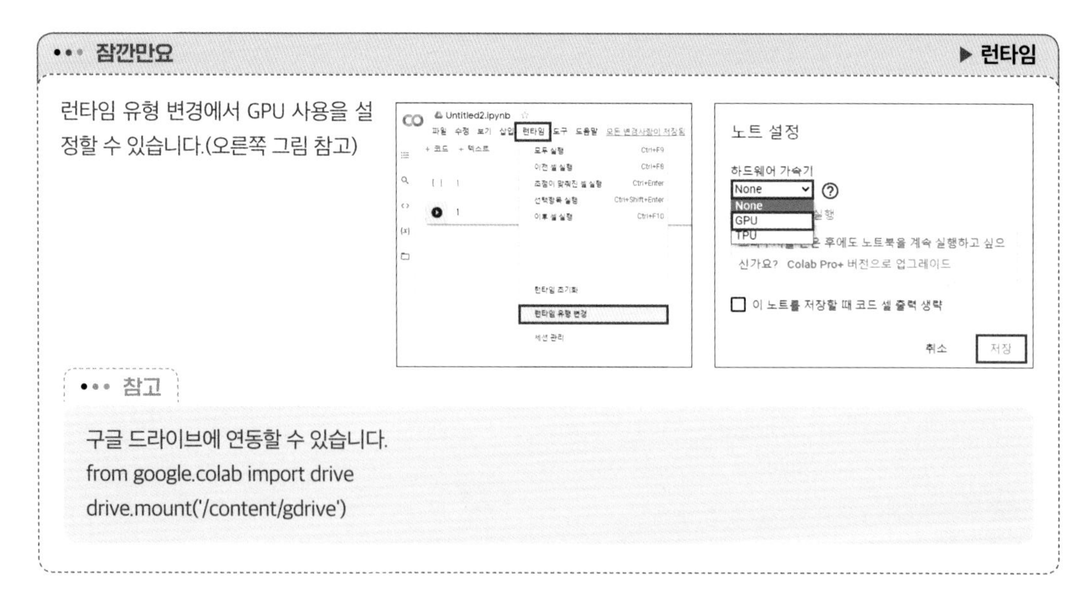

●●● 잠깐만요 ▶ **런타임**

런타임 유형 변경에서 GPU 사용을 설정할 수 있습니다.(오른쪽 그림 참고)

●●● 참고

구글 드라이브에 연동할 수 있습니다.

```
from google.colab import drive
drive.mount('/content/gdrive')
```

02 STEP 워드클라우드

워드클라우드는 많은 데이터들 중에서 특정한 키워드가 얼마나 더 중요한지 시각적으로 예쁘게 표시해 줍니다.

02-01 기본적인 워드클라우드

text 파일을 업로드하기 위해 탐색창에서 파일 단추를 클릭하고 마우스 오른쪽 버튼을 클릭해 [업로드]를 선택하여 text.txt 파일을 지정합니다.

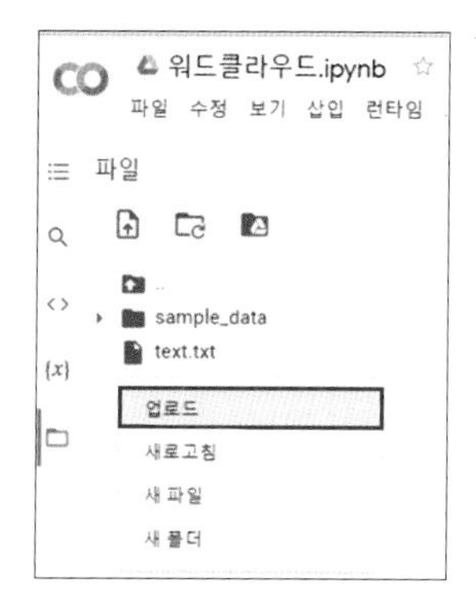

워드클라우드에서 사용되는 주요한 라이브러리를 살펴보면 wordcloud는 워드클라우드를 생성하기 위한 것으로 WordCloud, STOPWORDS, ImageColorGenerator와 같이 사용하여 다양한 효과를 나타낼 수 있습니다. matplotlib는 시각화를 위한 것이고, numpy는 다차원 배열 처리를 위한 패키지입니다.

그러면 text.txt 파일을 이용하여 워드클라우드를 생성해 보겠습니다. 다음 코드를 실행하면 기본적인 워드클라우드가 생성됩니다. 여기서 text = open("text.txt").read( )는 해당 파일을 불러오는 명령입니다.

261 실습

```
import matplotlib.pyplot as plt
from wordcloud import WordCloud

text = open("text.txt").read() # 텍스트 데이터 읽어오기
wordcloud = WordCloud()
wc = wordcloud.generate(text)  # 워드클라우드

plt.figure(figsize = (10, 10))   # 워드클라우드 작성하기
plt.imshow(wc, interpolation = "lanczos") # 이미지의 부드럽기 정도
```

```
plt.axis("off") # 축 표시 안함
plt.show() # 화면에 표시
```

결과

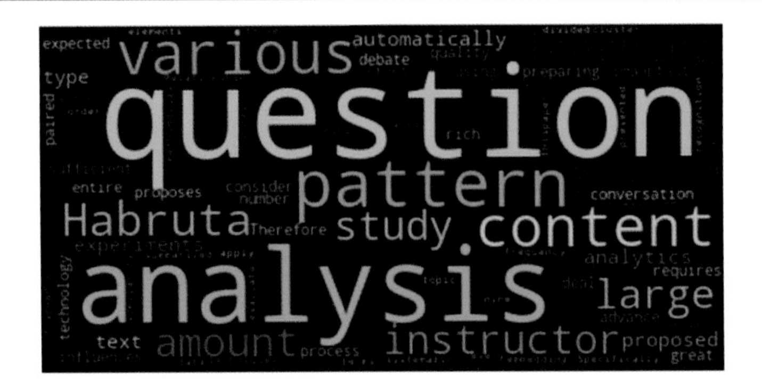

••• 참고

plt.imshow(wc, interpolation = "lanczos")는 이미지의 부드럽기 정도를 표시하는 부분으로 'lanczos', 'bilinear', 'none', 'None', 'bucubic', 'nearest', 'spline16', 'spline36', 'haning', 'hermite', 'kaiser', 'quadric', 'gaussian', 'bessel', 'mitchell', 'sinc', 'catrom', 'hamming' 등을 제공하고 있으니 각자 실습을 통해 비교해 봅니다.

max_words, max_font_size, background_color를 추가해 보겠습니다. max_words는 이미지에 넣을 최대 단어 수이며, max_font_size는 이미지에 넣을 최대 글자 크기를 지정합니다. 그리고 background_color는 배경색을 지정합니다.

••• 참고

최대 글자 크기는 150, 최대 단어 수는 50임을 의미합니다.
max_font_size = 150, max_words = 50

262

실습

```
# max_font_size 이미지에 넣을 최대 글자 크기
# max_words 이미지에 넣을 최대 단어 수
# background_color 배경색

import matplotlib.pyplot as plt
from wordcloud import WordCloud

text = open("text.txt").read()

wordcloud = WordCloud(max_font_size = 150, max_words = 50,
background_color='white')
wc = wordcloud.generate(text)
```

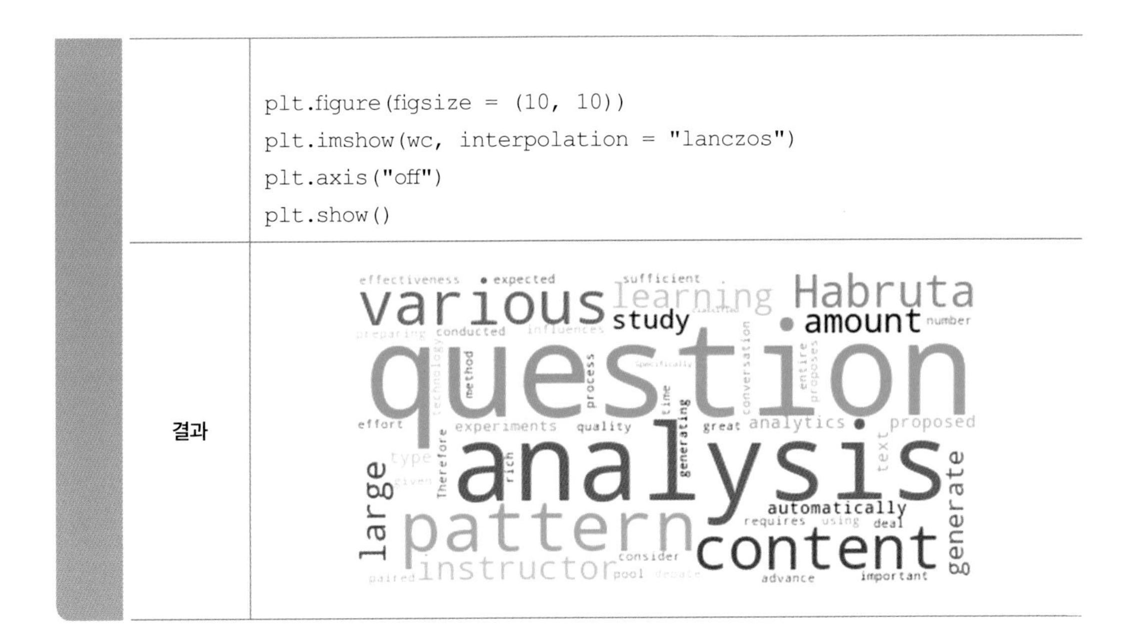

```
plt.figure(figsize = (10, 10))
plt.imshow(wc, interpolation = "lanczos")
plt.axis("off")
plt.show()
```

결과

워드클라우드를 재실행해 보면 매번 나오는 형태가 다른 것을 알 수 있습니다. 그런데 항상 일정한 워드클라우드 형태로 나오게 하고자 하면 random_state로 고정시켜 놓을 수 있습니다.

••• 참고

random_state는 특정한 모양을 고정합니다.

또한 워드클라우드에서 특정한 단어를 표시하지 않도록 할 수 있는데 이러한 단어들을 불용어(STOPWORDS)라고 합니다. 다음과 같은 내용이 필요합니다.

```
from wordcloud import STOPWORDS
stopwords = set(STOPWORDS) stopwords.update(["analysis", "pattern"])
```

여기서 불용어로서 "analysis", "pattern"을 지정했습니다. 앞에서 만든 워드클라우드와 비교해 보면 "analysis", "pattern"이 제거된 후에 표시된 것을 알 수 있습니다.

••• 참고

from wordcloud import STOPWORDS를 이용하여 불용어를 사용할 수 있습니다.

263

실습

```
import matplotlib.pyplot as plt
from wordcloud import WordCloud
from wordcloud import STOPWORDS # 불용어

text = open("text.txt").read()

stopwords = set(STOPWORDS)
stopwords.update(["analysis","pattern"])    # 불용어 지정

# 불용어 처리
wordcloud = WordCloud(max_font_size = 150, max_words =
50, background_color='white', stopwords=stopwords,random_
state=10)
wc = wordcloud.generate(text)

plt.figure(figsize = (10, 10))
plt.imshow(wc, interpolation = "lanczos")
plt.axis("off")
plt.show()
```

결과

02-02 마스크 이미지를 이용한 워드클라우드

지금까지는 사각형 모양의 워드클라우드를 표시했는데 아름다운 그림 모양대로 워드클라우드를 만들 수 있습니다. 이미지 파일 처리를 위해 PIL과 다차원 배열 처리를 위해 np가 필요합니다. 어려운 이야기이지만 이미지를 가져와서 배열 형태로 변환하여 처리하게 됩니다.

먼저 그림 파일을 코랩으로 업로드하기 위해 탐색창에서 파일 단추를 클릭하고 마우스 오른쪽 버

튼을 클릭하여 [업로드]를 선택해 준비된 그림 파일을 지정합니다. 여기서는 star.jpg 파일로 하겠습니다.

••• 참고

워드클라우드의 모양을 잡아줄 이미지를 마스크 이미지라고 합니다.

추가로 다음과 같은 부분이 필요합니다.

```
import numpy as np
from PIL import Image
img_mask = np.array(Image.open("star.jpg"))
```

별 이미지로 된 워드클라우드가 생성된 결과를 확인할 수 있습니다.

264

실습

```
import matplotlib.pyplot as plt
from wordcloud import WordCloud
from wordcloud import STOPWORDS

import numpy as np
from PIL import Image

text = open("text.txt").read()
stopwords = set(STOPWORDS)
stopwords.update(["analysis","pattern"])

img_mask = np.array(Image.open("star.jpg")) # 이미지 파일 지정

# 이미지 마스크 처리
wordcloud = WordCloud(max_font_size = 100,  background_
color='white', stopwords=stopwords,random_state=10, mask=img_
mask)
wc = wordcloud.generate(text)

plt.figure(figsize = (10, 10))
plt.imshow(wc, interpolation = "lanczos")
plt.axis("off")
plt.show()
```

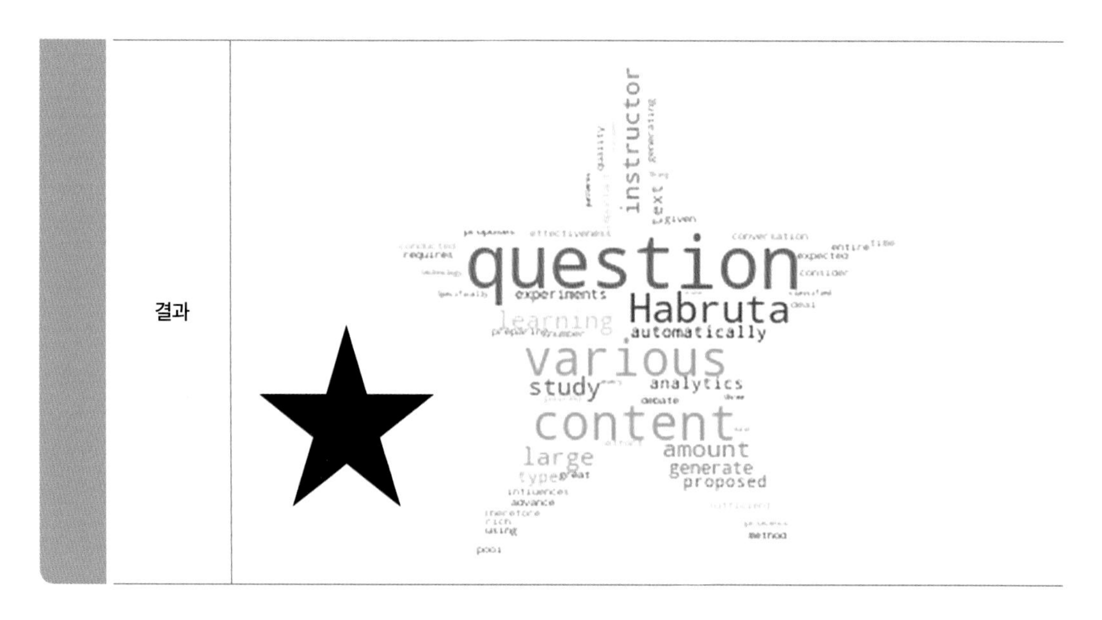

••• 참고

https://pixabay.com/ 사이트에서 다양한 무료 이미지를 다운받을 수 있습니다.

이미지의 색상대로 글자의 색상을 표시할 수 있습니다. 다음 부분을 추가하면 됩니다.

```
from wordcloud import ImageColorGenerator
image_colors = ImageColorGenerator(img_mask)
```

••• 참고

이미지는 배경이 흰색이고 경계선이 뚜렷한 것을 선택하는 것이 좋습니다.

265

실습

```
import matplotlib.pyplot as plt
from wordcloud import WordCloud
from wordcloud import STOPWORDS

import numpy as np
from PIL import Image
from wordcloud import ImageColorGenerator

text = open("text.txt").read()

stopwords = set(STOPWORDS)
stopwords.update(["analysis","pattern"])
```

```
img_mask = np.array(Image.open("snail.jpg"))

image_colors = ImageColorGenerator(img_mask)

wordcloud = WordCloud(max_font_size = 100, max_words = 1000,
background_color='white', stopwords=stopwords,random_state=10,
mask=img_mask, color_func=image_colors)
wc = wordcloud.generate(text)

plt.figure(figsize = (10, 10))
plt.imshow(wc, interpolation = "lanczos")
plt.axis("off")
plt.show()
```

결과

02-03 한글을 이용한 워드클라우드

한글을 워드클라우드로 처리하기 위해서는 별도로 형태소 분석을 설치해야 합니다. 형태소 분석에는 여러 가지가 있지만 여기서는 konlpy를 지정하겠습니다. !pip install konlpy를 이용하여 형태소 분석을 설치합니다.

한글에서 사용하는 폰트 파일을 직접 업로드해도 되고 만약 폰트 파일이 준비되어 있지 않다면 다음 명령어를 이용하여 별도로 설치할 수 있습니다.

```
!apt-get update -qq
!apt-get install fonts-nanum* -qq
```

폰트 파일을 직접 업로드하려면 마우스 오른쪽 버튼을 클릭한 다음 [업로드]를 선택하여 "Nanum Gothic.ttf" 파일을 지정합니다.

••• 참고

한글 데이터를 워드클라우드로 나타내려면 영문보다 추가적으로 설치가 더 필요합니다.

최종 코드는 다음과 같습니다.

266

실습

```
!pip install konlpy
import nltk
from konlpy.tag import Kkma

import matplotlib.pyplot as plt
import numpy as np
from wordcloud import WordCloud
from wordcloud import STOPWORDS
from PIL import Image
from wordcloud import ImageColorGenerator

text = open("htext.txt").read()

stopwords = set(STOPWORDS)
stopwords.update(["대한","대해", "형태소"])
img_mask = np.array(Image.open("snail.jpg"))
image_colors = ImageColorGenerator(img_mask)

FONTPATH =  "NanumGothic.ttf"

wordcloud = WordCloud(max_font_size = 100, \
                      max_words = 1000, \
                      background_color='white', \
                      stopwords=stopwords,random_state=10, \
                      mask=img_mask, color_func=image_colors,
font_path = FONTPATH)
wc = wordcloud.generate(text)

plt.figure(figsize = (10, 10))
plt.imshow(wc, interpolation = "lanczos")
plt.axis("off")
```

결과

현재 코랩에 업로드되어 있는 파일은 "htext.txt", "NanumGothic.ttf", "snail.jpg"입니다.

명사들을 대상으로 워드클라우드를 진행하면 다음과 같습니다.

267

실습

```
import nltk
from konlpy.tag import Kkma
from konlpy.tag import Twitter

import matplotlib.pyplot as plt
from wordcloud import WordCloud
from wordcloud import STOPWORDS
import numpy as np
from PIL import Image
from wordcloud import ImageColorGenerator

tw = Twitter()
text = open("htext.txt").read()

stopwords = set(STOPWORDS)
stopwords.update(["대한","대해", "형태소"])
img_mask = np.array(Image.open("snail.jpg"))
image_colors = ImageColorGenerator(img_mask)

FONTPATH =  "NanumGothic.ttf"

tokens_text= tw.nouns(text)
```

```
new_text=[]
for word in tokens_text:
  if len(word) > 1 and  word != ' ':
        new_text.append(word)
ko=nltk.Text(new_text)
ko.vocab()
data = ko.vocab().most_common(150)
data = dict(data)

wordcloud = WordCloud(max_font_size = 100, max_words = 1000, \
            background_color='white', stopwords=stopwords, \
            random_state=10,mask=img_mask, \
            color_func=image_colors, font_path = FONTPATH)
wc = wordcloud.generate_from_frequencies(data)

plt.figure(figsize = (10, 10))
plt.imshow(wc, interpolation = "lanczos")
plt.axis("off")
plt.show()
```

결과

03 STEP 네이버 뉴스 크롤링

네이버 뉴스를 크롤링하여 워드클라우드로 표시하겠습니다.

268 실습

```
# 준비
!pip install konlpy
import nltk
from konlpy.tag import Kkma
from konlpy.tag import Twitter

import matplotlib.pyplot as plt
from wordcloud import WordCloud
from wordcloud import STOPWORDS
import numpy as np
from PIL import Image
from wordcloud import ImageColorGenerator

import requests
import pandas as pd
from bs4 import BeautifulSoup

# 특정한 날짜의 네이버 뉴스 랭킹 기사 제목 추출
date='20220109'
news_title_url ='https://news.naver.com/main/ranking/
popularDay.nhn?date={}'.format(date)

headers = {'User-Agent' : 'Mozilla/5.0 (Windows NT 10.0;
Win64; x64) AppleWebKit/537.36 (KHTML, like Gecko)
Chrome/89.0.4389.90 Safari/537.36'}
req_news = requests.get(news_title_url, headers = headers)
soup = BeautifulSoup(req_news.text, 'html.parser')
news_titles = soup.select('.rankingnews_box > ul > li > div >
a')
```

••• 참고

네이버는 사용자들이 크롤링하는 것을 좋아하지 않습니다. 시간이 지나서 네이버가 이러한 코드를 막아버릴 수 있습니다. 따라서 크롤링은 시간이 지나면 다른 코드 방식을 지정해야 합니다.

269

실습

```
# 기사 제목을 리스트에 저장하기
multi_title = []
for i in range(len(news_titles)):
    multi_title.append(news_titles[i].text)
    print(i+1, news_titles[i].text)
```

결과

```
1 발리 푸른바다거북 도살 직전 구출됐지만…뱃속엔 '비닐봉지'
2 [크랩] 겨울철 나무 뜨개 옷… '벌레 잡는 효과' 사실 없다?
3 "연예인 마케팅 22억, 절반은 가맹점이 부담" … '본사 갑질' 논란
```

270

실습

```
# 문장 연결하기
title = "".join(multi_title)
stop_title = title.replace('\n',' '.replace('.', '
').replace(',',' ').replace('"',' ').replace("'","
").replace('=',' '))
stop_title
```

결과

```
'발리 푸른바다거북 도살 직전 구출됐지만…뱃속엔 '비닐봉지' [크랩] 겨울철 나무 뜨개 옷… '벌레 잡는 효과' 사실 없다? "연예인 마케팅 22억, 절반은 가맹점이 부담" … '본사 갑질' 논란내일부터 대형마트도 방역패스…신규 확진 3,376명한전, 전력선 직접 접촉 작업 퇴출한다…전봇대 작업도 금지코로나 19 양성 아들 트렁크에 격리한 40대 미국 엄마 기소김부겸, 여가부 폐지 논란에 "20대, 여가부 족적 잘 모르는 듯"野 단일화 가상대결…安 42.3%vs李 28.9%, 尹 34.4%vs李 33.6%윤석열 "내일부터 마트 갈 자유 제한…방역패스 폐기해야"故 이한열 열사 어머니 배은심 여사 별세…정치권, 애도 물결#'표창장 위조 딸보다 상습도박 아들#' 선택한 우상호…"조국한
```

271

실습

```
tw = Twitter()
tokens_kor = tw.nouns(stop_title)
tokens_kor
kor = nltk.Text(tokens_ko)
kor.tokens
kor.vocab()
new_kor=[]
for word in kor:
  if len(word) > 1 and word != ' ':
        new_kor.append(word)
new_kor
kor = nltk.Text(new_kor)
kor.tokens
kor.vocab()
data = kor.vocab().most_common(150)
data = dict(data)

# 워드클라우드로 나타내기
stopwords = set(STOPWORDS)
img_mask = np.array(Image.open("snail.jpg"))
image_colors = ImageColorGenerator(img_mask)
```

```
wordcloud = WordCloud(max_font_size = 100, max_words = 1000, \
                      background_color='white',
stopwords=stopwords, \
                      random_state=10,mask=img_mask, \
                      color_func=image_colors, font_path =
FONTPATH)
wc = wordcloud.generate_from_frequencies(data)

plt.figure(figsize = (10, 10))
plt.imshow(wc, interpolation = "lanczos")
plt.axis("off")
plt.show()
```

결과

핵심 요약 SUMMARY

| 1 | 코랩 실행 관련 단축키

Ctrl+Enter : 해당 셀을 실행하고 커서를 해당 셀에 두는 경우

Shift+Enter : 해당 셀을 실행하고 커서를 다음 셀로 넘기는 경우

Alt+Enter : 해당 셀을 실행하고 셀을 삽입한 후 커서를 삽입한 셀로 넘기는 경우

| 2 | 코랩 셀 삽입/삭제 관련 단축키

Ctrl+M A : 코드 셀 위에 삽입

Ctrl+M B : 코드 셀 아래에 삽입

Ctrl+M D : 셀 지우기

Ctrl+M Y : 코드 셀로 변경

Ctrl+M M : 마크다운 셀로 변경

Ctrl+M Z : 실행 취소

Ctrl+M H : 단축키 모음 열기

| 3 | 불용어 처리

```
from wordcloud import STOPWORDS
stopwords = set(STOPWORDS)
stopwords.update(["analysis", "pattern"]
```

연습 문제 EXERCISE

01 현재 날짜의 네이버 뉴스 기사를 검색하여 워드클라우드로 나타내세요. (정답은 step 3 참고)

문제	`!pip install konlpy`
	`import nltk`
	`import numpy as np`
	`import requests`
	`import pandas as pd`
	
	`from konlpy.tag import Kkma`
	`from konlpy.tag import Twitter`
	`import matplotlib.pyplot as plt`
	`from wordcloud import WordCloud`
	`from wordcloud import STOPWORDS`
	`from PIL import Image`
	`from wordcloud import ImageColorGenerator`
	`from bs4 import BeautifulSoup`
	
	: 이후 코드 작성하기

02 "htext.txt" 파일, "NanumGothic.ttf" 파일 그리고 각자 준비한 이미지 파일을 이용하여 독특한 모양의 워드클라우드를 생성하세요.

문제	`!pip install konlpy`
	`import nltk`
	`from konlpy.tag import Kkma`
	`from konlpy.tag import Twitter`
	`import matplotlib.pyplot as plt`
	`from wordcloud import WordCloud`
	`from wordcloud import STOPWORDS`
	`import numpy as np`
	`from PIL import Image`
	`from wordcloud import ImageColorGenerator`
	
	`tw = Twitter()`
	`text = open("htext.txt").read()`
	
	: 이후 코드 작성하기

힌트 ▸ !pip install konlpy 형태소 분석기를 설치합니다.

CHAPTER

15

객체 탐지

인공지능의 개념을 알아보고 객체 탐지를 배우기 위해 바운딩 박스, IOU, mAP를 학습한 후 객체 탐지 실험을 해봅니다.

인공지능

인공지능의 개념은 인간이 할 수 있는 사고 학습을 컴퓨터가 할 수 있도록 하자는 것으로 컴퓨터가 인간처럼 무엇인가를 이해하고 생각하는 능력을 갖게 하는 데 그 목적이 있습니다.
머신러닝은 컴퓨터가 학습을 통해 스스로 규칙을 발견할 수 있도록 하는 기술입니다. 스스로 규칙을 발견하려면 많은 양의 데이터로 이루어진 학습이 수반되어야 합니다. 이렇게 대용량으로 학습된 후에는 스스로 판단과 예측을 하게 됩니다.

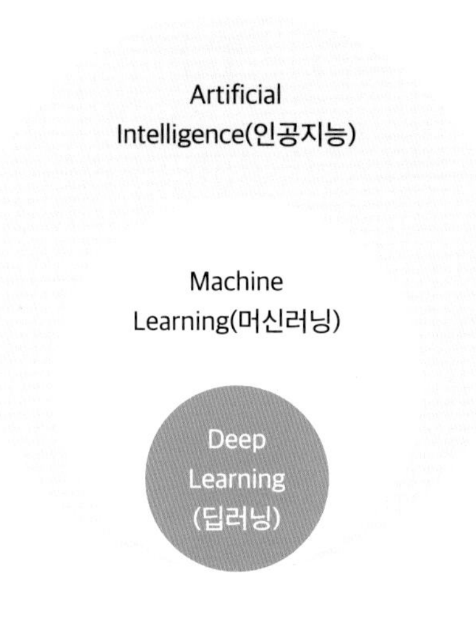

인공 신경망은 여러 뉴런이 서로 연결되어 있는 구조의 네트워크입니다. 학습하고자 하는 데이터를 입력층에 넣고 여러 단계의 은닉층을 지나서 처리가 이루어진 후에 출력층을 통해 최종 결과가 나오게 됩니다. 은닉층을 여러 개 갖는 구조를 심층 신경망(DNN, Deep Neural Network)이라고 합니다.
딥러닝(Deep Learning)은 심층 신경망을 이용하여 데이터에서 특징을 추출하고 스스로 결과를 도출합니다.

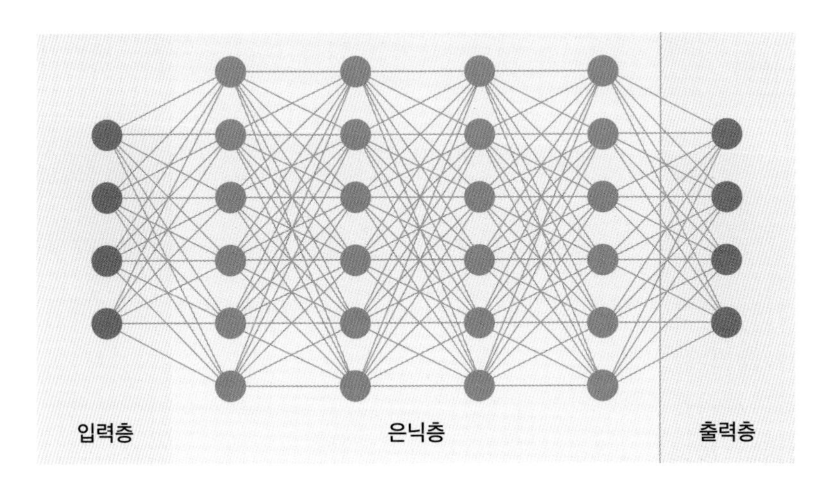

••• 참고

심층 신경망을 사용하는 것은 딥러닝만의 뚜렷한 특징입니다.

최근에 인공지능(Artificial Intelligence), 머신러닝(Machine Learning) 그리고 딥러닝(Deep Learning) 기술의 연구가 활발히 이루어지고 있습니다. 다양한 딥러닝 기술을 이용한 얼굴 이미지 인식을 통해 성별 인식, 졸음 감지, 감성 분석, 연령 예측 그리고 얼굴 방향 감지 등을 수행하는 다양한 연구가 수행되고 있으며, 하나의 사진 이미지로부터 복수의 객체를 탐지하는 다양한 알고리즘도 고안되고 있습니다.

STEP 02 객체 탐지

객체 탐지 모델 yolov5는 2020년 6월에 출시되어 사람처럼 어디에 무엇이 있는지 단번에 판단하는 'You Only Look Once'입니다.

yolo 모델은 물체 인식을 수행하기 위해 고안된 심층 신경망으로 바운딩 박스와 분류를 동일한 신경망 구조를 통해서 동시에 실행하는 것이 가장 큰 특징입니다. 객체 탐지는 이미지나 비디오 안의 사람, 비행기, 자동차 등의 위치와 종류를 알아내는 것을 말합니다.

Object Classification
(bicycle)

Object Localization
(Bounding Box)

Object Classification with
Localization

잠깐만요 ▶ **yolov5가 탐지하는 객체 80가지**

'person', 'bicycle', 'car', 'motorcycle', 'airplane', 'bus', 'train', 'truck', 'boat', 'traffic light', 'fire hydrant', 'stop sign', 'parking meter', 'bench', 'bird', 'cat', 'dog', 'horse', 'sheep', 'cow', 'elephant', 'bear', 'zebra', 'giraffe', 'backpack', 'umbrella', 'handbag', 'tie', 'suitcase', 'frisbee', 'skis', 'snowboard', 'sports ball', 'kite', 'baseball bat', 'baseball glove', 'skateboard', 'surfboard', 'tennis racket', 'bottle', 'wine glass', 'cup', 'fork', 'knife', 'spoon', 'bowl', 'banana', 'apple', 'sandwich', 'orange', 'broccoli', 'carrot', 'hot dog', 'pizza', 'donut', 'cake', 'chair', 'couch', 'potted plant', 'bed', 'dining table', 'toilet', 'tv', 'laptop', 'mouse', 'remote', 'keyboard', 'cell phone', 'microwave', 'oven', 'toaster', 'sink', 'refrigerator', 'book', 'clock', 'vase', 'scissors', 'teddy bear', 'hair drier', 'toothbrush'

02-01 바운딩 박스

컴퓨터는 어떻게 'bicycle'이라고 판단하고 바운딩 박스를 그릴까요? 컴퓨터가 생각해 나가는 과정을 살펴보겠습니다. 먼저 우리 인간이 다음의 그림에서 좌푯값을 알려주며 자전거라고 알려줍니다. 아이에게 그림을 보여주면서 이건 자전거이고 여기 위치에 있어라고 알려주듯이 말이죠. 몇 장 정도 알려주면 좋을까요? 몇천 장~몇만 장 정도를 알려주게 됩니다.

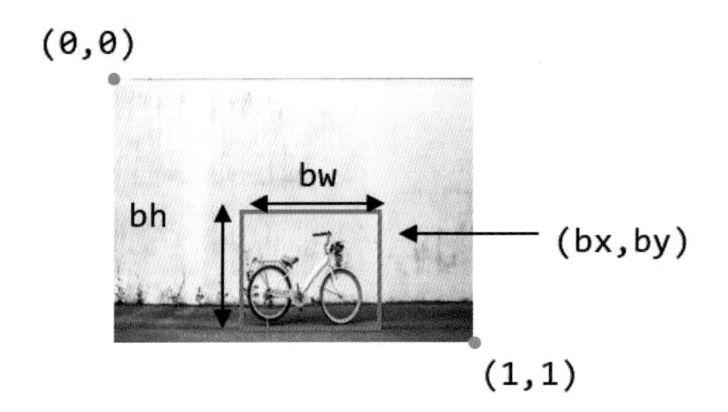

인간이 알려주는 정보를 컴퓨터는 y=[p, bx, by, bw, bh, c1, c2, c3, c4, c5, c6,... cn]으로 정리하여 기억을 진행합니다.

```
p : 이미지에 물체가 존재할 확률(probability)
bx : 박스의 중심 x좌표, by : 박스의 중심 y좌표
bw : 박스의 너비, bh : 박스의 높이
c1~cn : 해당 클래스가 존재할 확률
```

80가지 종류의 객체에 대해 학습을 했으면 c80까지 존재하게 됩니다.
예시를 살펴보면 y= (1.0, 0.5, 0.7, 0.3, 0.4, 0.0, 1.0, 0.0,...0.92)로 볼 수 있으며, 설정한 클래스 중에서 2번 클래스에 객체가 있을 확률이 높다고 판단할 수 있습니다.

이미지에 객체가 있는지 어떻게 탐지할까요? 이미지를 잘게 쪼개어서 하나하나 판단하게 됩니다.

예시에서는 7*7로 나누었습니다. 잘게 나누어진 셀 하나를 Gride Cell이라고 합니다. 하나의 Gride Cell에는 2개의 바운딩 박스 정보를 가지고 있습니다. 따라서 하나의 이미지를 7*7로 나누고 하나의 Gride Cell당 2개의 바운딩 박스 정보를 가지고 있고 80개의 클래스에 대해서 학습을 시키면 하나의 이미지는 7*7*2*80개의 바운딩 박스 정보를 가지고 있다고 볼 수 있습니다. 바운딩 박스 정보에서 클래스가 있을 확률이 있는 바운딩 박스를 골라내게 됩니다.

02-02 IOU

많은 바운딩 박스 중에 단 하나의 바운딩 박스를 골라내야 하는데 그 과정을 NMS(Non-Maximum Suppression)라고 합니다. NMS는 가장 신뢰도가 높은 하나의 바운딩 박스만 남기는 것을 말합니다. 이때 사용되는 공식이 IOU(Intersection over Union)입니다.

IOU는 바운딩 박스 A와 바운딩 박스 B의 교집합 면적을 합집합 면적으로 나누어 가면서 가장 큰 값을 찾습니다. 그래서 최후에 하나의 바운딩 박스만 나타내게 됩니다.

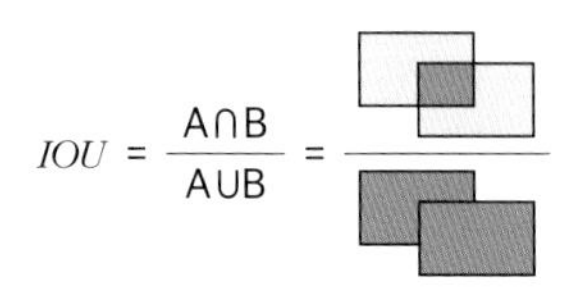

02-03 mAP

객체를 추출하여 바운딩 박스를 그렸는데 과연 이것이 잘되었는지 평가하는 것이 필요합니다. 평가 지표에는 정밀도, 재현율을 이용합니다.

먼저 정밀도(Precision)는 주로 재현율(Recall)과 같이 사용하는데 예측된 결과가 얼마나 정확한지를 나타내는 지표입니다. 검출된 것들 중에서 정답을 맞춘 것들의 비율이 어느 정도인지를 알 수 있기 때문에 검출 결과가 얼마나 정확한지를 알 수 있습니다.

재현율(Recall)은 얼마나 정답을 맞추었는지를 나타내는 지표입니다. 검출되어야 할 객체들 중에서 제대로 검출된 것의 비율입니다. 표와 수식으로 나타내면 다음과 같습니다.

		실제 정답	
		True	**False**
분류 결과	**True**	True Positive	False Negative
	False	False Positive	True Negative

$$Precision = \frac{TP}{TP + FP}$$

$$Recall = \frac{TP}{TP + FN}$$

••• 참고

- 정밀도(Precision) : 모델이 True로 예측한 것들 중에서 실제 True인 비율
- 재현율(Recall) : 실제 True인 경우 중 모델이 True로 예측한 것의 비율

그림의 예시를 가지고 다시 살펴보겠습니다.(아래 그림의 □는 컴퓨터가 찾은 객체입니다.)

객체 9개가 들어 있는 그림을 주고 고양이를 찾으라고 했습니다. 그림을 보면 총 9개 객체가 있고, 그중에서 고양이 객체가 5개 있습니다. 컴퓨터는 총 8개의 객체를 찾아냈는데 정확하게 찾아낸 고양이 객체가 4개 있고, 잘못 찾아낸 객체가 4개 있습니다.

검출한 객체 : 8
검출한 것 중 맞춘 것 : 4
실제 고양이(정답) 객체 : 5

정밀도는 검출한 객체가 8개이고, 검출한 객체 중에서 고양이로 맞춘 것은 4개이므로 4/8=0.5가 됩니다.
재현율은 실제 고양이(정답) 객체가 5개이고, 검출한 객체 중 고양이로 맞춘 것은 4개이므로 4/5=0.8이 됩니다.

정밀도에는 AP(Average Precision)와 mAP(mean Average Precision)가 있습니다. AP와 mAP에 대해 알아보겠습니다. Average Precision의 계산은 Recall을 0부터 0.1 단위로 증가시켜서 1까지(총 11개의 값) 증가시킬 때 필연적으로 Precision이 감소하게 되는데 단위마다 Precision값을 계산하여 평균을 내어 계산합니다. 즉, 11가지의 Recall값에 따른 Precision값들의 평균을 AP라고 합니다.
하나의 클래스마다 AP값을 계산할 수 있고, 전체 클래스 개수에 대해 AP를 계산하여 평균을 낸 값이 바로 mAP입니다.

객체 탐지에서 사용하는 지표는 mAP를 사용합니다. 그러면 이제 객체 검출을 파이썬을 통해 진행해 보겠습니다.

객체 탐지 실험

STEP

yolo_image.zip의 이미지 구성은 다음과 같습니다. 이 이미지를 이용하여 객체 탐지를 해보겠습니다. 그림 속의 자동차, 비행기, 사람, 말, 자전거 등을 탐지할 수 있을까요?

구글에 로그인을 하여 코랩에 접속합니다(14장 코랩 부분 참고). 접속 환경을 GPU로 변경합니다.

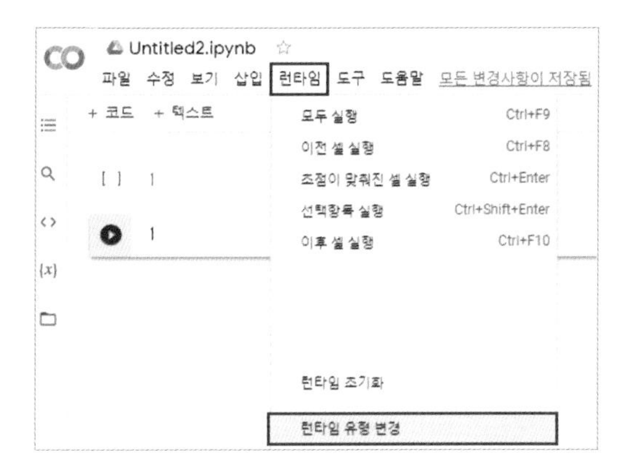

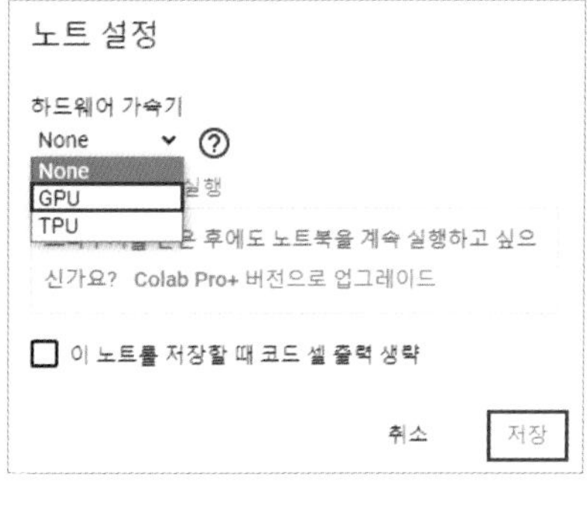

구글 드라이버에 연동합니다. 연동된 후에 나의 드라이브는 /content/gdrive/My drive가 됩니다.

272

실습

```
# 내 구글 드라이버에 연동
from google.colab import drive
drive.mount('/content/gdrive')
```

결과

```
Mounted at /content/gdrice
```

다음과 같이 노트북에서 Google Drive 파일에 액세스하도록 허용하게 하려면 [Google Drive에 연결]을 클릭합니다.

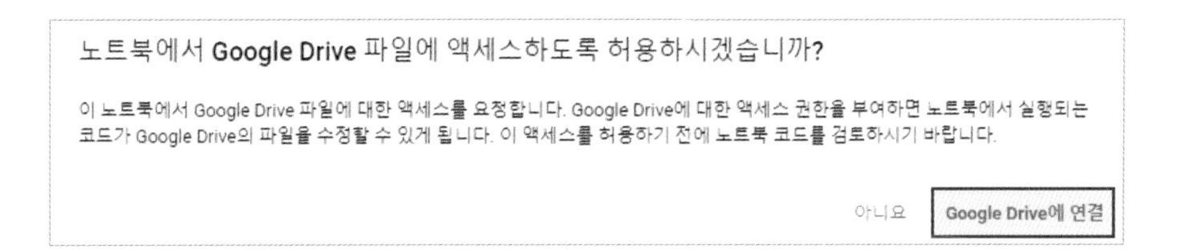

계정을 선택한 후 [허용]을 클릭합니다.

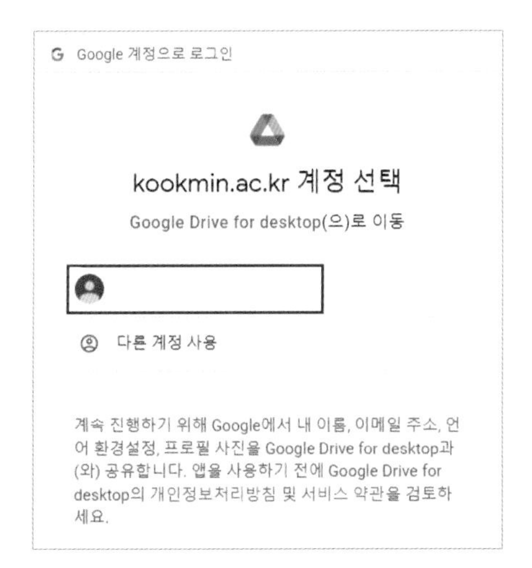

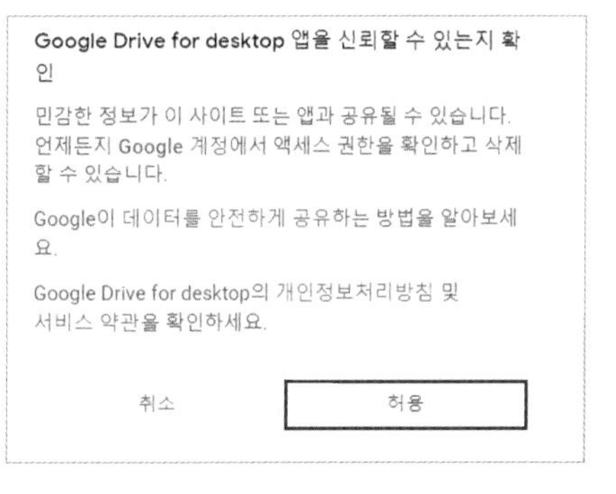

yolo 코드와 필수 라이브러리를 설치합니다.

273

실습

```
!git clone https://github.com/ultralytics/yolov5.git
```

결과

```
Cloning into 'yolov5'...
remote: Enumerating objects: 10488, done.
remote: Total 10488 (delta 0), reused 0 (delta 0), pack-reused 10488
Receiving objects: 100% (10488/10488), 10.70 MiB | 28.54 MiB/s, done.
Resolving deltas: 100% (7244/7244), done.
```

274

실습

```
# 필수 라이브러리 설치
!pip install -r /content/yolov5/requirements.txt
```

결과

```
Requirement already satisfied: matplotlib>=3.2.2 in /usr/local/lib/python3.7/dist-packages (from -r /content/yolov5/requirement
Requirement already satisfied: numpy>=1.18.5 in /usr/local/lib/python3.7/dist-packages (from -r /content/yolov5/requirements.t>
Requirement already satisfied: opencv-python>=4.1.2 in /usr/local/lib/python3.7/dist-packages (from -r /content/yolov5/requirem
Requirement already satisfied: Pillow>=7.1.2 in /usr/local/lib/python3.7/dist-packages (from -r /content/yolov5/requirements.t>
Collecting PyYAML>=5.3.1
  Downloading PyYAML-6.0-cp37-cp37m-manylinux_2_5_x86_64.manylinux1_x86_64.manylinux_2_12_x86_64.manylinux2010_x86_64.whl (596
     |████████████████████████████████| 596 kB 5.5 MB/s
```

이미 대용량 데이터로 학습된 사전 학습 모델을 다운로드합니다. 사전 학습 모델이란 컴퓨터에게 훈련을 시키기 위해서는 몇만 개의 이미지가 필요한데 미리 대용량의 데이터로 훈련을 시켜서 최적의 모델을 구축해 놓은 것을 말합니다. 우리는 이러한 사전 학습 모델을 이용하여 나만의 이미지로 실험을 할 수 있습니다.

275

실습

```
# pre-trained model 다운로드
!wget -P /content/yolov5/ https://github.com/ultralytics/yolov5/releases/download/v6.0/yolov5s.pt
```

결과

```
--2022-01-09 15:11:14--  https://github.com/ultralytics/yolov5/releases/download/v6.0/yolov5s.pt
Resolving github.com (github.com)... 140.82.112.4
Connecting to github.com (github.com)|140.82.112.4|:443... connected.
HTTP request sent, awaiting response... 302 Found
```

어떠한 클래스로 학습을 시켰는지 학습된 클래스를 확인합니다.

276

실습

```
# yaml 파일 확인
%cat /content/yolov5/data/coco128.yaml
```

결과

```
# YOLOv5 🚀 by Ultralytics, GPL-3.0 license
# COCO128 dataset https://www.kaggle.com/ultralytics/coco128 (first 128 images from COCO train2017) by Ultralytics
# Example usage: python train.py --data coco128.yaml
# parent
# ├── yolov5
# └── datasets
#     └── coco128  ← downloads here
```

이제 사전 학습 모델과 클래스를 확인했으므로 테스트할 이미지를 업로드합니다. 나의 드라이브는 /content/gdrive/My drive입니다. 즉, 연동한 드라이브 루트에 yolo_image.zip 파일이 있으면 됩니다.

••• 참고

테스트할 이미지는 80개의 클래스에 나와 있는 이미지가 들어 있는 것이라야 확인해 볼 수 있습니다.

테스트에 사용할 이미지 파일명을 확인합니다.

277

실습

```
# 이미지 업로드
import zipfile
with zipfile.ZipFile('/content/gdrive/My drive/yolo_image.zip',
'r') as target_file: target_file.extractall('/content/yolov5/
yolo_image/')

# 테스트 이미지 파일 확인
import glob

test_image_list = glob.glob('/content/yolov5/yolo_image/*.jpg')
print(len(test_image_list))
test_image_list.sort()

for i in range(len(test_image_list)):
    print('i = ',i, test_image_list[i])
```

결과

```
6
i = 0 /content/yolov5/yolo_image/yolo1.jpg
i = 1 /content/yolov5/yolo_image/yolo2.jpg
i = 2 /content/yolov5/yolo_image/yolo3.jpg
i = 3 /content/yolov5/yolo_image/yolo4.jpg
i = 4 /content/yolov5/yolo_image/yolo5.jpg
i = 5 /content/yolov5/yolo_image/yolo6.jpg
```

지금부터 객체 탐지를 진행합니다.

278

실습

```
# detect 실행

weights_path = '/content/yolov5/yolov5s.pt'
test_data_path = '/content/yolov5/yolo_image/'

!python3 /content/yolov5/detect.py --weights {weights_path}  --source {test_data_path}
```

결과

```
detect: weights=['/content/yolov5/yolov5s.pt'], source=/
content, YOLOv5 🚀 v6.0-184-g6865d19 torch 1.10.0+cu111 CPU
```

객체 탐지 결과 이미지 파일명과 개수를 확인합니다.

279

실습

```
# 탐지된 이미지 확인
import glob

detetced_image_list = glob.glob(('/content/yolov5/runs/detect/
exp/*.jpg'))
detected_image_nums = len(detetced_image_list)
print(detected_image_nums)
print(detetced_image_list)
```

결과

```
6
['/content/yolov5/runs/detect/exp/yolo2/jpg']
```

결과 이미지를 한꺼번에 다운로드할 수 있도록 압축을 진행한 후 압축된 파일을 다운로드합니다.

280

실습

```
# 다운로드를 위한 image 압축

import zipfile
import os

if not os.path.exists('/content/detected_result/'):
   os.mkdir('/content/detected_result/')
   print('detected_result dir is created !!!')


with zipfile.ZipFile('/content/detected_result/detected_images.
zip', 'w') as detected_images:
   for idx in range(detected_image_nums):
      detected_images.write(detetced_image_list[idx])
```

```
# 압축 파일 다운로드

from google.colab import files
files.download('/content/detected_result/detected_images.zip')
```

••• 참고

다운로드는 여러분의 컴퓨터의 다운로드 폴더에 기본적으로 있습니다.

객체 탐지 결과를 살펴보면 다음과 같습니다.

핵심 요약 SUMMARY

| 1 | 객체 탐지

이미지나 비디오 안의 사람, 비행기, 자동차 등의 위치와 종류를 알아내는 것을 말합니다.

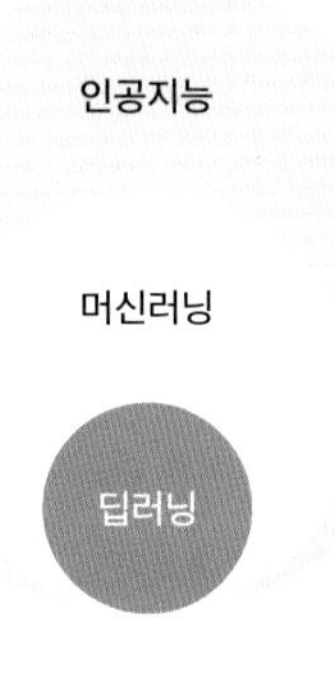


```
y=[p, bx, by, bw, bh, c1, c2, c3, c4, c5, c6,... cn]
```

p : 이미지에 물체가 존재할 확률(probability)
bx : 박스의 중심 x좌표, by : 박스의 중심 y좌표
bw : 박스의 너비, bh : 박스의 높이
c1~cn : 해당 클래스가 존재할 확률

| 2 | NMS

가장 신뢰도가 높은 하나의 바운딩 박스만 남기는 것을 말합니다.

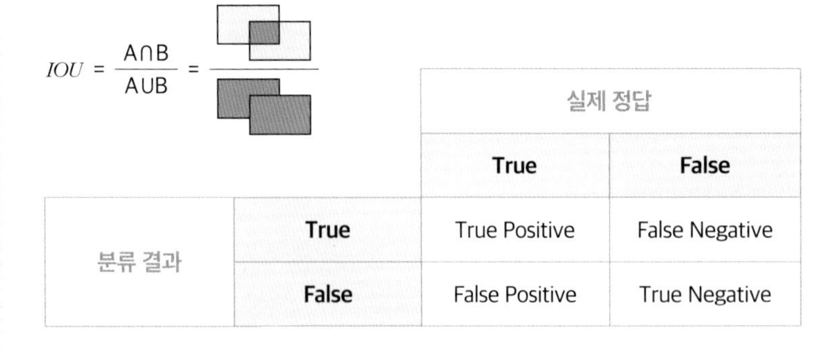

$$IOU = \frac{A \cap B}{A \cup B}$$

		실제 정답	
		True	**False**
분류 결과	**True**	True Positive	False Negative
	False	False Positive	True Negative

$$Precision = \frac{TP}{TP + FP}$$

$$Recall = \frac{TP}{TP + FN}$$

••• 참고

- 정밀도(Precision) : 모델이 True로 예측한 것들 중에서 실제 True인 비율
- 재현율(Recall) : 실제 True인 경우 중 모델이 True로 예측한 것의 비율

연습 문제 EXERCISE

01 각자 자신만의 이미지를 저장하여 객체 탐지 모델을 실행해서 결과를 나타내세요.

결과	

힌트 ▸ 인공지능의 개념은 인간이 할 수 있는 사고 학습을 컴퓨터가 할 수 있도록 하자는 것입니다.

CHAPTER

16

종합문제

16장에 소개된 종합문제를 풀면서 앞에서 배운 내용을 복습해봅니다. 조금 어렵거나 헷갈리는 내용이 있다면 본문에서 복습하여 완전 학습을 할 수 있을 것입니다.

01 x에 들어 있는 요소에 10을 곱한 값을 출력하는 프로그램을 작성하세요. (힌트 for)

x=[86,27,83,71,43,19,99,10]

결과	860 270 830 710 430 190 990 100

02 a 리스트가 [7, 21, 83, 10, 78, 6, 18, 88, 54, 98]로 주어졌을 때 4번 요소에 데이터 100을 추가하는 프로그램을 작성하세요. (힌트 insert)

결과	[7, 21, 83, 10, 100, 78, 6, 18, 88, 54, 98]

••• 참고

a.insert(n,x) : a 리스트 n번 요소에 데이터 x를 추가합니다.

03 물건 가격, 구매 개수, 지불 금액을 입력받아서 거스름돈을 계산하는 프로그램을 작성하세요. (힌트 input)

결과	물건 가격 : 3000 구매 개수 : 3 지불 금액 : 10000 거스름돈 : 1000

••• 참고

- input( ) : 값을 입력받는 함수
- a=int(input('물건가격 : ')) : 사용 예시

04 자격증 시험에서 필기 점수와 실기 점수를 입력받아서 필기 성적이 60점 이상이고, 실기 성적이 70점 이상이면 '합격', 아니면 '불합격'으로 표시하는 프로그램을 작성하세요. (힌트 if)

결과	필기점수 : 85 실기점수 : 92 합격

••• 참고

- input( ) : 값을 입력받는 함수
- if A else B : 조건이 만족되면 A를 수행하고, 그 외에는 B를 수행합니다.

05 월을 입력받아서 계절을 표시하는 프로그램을 작성하세요. 3~5월은 봄, 6~8월은 여름, 9~11월은 가을, 12~2월은 겨울입니다. (힌트 if문 4개)

출력 예시	
결과	월을 입력하세요 :5 5 월은 봄 입니다.

••• 참고

if : 조건에 만족하면 해당 명령문을 수행합니다.

06 음료수 자판기를 만들어 봅니다. 버튼 숫자를 입력받아서 버튼 1번은 '콜라', 2번은 '사이다', 3번은 '주스'이고, 그 외 숫자는 '제공하지 않음'으로 표시하는 프로그램을 작성하세요.

결과	버튼번호를 입력하세요 : 1 콜라

••• 참고

if 조건1 elif 조건2 else 명령n ~ : 조건1에 만족하면 명령1을 수행하고, 조건2에 만족하면 명령2를 수행하고, 그 외에는 명령n을 수행합니다.

07 for문을 이용하여 10도에서 40도(5씩 증가)의 섭씨온도를 화씨온도로 환산하는 표를 만들어 보세요. (화씨온도=섭씨온도*9/5+32)

결과	------------- 섭씨 --> 화씨 ------------- 10 --> 50.0 15 --> 59.0 20 --> 68.0 25 --> 77.0 30 --> 86.0 35 --> 95.0 -------------

••• 참고

for i in range(a,b,c) : a부터 c씩 증가하여 b까지 반복합니다.

08 3개의 수를 입력받아서 가장 큰 수를 나타내는 프로그램을 작성하세요.

결과	숫자1을 입력하세요 : 10 숫자2을 입력하세요 : 20 숫자3을 입력하세요 : 30 가장 큰 수는 : 30

••• 참고

숫자1, 숫자2, 숫자3의 데이터를 두 개씩 비교해 가면서 큰 값을 찾도록 합니다.

09 a 리스트에 10개의 수 [7, 21, 83, 10, 78, 6, 18, 88, 54, 98]이 입력되어 있습니다. for문을 이용하여 가장 작은 수를 구하는 프로그램을 작성하세요.

결과	최솟값 : 6

••• 참고

for문에서 리스트의 데이터 개수만큼 반복하여 비교해 최솟값을 찾도록 합니다.

10 for문을 이용하여 실행결과와 같은 형태로 출력하는 프로그램을 작성하세요.

출력 형태	1 22 333 4444 55555

••• 참고

행과 열의 관계를 생각하여 이중 for문을 이용합니다.

11 for문을 이용하여 '*'를 다음과 같은 모양으로 표시하세요.

출력 형태	***** **** *** ** *

••• 참고

반복되는 별의 개수를 생각하여 for문을 이용합니다.

12 1부터 n까지의 합은 n*(n+1)//2로 구할 수 있습니다. n값을 입력받아서 1부터 n까지의 합을 함수를 이용하여 구하는 프로그램을 작성하세요.

결과	n값을 입력하세요 : 10 합계 : 55

••• 참고

함수는 def 함수명( )으로 지정할 수 있습니다.

13 다음 코드를 람다 함수 형태로 수정하여 표시하세요.

결과	`def f(x,y):`
	`  return x**y`
	`print(f(3,2))`

••• 참고

람다 형식은 'lambda 매개변수 : 수식입니다.

14 text에 'ORIENTAL PAINTING GENDER RECOGNITION' 문자열이 저장되어 있습니다. 문자열을 공백을 기준으로 나누어서 리스트로 만들어 표시하세요.

결과	['ORIENTAL', 'PAINTING', 'GENDER', 'RECOGNITION']

••• 참고

문자열을 분리하는 함수인 split()를 이용합니다.

15 다음 프로그램의 실행결과를 쓰세요.

코드

```
def f(a):
  a+=10
  print('부 프로그램 : ', a)

a=10
f(a)
print('메인 프로그램 : ',a)
```

••• 참고

def f(a)는 함수 선언 부분이고, f(a)는 함수 호출 부분입니다.

16 학생들의 키가 [165,170,175,180,185]로 주어졌습니다. k값을 입력받아서 키가 k보다 큰 사람은 몇 명인지 함수를 이용하여 작성하는 프로그램을 작성하세요. 예를 들어, k에 175가 입력된 경우 175보다 큰 키는 [180,185]로 두 명이므로 결과 '2 명입니다.'가 표시되도록 합니다.

결과	키를 입력하세요 : 175 2 명입니다.

••• 참고

def func(height,k):으로 함수를 선언하고, result=func(student,a)로 함수를 호출하여 출력할 수 있습니다.

17 학생들의 이름이 들어 있는 명단에서 이름에 'i' 또는 's'가 들어 있는 학생의 수를 구하는 프로그램을 함수를 이용하여 작성하세요. 예를 들어, kim에는 'i'가 들어 있으며, lisa에는 'i'와 's'가 들어 있습니다. 학생들의 명단은 ['kim', 'lisa', 'han', 'james', 'lyn']이며 같은 이름은 중복해서 들어 있지 않습니다.

결과	학생 수 : 3

••• 참고

def func(name_list):으로 함수를 선언하고, student=['kim', 'lisa', 'han', 'james', 'lyn']을 지정한 후 a=func(student)로 호출하여 프로그램을 작성할 수 있습니다.

18 1부터 50 사이의 숫자에서 15의 배수이면 FizzBuzz를, 3의 배수이면 Fizz를, 5의 배수이면 Buzz를, 아무것에도 해당되지 않으면 해당 숫자를 출력하는 프로그램을 작성하세요.

결과	1 2 Fizz 4 Buzz Fizz 7 ..... 47 Fizz 49 Buzz

••• 참고

3의 배수는 i%3==0, 5의 배수는 i%5==0, 15의 배수는 i %15 ==0로 판단할 수 있습니다.

19 text에 'A Framework for Text Analytics-based Automatic Question Generation for Supporting Learner-centered Learning and Teaching' 문자열이 저장되어 있습니다. 문자열을 공백을 기준으로 나누어서 리스트로 만든 후 5글자 이하인 단어와 그 단어의 개수를 표시하세요.

결과	A for Text for and 개수는 : 5

••• 참고

words=text.split( )를 이용하여 공백으로 구분할 수 있고, 5글자 이하인 것은 len(i)<=5로 판단할 수 있습니다.

20 거북이를 이용하여 오각 별이 그려지게 만드세요.

힌트
1) 100만큼 이동
2) 오른쪽으로 144도 회전(360/5*2)
3) 100만큼 이동
4) 왼쪽으로 72도 회전(360/5)을 반복하면 오각 별을 그릴 수 있습니다.

••• 참고

import turtle as t를 이용하여 거북이 그림을 그릴 수 있습니다.

21 text='지금은 점심시간입니다. 상담은 031-123-1234로 전화주세요'에서 전화번호만 반환하는 정규 표현식을 작성하세요.

결과	<re.Match object; span=(7, 19), match='031-123-1234'> 031-123-1234

••• 참고

sik=re.compile(r'\d\d\d-\d\d\d-\d\d\d\d')를 이용하여 전화번호 형식을 지정할 수 있습니다.

22 반지름을 정수로 입력받아서 원의 면적을 구하는 프로그램을 작성하세요.

결과 1	반지름을 입력하세요 :5 원의 면적 : 78.53981633974483 - 끝 -
결과 2	반지름을 입력하세요 :ㅎㅎ 잘못되었습니다. - 끝 -

••• 참고

try~except~else~finally~를 이용할 수 있습니다.

23 "htext.txt" 텍스트 파일, "star.jpg" 그림 파일, "NanumGothic.ttf" 폰트 파일을 이용하여 텍스트 파일 내의 명사만 이용하여 워드클라우드를 생성하세요.

••• 참고

구글 코랩에 "htext.txt", "star.jpg", "NanumGothic.ttf" 파일을 모두 업로드한 후에 프로그램을 작성하도록 합니다.

24 이미지 10장을 준비한 다음 yolo_image.zip으로 압축하여 yolov5 객체 탐지 모델을 진행해 결과를 표시하세요.

••• 참고

yolo에서 검출 가능한 80개 객체 이미지를 준비하고 압축한 후에 프로그램을 작성하도록 합니다.

25 text='In addition, a systematic framework was proposed to apply various text analytics techniques such as morpheme analysis, frequency analysis, entity recognition, word embedding, similarity analysis, cluster analysis, network analysis, and topic modeling to generate questions for each type and pattern.'의 문장이 주어졌을 때 모두 대문자로 바꾸고 'ANALYSIS'의 문자열이 몇 번 표시되었는지 개수를 구하세요. (힌트 upper, count( ) 함수 이용)

문제	
결과	5

••• 참고

count( ) 함수를 이용합니다.

26 text='Specifically, in this study, various questions were classified into nine main patterns, and every pattern was divided into three types'로 주어졌을 때 단어 단위로 자르고 모두 소문자로 나타내세요.

결과	['specifically,', 'in', 'this', 'study,', 'various', 'questions', 'were', 'classified', 'into', 'nine', 'main', 'patterns,', 'and', 'every', 'pattern', 'was', 'divided', 'into', 'three', 'types']

••• 참고

ntext=text.lower( ).split( )를 이용합니다.

27 'htext1.txt' 파일을 줄 단위로 읽어서 표시하세요.

결과	교수자는 주어진 콘텐츠에 대한 예상 질문을 유형 및 수준별로 사전에 고민해야 하는데 다량의 콘텐츠에 대해 충분한 수의 질문을 준비하는 것은 매우 많은 시간과 노력을 필요로 한다. 따라서 본 연구에서는 텍스트 분석 기술을 활용하여 다량의 콘텐츠에 대한 질문을 자동으로 생성하여 풍부한 질문 풀(Pool)을 생성하는 방안을 제시한다. 구체적으로 다양한 질문에 대해 9가지 주요 패턴을 식별하고, 전체 패턴을 데이터 요소 관점에서 3가지 유형, 즉 Thing, Relationship 그리고 Group의 유형으로 구분하였다. : :

••• 참고

disp=f.readline( )을 이용합니다.

28 'csv_test2.csv' 파일을 읽어서 표시하세요.

문제	
결과	['사원명', '연락처', '성별'] ['정찬웅', '010-3258-7777', '여'] ['정영실', '010-4567-9876', '여'] ['문형찬', '011-6543-4321', '여'] ['박재은', '010-1234-7679', '남'] : :

••• 참고

csv.reader(f)를 이용합니다.

29 'htext3.txt' 파일을 읽어서 단어로 분리하여 리스트로 만들어 표시하세요. (힌트 split( )를 이용)

원본	본 연구에서는 텍스트 분석 기술을 활용하여 다량의 콘텐츠에 대한 질문을 자동으로 생성하여 풍부한 질문 풀(Pool)을 생성하는 방안을 제시한다.
문제	
결과	본 연구에서는 텍스트 분석 기술을 활용하여 다량의 : :

••• 참고

line=line.rstrip( )를 이용합니다.

30 1부터 50까지의 정수 중에서 무작위로 6개의 정수를 뽑아서 표시하는 로또 번호 생성기를 구현하세요. (random.randint(a,b), set( ) 이용)

결과	{1, 40, 45, 48, 49, 23}

••• 참고

random.randint(1,10)은 1부터 10까지의 난수를 발생시킵니다.

연습 문제&종합문제 **정답**

CHAPTER
01 파이썬의 기초
027쪽

01 ① 02 ② 03 ① 04 ② 05 ③

CHAPTER
02 자료형
040쪽

01 ② 02 ② 03 ④ 04 ① 05 ④

06 '1' → 문자
1 → 정수
1.0 → 실수

07 ③

08

결과	20.25 2.25

09

결과	27.0

CHAPTER
03 문자열 연산
059쪽

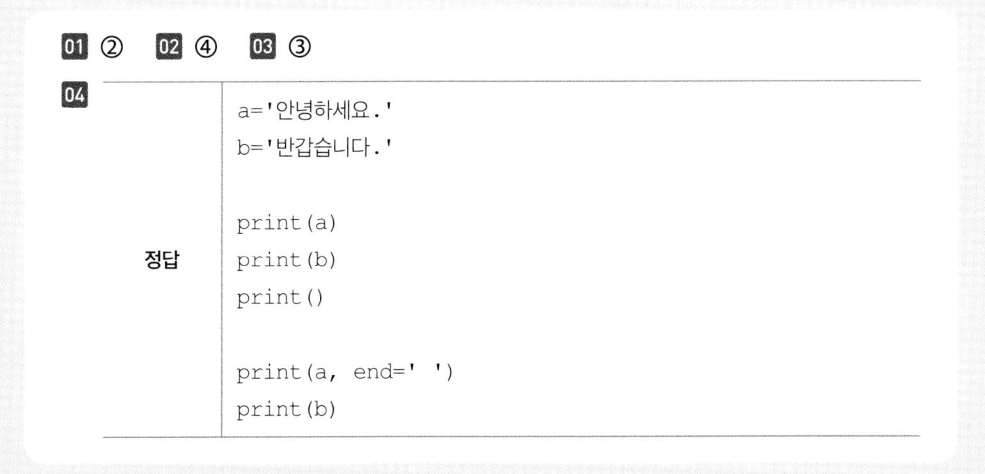

01 ② 02 ④ 03 ③

04

정답

```
a='안녕하세요.'
b='반갑습니다.'

print(a)
print(b)
print()

print(a, end=' ')
print(b)
```

05

결과	delab입니다.

06

결과	50

07 정답

```
number0="001629-2369631"
number1=number0[:6]
number2=number0[8]
print("주민 번호 앞 자리 : ", number1)
print("주민 번호 뒷자리 첫 글자 : ", number2)
```

08 정답

```
n_habruta=text.upper().count('HABRUTA')

print(n_habruta)
```

09

결과	1001001009

10 결과

```
1
10
4
```

CHAPTER

04 수치 연산

080쪽

01 결과

```
9
7.0
24.0
```

02 결과

```
2.5
2
1
25
```

03

결과	2.0

04 결과

```
몫 5
나머지 2
```

05

결과	111

06

결과	256의 2진수 : 0b100000000 256의 8진수 : 0o400 256의 16진수 : 0x100

CHAPTER
05 입력과 출력

097쪽

01 ③ **02** ④

03

결과	설악산 한라산 백두산 설악산 한라산 백두산 설악산, 한라산, 백두산

04 정답

```
c=float(input("섭씨온도를 입력하세요 : "))
f=((9/5)*c)+32
print('섭씨온도:',c, ' 화씨온도:',f)
```

05 정답

```
a=int(input('평행사변형의 밑변의 길이를 입력하세요 : ' ))
b=int(input('평행사변형의 높이를 입력하세요 : '))
c=a*b
print('평행사변형의 면적 : ', c)
```

06 정답

```
text=' Therefore, this study proposes a method to
generate a rich pool of questions by automatically
generating questions about a large amount of content
using text analytics technology.'

ntext=text.lower().split()
print(ntext)
```

01

결과	강북 마포 ['종로', '성동']

02

결과	['강남', '송파', '종로'] ['강남', '송파', '종로', '강남', '송파', '종로'] ['강남', '송파', '종로', '마포', '성동', '성북'] ['마포', '성동', '성북']

03

결과	[2, 3, 5, 7, 9, 9]

04 ③ **05** ③

06

결과	2024

07 정답

```
a=input('과일 5가지를 입력하세요 : ').split()
print(a)
b= '사과' in a
print('입력받은 과일에 사과가 있나요?', b)
```

08

결과	[['person', 'bicycle', 'car']]

09

결과	['car', 'motorcycle', 'airplane']

10

결과	True 6

11 정답

```
object1=['person','bicycle','car','motorcycle','air
plane']
object2=['bus','train','truck','boat','traffic
light']
object3=['airplane','truck',]
print(object2[:len(object3)])
```

12

결과	True False

13

결과	True False

CHAPTER

07 기타 자료형

136쪽

01 ②

02

정답	a={'김남규' : '010-1111-0000', '안현철' :'010-2222-0000', '곽기영': '010-3333-0000'} print(a)

03

결과	{'a', 'b', 'c', 'd', 'e', 'f'}

04

정답

```
s1 = set([1, 2, 3, 4, 5, 6])
s2 = set([4, 5, 6, 7, 8, 9])
s3=s1 | s2
print(s3)
len(s3)
```

05

정답

```
a=(1,2)
b=(3,4)
c=a+b
print(c)
print(c*3)
```

CHAPTER

08 제어문

161쪽

01

결과	5

02

정답

```
sum=0
for i in range(2,11,2):
  print(i, end=' ')
  sum+=i
print()
print('짝수 합 : ',sum)
```

03

정답	```for i in range(10):```
	``` for i in range(i):```
	``` print('*', end=' ')```
	``` print('')```

```
for i in range(10):
  for i in range(i):
    print('*', end=' ')
  print('')
```

04 정답

```
a=int(input('숫자1을 입력하세요 : '))
b=int(input('숫자2를 입력하세요 : '))
c=int(input('숫자3을 입력하세요 : '))

min=a

if min>b:
  min=b

if min>c:
  min=c

print('최솟값 : ', min)
```

05 정답

```
data=input('비밀번호를 입력하세요 : ')
password='12345'

if data==password:
  print('비밀번호가 맞습니다.')
else:
  print('비밀번호가 맞지 않습니다.')
```

06 정답

```
a=[32, 11, 29, 55, 10, 9, 6, 1]
i=0
while i < len(a):
  if a[i]>=50:
     break
  print(i, ':',a[i])
  i+=1
```

07 ②

08

정답	```a=[32, 11, 29, 55, 10, 9, 6, 1]```
	```i=0```
	```hap=0```
	```while i < len(a):```
	``` hap+=a[i]```
	``` i+=1```
	```avg=hap/len(a)```
	```print('합계 : ',hap)```
	```print('평균 : ',avg)```

```
a=[32, 11, 29, 55, 10, 9, 6, 1]
i=0
hap=0
while i < len(a):
    hap+=a[i]
    i+=1
avg=hap/len(a)
print('합계 : ',hap)
print('평균 : ',avg)
```

09 정답

```
dan=int(input('구구단 몇 단을 계산할까요? : '))
print('-', dan,'단-')
for i in range(1,10):
    mul=dan*i
    print(dan, '*', i, '=', mul)
```

10 정답

```
sum=0
mul=1
num=int(input('숫자를 입력하세요 : '))
if num % 2==0:
    for i in range(1,num+1):
        sum=sum+i
    print(sum)
else:
    for i in range(1,num+1):
        mul=mul*i
    print(mul)
```

CHAPTER

09 함수

182쪽

01 결과

```
함수 전 :  100
함수 내부 :  20
함수 후 :  100
```

02 결과

```
10 짝수
```

03 ③

04

정답	```def factorial(n): # 함수 정의```
	``` fact=1 # 곱을 구하기 위한 fact 변수의 초깃값을 1로 설정```
	``` for i in range(1, n+1):```
	``` fact=fact*i```
	``` return fact```
	
	```print(factorial(5)) # 함수 호출```
	```print(factorial(10)) # 함수 호출```

05

```
def hap(start, end):
  sum=0
  for i in range(start, end+1):
    sum+=i
  return sum
a=int(input('시작숫자 : '))
b=int(input('마지막 숫자 : '))
result=hap(a,b)
print(result)
```

06 ④

07

```
def motor(object):
    object=list(object)
    object.append('e')
    return object

object='motorcycl'
motor2=motor(object)
print(motor2)
```

202쪽

01

정답

```
class Calc:
    def __init__(self, num1, num2):
        self.num1=num1
        self.num2=num2
    def add(self):
        result=self.num1+self.num2
        return result
    def sub(self):
        result=self.num1-self.num2
        return result
    def mul(self):
        result=self.num1*self.num2
        return result
    def div(self):
        result=self.num1/self.num2
        return result

num=Calc(10,20)

print(num.add())
print(num.sub())
print(num.mul())
print(num.div())
```

02

정답

```
import math

class Circle:
    def __init__(self, r):
        self.r=r
    def cir(self):
        return 2*math.pi*self.r
    def area(self):
        return math.pi*(self.r**2)

radius=int(input('반지름을 입력하세요 : '))
result=Circle(radius)

print('원의 둘레', result.cir())
print('원의 면적', result.area())
```

CHAPTER

11 정규 표현식

217쪽

01 ③ **02** ①

03

결과	#. model, #. word, #. data

04 정답

```
import re
text='홍길동의 주민번호는 203256-1632635 입니다.'

sik=re.compile(r'\d\d\d\d\d\d-\d\d\d\d\d\d\d')
tel=sik.search(text)
print(tel)
p_num=num.group()
print(p_num)
```

CHAPTER

12 파일 입출력

236쪽

01 정답

```
add=input('문장을 입력하세요 : ')
f=open('filetest.txt', 'a')
f.write(add)

f=open('filetest.txt','r')
disp=f.read()
print(disp)
```

02 정답

```
f=open('htext1.txt','r')
while True:
    disp=f.readline()
    if not disp:
        break
    print(disp.strip('\n'))
f.close()
```

03 정답

```
import csv
f=open('csv_test2.csv','r')
csvf=csv.reader(f)
for line in csvf:
    print(line)
f.close()
```

04		

	정답	f=open('htext2.txt','r')
		for line in f:
		    line=line.rstrip()
		    w_list=line.split()
		    for word in w_list:
		        print(word)
		f.close()

CHAPTER

13 거북이 그래픽

258쪽

01

정답

```
import turtle as t
t.reset()
t.shape('turtle')
i=0
while i<6:
    t.forward(50)
    t.right(60)
    i=i+1
```

02

정답

```
import turtle as t
t.reset()
t.shape('turtle')
i=0
r=50
while i<3:
    t.circle(r)
    t.forward(50)
    i+=1
```

03

정답

```
import turtle as t
t.reset()
t.shape('turtle')
i=0
r=50
while i<6:
    t.circle(r)
    t.left(60)
    i+=1
```

04

정답	`import turtle as t`
	`t.reset()`
	`t.shape('turtle')`
	`for i in range(3):`
	`    for j in range(6):`
	`        t.forward(100)`
	`        t.left(60)`
	`    t.left(120)`

05

정답	`import turtle as t`
	`t.reset()`
	`t.shape('turtle')`
	
	`i=0`
	`while i<5:`
	`    t.forward(50)`
	`    t.right(144)`
	`    i=i+1`

CHAPTER

14 워드클라우드

279쪽

01

```
!pip install konlpy
import nltk
import numpy as np
import requests
import pandas as pd

from konlpy.tag import Kkma
from konlpy.tag import Twitter
import matplotlib.pyplot as plt
from wordcloud import WordCloud
from wordcloud import STOPWORDS
from PIL import Image
from wordcloud import ImageColorGenerator
from bs4 import BeautifulSoup
```

```
# 특정한 날짜의 네이버 뉴스 랭킹 기사 제목 추출
date='20220109'
news_title_url ='https://news.naver.com/main/ranking/
popularDay.nhn?date={}'.format(date)

headers = {'User-Agent' : 'Mozilla/5.0 (Windows NT 10.0; Win64;
x64) AppleWebKit/537.36 (KHTML, like Gecko) Chrome/89.0.4389.90
Safari/537.36'}
req_news = requests.get(news_title_url, headers = headers)
soup = BeautifulSoup(req_news.text, 'html.parser')
news_titles = soup.select('.rankingnews_box > ul > li > div >
a')

# 기사 제목을 리스트에 저장하기
multi_title = []
for i in range(len(news_titles)):
    multi_title.append(news_titles[i].text)
    print(i+1, news_titles[i].text)

# 문장 연결하기
title = "".join(multi_title)
stop_title = title.replace('\n',' '.replace('.', '
').replace(',',' ').replace('"',' ').replace("'","
").replace('=',' '))
stop_title

tw = Twitter()
tokens_kor = tw.nouns(stop_title)
tokens_kor
kor = nltk.Text(tokens_ko)
kor.tokens
kor.vocab()
new_kor=[]
for word in kor:
  if len(word) > 1 and word != ' ':
        new_kor.append(word)
new_kor
kor = nltk.Text(new_kor)
kor.tokens
kor.vocab()
```

```
data = kor.vocab().most_common(150)
data = dict(data)

# 워드클라우드로 나타내기
stopwords = set(STOPWORDS)
img_mask = np.array(Image.open("snail.jpg"))
image_colors = ImageColorGenerator(img_mask)

wordcloud = WordCloud(max_font_size = 100, max_words = 1000,
background_color='white', stopwords=stopwords, random_
state=10,mask=img_mask, color_func=image_colors, font_path =
FONTPATH)
wc = wordcloud.generate_from_frequencies(data)

plt.figure(figsize = (10, 10))
plt.imshow(wc, interpolation = "lanczos")
plt.axis("off")
plt.show()
```

02

```
!pip install konlpy
import nltk
from konlpy.tag import Kkma
from konlpy.tag import Twitter
import matplotlib.pyplot as plt
from wordcloud import WordCloud
from wordcloud import STOPWORDS
import numpy as np
from PIL import Image
from wordcloud import ImageColorGenerator

tw = Twitter()
text = open("htext.txt").read()

stopwords = set(STOPWORDS)
stopwords.update(["대한","대해", "형태소"])
img_mask = np.array(Image.open("star.jpg"))
image_colors = ImageColorGenerator(img_mask)
FONTPATH =  "NanumGothic.ttf"
```

```
tokens_text= tw.nouns(text)
new_text=[]
for word in tokens_text:
  if len(word) > 1 and  word != ' ':
        new_text.append(word)
ko=nltk.Text(new_text)
ko.vocab()
data = ko.vocab().most_common(150)
data = dict(data)

wordcloud = WordCloud(max_font_size = 100, max_words = 1000,
background_color='white', stopwords=stopwords, random_
state=10,mask=img_mask, color_func=image_colors, font_path =
FONTPATH)
wordcloud = wc.generate_from_frequencies(data)

plt.figure(figsize = (10, 10))
plt.imshow(wc, interpolation = "lanczos")
plt.axis("off")
plt.show()
```

CHAPTER

15 객체 탐지

295쪽

01

```
# 내 구글 드라이버에 연동
from google.colab import drive
drive.mount('/content/gdrive')

# yolo 코드와 필수 라이브러리 설치
!git clone https://github.com/ultralytics/yolov5.git
!pip install -r /content/yolov5/requirements.txt

# pre-trained model 다운로드
!wget -P /content/yolov5/  https://github.com/ultralytics/yolov5/releases/download/v6.0/yolov5s.pt

# yaml 파일 확인
%cat /content/yolov5/data/coco128.yaml
```

```
# 이미지 업로드

import zipfile
with zipfile.ZipFile('/content/gdrive/My Drive/yolo_image.zip', 'r') as target_file:
    target_file.extractall('/content/yolov5/yolo_image/')


# 테스트 이미지 파일 확인
import glob
test_image_list = glob.glob('/content/yolov5/yolo_image/*.jpg')
print(len(test_image_list))
test_image_list.sort()

for i in range(len(test_image_list)):
    print('i = ',i, test_image_list[i])

# detect 실행

weights_path = '/content/yolov5/yolov5s.pt'
test_data_path = '/content/yolov5/yolo_image/'

!python3 /content/yolov5/detect.py --weights {weights_path}  --source {test_data_path}


# 탐지된 이미지 확인
import glob
detetced_image_list = glob.glob(('/content/yolov5/runs/detect/
exp/*.jpg'))
detected_image_nums = len(detetced_image_list)
print(detected_image_nums)
print(detetced_image_list)

# 다운로드를 위한 image 압축
import zipfile
import os
if not os.path.exists('/content/detected_result/'):
    os.mkdir('/content/detected_result/')
    print('detected_result dir is created !!!')
with zipfile.ZipFile('/content/detected_result/detected_images.
zip', 'w') as detected_images:
    for idx in range(detected_image_nums):
        detected_images.write(detetced_image_list[idx])
```

```
# 압축 파일 다운로드
from google.colab import files
files.download('/content/detected_result/detected_images.zip')
```

CHAPTER
16 종합문제

298쪽

01

정답	`x=[86,27,83,71,43,19,99,10]`
	`for i in x:`
	`  print(i*10, end=' ')`

02

정답	`a=[7, 21, 83, 10, 78, 6, 18, 88, 54, 98]`
	`a.insert(4,100)`
	`print(a)`

03

정답	`물건가격=int(input('물건가격 : '))`
	`구매개수=int(input('구매개수 : '))`
	`지불금액=int(input('지불금액 : '))`
	`거스름돈=지불금액-물건가격*구매개수`
	`print('거스름돈 : ',거스름돈)`

04

정답	`pil=int(input('필기점수 : '))`
	`sil=int(input('실기점수 : '))`
	
	`if pil>=60 and sil>=70:`
	`   print('합격')`
	`else:`
	`   print('불합격')`

05

정답	a=int(input ('월을 입력하세요 :'))
	if a>=3 and a<=5:
	  print(a,'월은 봄 입니다.')
	if a>=6 and a<=8:
	  print(a,'월은 여름 입니다.')
	if a>=9 and a<=11:
	  print(a,'월은 가을 입니다.')
	if a==1 or a==2 or a==12:
	  print(a,'월은 겨울 입니다.')

06

정답	a=int(input('버튼번호를 입력하세요 : '))
	if a==1:
	  print('콜라')
	elif a==2:
	  print('사이다')
	elif a==3:
	  print('주스')
	else:
	  print('제공하지 않음')

07

정답	print('-------------')
	print('섭씨 --> 화씨')
	print('-------------')
	for c in range(10,40,5):
	  f=c*9/5+32
	  print(c, '-->', f)
	print('-------------')

08

정답	num1=int(input('숫자1을 입력하세요 : '))
	num2=int(input('숫자2을 입력하세요 : '))
	num3=int(input('숫자3을 입력하세요 : '))
	
	max=num1
	if max < num2:
	  max=num2
	if max < num3:
	  max=num3
	print('가장 큰 수는 : ', max)

09

정답

```
a=[7, 21, 83, 10, 78, 6, 18, 88, 54, 98]
min=a[0]

for i in range(1,10):
  if min > a[i]:
    min=a[i]
print('최솟값 : ', min)
```

10

정답

```
for i in range(1,6):
  for j in range(1,i+1):
    print(i, end='')
  print()
```

11

정답

```
for i in range(5):
  print('*'*(5-i))
```

12

정답

```
def func(n):
  s=n*(n+1)//2
  return s

a=int(input('n값을 입력하세요 : '))
sum=func(a)
print('합계 : ', sum)
```

13

정답

```
f=lambda x,y : x**y
print(f(3,2))
```

14

정답

```
text='ORIENTAL PAINTING GENDER RECOGNITION '
words=text.split()
print(words)
```

15

정답

```
부 프로그램 :  20
메인 프로그램 :  10
```

	정답
16	

```
def func(height,k):
  count=0
  for h in height:
    if h>k:
      count+=1
  return count

student=[165, 170,175,180,185]
a=int(input('키를 입력하세요 : '))
result=func(student,a)

print(result,'명입니다.')
```

17 정답

```
def func(name_list):
  count=0
  for name in name_list:
    for n in name:
      if n=='i' or n=='s':
        count+=1
        break
  return count

student=['kim', 'lisa', 'han', 'james', 'lyn']
a=func(student)
print('학생 수 : ', a)
```

18 정답

```
for i in range(1,51):
  if i%15 ==0:
    print('FizzBuzz')
  elif i%3==0:
    print('Fizz')
  elif i%5==0:
    print('Buzz')
  else:
    print(i)
```

19 정답

```
text='A Framework for Text Analytics-based Automatic
Question Generation for Supporting Learner-centered
Learning and Teaching'
words=text.split()

count=0
for i in words:
  if len(i)<=5:
    count+=1
    print(i)
print('개수는 : ', count)
```

20 정답

```
import turtle as t
t.reset()
t.shape('turtle')

n=5
for i in range(n):
    t.forward(100)
    t.right((360/n)*2)
    t.forward(100)
    t.left(360/n)
```

21 정답

```
import re
text='지금은 점심시간입니다. 상담은 031-123-1234로 전화주세요'
sik=re.compile(r'\d\d\d-\d\d\d-\d\d\d\d')
tel=sik.search(text)
print(tel)
tel_num=tel.group()
print(tel_num)
```

22 정답

```
import math
try:
    num=int(input('반지름을 입력하세요 :'))
except:
    print('잘못되었습니다.')
else:
    area=math.pi*num**2
    print('원의 면적 :', area)
finally:
    print('- 끝 -')
```

23

정답

```
# 명사만으로 워드클라우드 생성
!pip install konlpy
import nltk
from konlpy.tag import Kkma
from konlpy.tag import Twitter

import matplotlib.pyplot as plt
from wordcloud import WordCloud
from wordcloud import STOPWORDS
import numpy as np
from PIL import Image
from wordcloud import ImageColorGenerator

tw = Twitter()
text = open("htext.txt").read()

stopwords = set(STOPWORDS)
stopwords.update(["대한","대해", "형태소"])
img_mask = np.array(Image.open("star.jpg"))
image_colors = ImageColorGenerator(img_mask)
FONTPATH =  "NanumGothic.ttf"

tokens_text= tw.nouns(text)
new_text=[]
for word in tokens_text:
  if len(word) > 1 and  word != ' ':
        new_text.append(word)
ko=nltk.Text(new_text)
ko.vocab()
data = ko.vocab().most_common(150)
data = dict(data)

wordcloud = WordCloud(max_font_size = 100,
max_words = 1000, background_color='white',
stopwords=stopwords, random_state=10,mask=img_mask,
color_func=image_colors, font_path = FONTPATH)
wc = wordcloud.generate_from_frequencies(data)
```

```
plt.figure(figsize = (10, 10))
plt.imshow(wc, interpolation = "lanczos")
plt.axis("off")
plt.show()
```

24

```
# 내 구글 드라이버에 연동
from google.colab import drive
drive.mount('/content/gdrive')

!git clone https://github.com/ultralytics/yolov5.git
# 필수 라이브러리 설치
!pip install -r /content/yolov5/requirements.txt

# pre-trained model 다운로드
!wget -P /content/yolov5/  https://github.com/ultralytics/yolov5/releases/download/v6.0/yolov5s.pt

# yaml 파일 확인
%cat /content/yolov5/data/coco128.yaml

# 이미지 업로드
import zipfile
with zipfile.ZipFile('/content/gdrive/My Drive/yolo_image.zip', 'r') as target_file:
    target_file.extractall('/content/yolov5/yolo_image/')

# 테스트 이미지 파일 확인
import glob

test_image_list = glob.glob('/content/yolov5/yolo_image/*.
jpg')
print(len(test_image_list))
test_image_list.sort()
for i in range(len(test_image_list)):
    print('i = ',i, test_image_list[i])

# detect 실행
weights_path = '/content/yolov5/yolov5s.pt'
test_data_path = '/content/yolov5/yolo_image/'

!python3 /content/yolov5/detect.py --weights {weights_path}  --source {test_data_path}
```

```
# 탐지된 이미지 확인
import glob

detetced_image_list = glob.glob(('/content/yolov5/runs/
detect/exp/*.jpg'))
detected_image_nums = len(detetced_image_list)
print(detected_image_nums)
print(detetced_image_list)

# 다운로드를 위한 image 압축

import zipfile
import os

if not os.path.exists('/content/detected_result/'):
    os.mkdir('/content/detected_result/')
    print('detected_result dir is created !!!')


with zipfile.ZipFile('/content/detected_result/detected_
images.zip', 'w') as detected_images:
    for idx in range(detected_image_nums):
        detected_images.write(detetced_image_list[idx])

# 압축파일 다운로드
from google.colab import files
files.download('/content/detected_result/detected_images.zip')
```

25

정답	text='In addition, a systematic framework was proposed to apply various text analytics techniques such as morpheme analysis, frequency analysis, entity recognition, word embedding, similarity analysis, cluster analysis, network analysis, and topic modeling to generate questions for each type and pattern.' n_analysis=text.upper().count('ANALYSIS') print(n_habruta)

26

정답	

```
text='Specifically, in this study, various questions
were classified into nine main patterns, and every
pattern was divided into three types'

ntext=text.lower().split()
print(ntext)
```

27

정답

```
f=open('htext1.txt','r')
while True:
    disp=f.readline()
    if not disp:
        break
    print(disp.strip('\n'))
f.close()
```

28

정답

```
import csv
f=open('csv_test2.csv','r')
csvf=csv.reader(f)
for line in csvf:
    print(line)
f.close()
```

29

정답

```
f=open('htext3.txt','r')
for line in f:
    line=line.rstrip()
    w_list=line.split()
    for word in w_list:
        print(word)
f.close()
```

30

정답

```
import random

num=set()
while len(num) < 6:
    num.add(random.randint(1,50))
print(num)
```

M E M O

MEMO